中华现代学术名著丛书

大同书

康有为 著

商务印书馆
The Commercial Press

图书在版编目（CIP）数据

大同书／康有为著.—北京：商务印书馆，2023
（中华现代学术名著丛书）
ISBN 978-7-100-22310-2

Ⅰ.①大… Ⅱ.①康… Ⅲ.①哲学思想—中国—
清后期 ②大同（政治主张）—研究—中国—清后期
Ⅳ.①B258.1 ②D092.52

中国国家版本馆 CIP 数据核字（2023）第 065409 号

本书根据中华书局 2012 年版排印

中华现代学术名著丛书
大 同 书
康有为 著

商 务 印 书 馆 出 版
（北京王府井大街 36 号 邮政编码 100710）
商 务 印 书 馆 发 行
北 京 通 州 皇 家 印 刷 厂 印 刷
ISBN 978-7-100-22310-2

2023 年 7 月第 1 版 开本 880×1240 1/32
2023 年 7 月北京第 1 次印刷 印张 10⅛ 插页 1
定价：58.00 元

康有为

（1858—1927）

出版说明

百年前，张之洞尝劝学曰："世运之明晦，人才之盛衰，其表在政，其里在学。"是时，国势颓危，列强环伺，传统频遭质疑，西学新知亟亟而入。一时间，中西学并立，文史哲分家，经济、政治、社会等新学科勃兴，令国人乱花迷眼。然而，淆乱之中，自有元气淋漓之象。中华现代学术之转型正是完成于这一混沌时期，于切磋琢磨、交锋碰撞中不断前行，涌现了一大批学术名家与经典之作。而学术与思想之新变，亦带动了社会各领域的全面转型，为中华复兴奠定了坚实基础。

时至今日，中华现代学术已走过百余年，其间百家林立、论辩蜂起，沉浮消长瞬息万变，情势之复杂自不待言。温故而知新，述往事而思来者。"中华现代学术名著丛书"之编纂，其意正在于此，冀辨章学术，考镜源流，收纳各学科学派名家名作，以展现中华传统文化之新变，探求中华现代学术之根基。

"中华现代学术名著丛书"收录上自晚清下至20世纪80年代末中国大陆及港澳台地区、海外华人学者的原创学术名著（包括外文著作），以人文社会科学为主体兼及其他，涵盖文学、历史、哲学、政治、经济、法律和社会学等众多学科。

　　出版"中华现代学术名著丛书"，为本馆一大夙愿。自 1897 年始创起，本馆以"昌明教育，开启民智"为己任，有幸首刊了中华现代学术史上诸多开山之著、扛鼎之作；于中华现代学术之建立与变迁而言，既为参与者，也是见证者。作为对前人出版成绩与文化理念的承续，本馆倾力谋划，经学界通人擘画，并得国家出版基金支持，终以此丛书呈现于读者面前。唯望无论多少年，皆能傲立于书架，并希冀其能与"汉译世界学术名著丛书"共相辉映。如此宏愿，难免汲深绠短之忧，诚盼专家学者和广大读者共襄助之。

商务印书馆编辑部

2010 年 12 月

凡　　例

一、"中华现代学术名著丛书"收录晚清以迄20世纪80年代末，为中华学人所著，成就斐然、泽被学林之学术著作。入选著作以名著为主，酌量选录名篇合集。

二、入选著作内容、编次一仍其旧，唯各书卷首冠以作者照片、手迹等。卷末附作者学术年表和题解文章，诚邀专家学者撰写而成，意在介绍作者学术成就，著作成书背景、学术价值及版本流变等情况。

三、入选著作率以原刊或作者修订、校阅本为底本，参校他本，正其讹误。前人引书，时有省略更改，倘不失原意，则不以原书文字改动引文；如确需校改，则出脚注说明版本依据，以"编者注"或"校者注"形式说明。

四、作者自有其文字风格，各时代均有其语言习惯，故不按现行用法、写法及表现手法改动原文；原书专名（人名、地名、术语）及译名与今不统一者，亦不作改动。如确系作者笔误、排印舛误、数据计算与外文拼写错误等，则予径改。

五、原书为直（横）排繁体者，除个别特殊情况，均改作横排简体。其中原书无标点或仅有简单断句者，一律改为新式标点，专名号从略。

六、除特殊情况外,原书篇后注移作脚注,双行夹注改为单行夹注。文献著录则从其原貌,稍加统一。

七、原书因年代久远而字迹模糊或纸页残缺者,据所缺字数用"□"表示;字数难以确定者,则用"(下缺)"表示。

目　录

甲部　入世界观众苦

绪言　人有不忍之心

　　康有为生于大地之上，为英帝印度之岁，传少农知县府君（讳达初，字植谋）及劳太夫人（名莲枝）之种体者，吾地二十六周于日有余矣。当大地凝结百数十万年之后，幸远过大鸟大兽之期，际开辟文明之运，居于赤道北温带之地，国于昆仑西南、带江河、临太平海之中华，游学于南海滨之百粤都会曰羊城，乡于西樵山之北曰银塘，得氏于周文王之子曰康叔，为士人者十三世，盖积中国羲农黄帝、尧舜禹汤、文王周公、孔子及汉唐宋明五千年之文明而尽吸饮之。又当大地之交通，万国之并会，荟东西诸哲之心肝精英而醋饫之，神游于诸天之外，想入于血轮之中，于时登白云山摩星岭之巅，荡荡乎其骛于八极也。已而强国有法者吞据安南，中国救之，船沉于马江，血躁于谅山；风鹤之警误流羊城，一夕大惊，将军登陴，城民走迁，穷巷无人。康子避兵，归于其乡。延香老屋，吾祖是传，隔塘有七桧园，楼曰澹如，俯临三塘。吾朝夕拥书于是，俯读仰思，澄神离形，归对妻儿，懵然若非人。虽然，乡人之酬酢，里妇之应接，儿童之抚弄，宗姓之亲昵，耳闻皆勃谿之声，目睹皆困苦之形。或

1

寡妇思夫之夜哭，或孤子穷饿之长啼；或老夫无衣，扶杖于树底；或病妪无被，夕卧于灶眉；或废疾窿笃，持钵行乞，呼号而无归。其贵乎富乎，则兄弟子姪之阋墙，妇姑叔嫂之勃谿，与接为构，忧痛惨凄。号为承平，其实普天之家室，皆怨气之冲盈，争心之触射，毒于黄雾而塞于寰瀛也。若夫民贼国争，杀人盈城，流血塞河，于万斯年，大剧惨瘥。呜呼痛哉！生民之祸烈而救之之无术也，人患无国而有国之害如此哉！若夫烹羊宰牛，杀鸡屠豕，众生熙熙，与我同气，刳肠食肉，以寝以处。盖全世界皆忧患之世而已，普天下人皆忧患之人而已，普天下众生皆戕杀之众生而已；苍苍者天，抟抟者地，不过一大杀场大牢狱而已。诸圣依依，人病室牢狱中，划烛以照之，煮糜而食之，裹药而医之，号为仁人，少救须臾，而何补于苦悲。康子凄楚伤怀，日月噫欷，不绝于心。何为感我如是哉？是何朕欤？吾自为身，彼身自困苦，与我无关，而恻恻沈详，行忧坐念，若是者何哉？是其为觉耶非欤？使我无觉无知，则草木夭夭，杀斩不知，而何有于他物为。我果有觉耶？则今诸星人种之争国，其百千万亿于白起之坑长平卒四十万，项羽之坑新安卒二十万者，不可胜数也，而我何为不感怆于予心哉？且俾士麦之火烧法师丹也，我年已十余，未有所哀感也；及观影戏，则尸横草木，火焚室屋，而怵然动矣。非我无觉，患我不见也。夫见见觉觉者，形声于彼，传送于目耳，冲触于魂气，凄凄怆怆，袭我之阳，冥冥岑岑，入我之阴，犹犹然而不能自已者，其何朕耶？其欧人所谓以太耶？其古所谓不忍之心耶？其人人皆有此不忍之心耶？宁我独有耶，而我何为深深感朕？

康子乃曰：若无吾身耶，吾何有知而何有亲？吾既有身，则与并身之所通气于天、通质于地、通息于人者，其能绝乎，其不能绝乎？

其能绝也,抽刀可断水也;其不能绝也,则如气之塞于空而无不有也,如电之行于气而无不通也,如水之周于地而无不贯也,如脉之周于身而无不澈也。山绝气则崩,身绝脉则死,地绝气则散。然则人绝其不忍之爱质乎,人道将灭绝矣。灭绝者,断其文明而还于野蛮,断其野蛮而还于禽兽之本质也夫!

夫浩浩元气,造起天地。天者一物之魂质也,人者亦一物之魂质也;虽形有大小,而其分浩气于太元,把涓滴于大海,无以异也。孔子曰:"地载神气,神气风霆,风霆流形,庶物露生。"神者有知之电也,光电能无所不传,神气能无所不感。神鬼神帝,生天生地,全神分神,惟元惟人。微乎妙哉,其神之有触哉!无物无电,无物无神。夫神者知气也,魂知也,精爽也,灵明也,明德也,数者异名而同实。有觉知则有吸摄,磁石犹然,何况于人;不忍者吸摄之力也。故仁智同藏而智为先,仁智同用而仁为贵矣。

康子曰:吾既为人,吾将忍心而逃人,不共其忧患焉?而生于一家,受人之鞠育而后有其生,则有家人之荷担。若逃之而出其家,其自为则巧矣,其负恩则何忍矣。譬贷人金,必思偿之。若负债而匿逃,众执而刑,不刑其身,则刑其名。其负一家之债及一国天下之公债者,亦何不然。生于一国,受一国之文明而后有其知,则有国民之责任。如逃之而弃其国,其国亡种灭而文明随之隳坏,其负责亦太甚矣。生于大地,则大地万国之人类皆吾同胞之异体也,既与有知,则与有亲。凡印度、希腊、波斯、罗马及近世英、法、德、美先哲之精英,吾已嚼之饮之,菹之枕之,魂梦通之;于万国之元老硕儒、名士美人,亦多执手接茵,联袂分羹而致其亲爱矣;凡大地万国之宫室服食、舟车什器、政教艺乐之神奇伟丽者,日受而用之,以刺触其心目,感荡其魂气。其进化耶则相与共进,退化则相与共退,其乐耶相与共其乐,其苦耶相与共其苦,诚如电之无不相通矣,如气之无不相周矣。乃至大地之生番野人、草木介鱼、昆虫鸟兽、凡胎生湿生、卵生化生之万形千汇,亦皆与我耳目相接,魂知相通,爱磁相摄,而吾何能恝然!彼其色相好,吾乐之;生趣盎,吾怡之;其色相憔悴,生趣惨凄,吾亦有憔悴惨凄动于中焉。莽莽大地,吾又将焉逃于其外!将为婆罗门之舍身雪窟中以炼精魂,然人人弃家舍身,则全地文明不数十年而复为狉榛草木鸟兽之世界,吾更何忍出此也!火星、土星、木星、天王、海王诸星之生物耶,莽不与接,杳冥为期,吾欲仁之,远无所施。恒星之大,星团、星云、星气之多,诸天之表,目本相见,神常与游,其国之士女礼乐、文章之乐与兵戎战伐之争,浩浩无涯,为天为人虽吾所未能覩,而苟有物类有识者,即与吾地吾人无异情焉。吾为天游,想像诸极乐之世界,想像诸极苦之世界,乐者乐之,苦者吾救之,吾为诸天之物,吾宁能舍世界天界绝类逃伦而独乐哉!其觉知少者其爱心亦少,其觉知大者其仁心亦大,其爱之无涯与觉之无涯,爱与觉之大小多少为比例焉。吾别有书名《诸天》。

康子不生于他天而生于此天,不生于他地而生于此地,则与此地之人物,触处为缘,相遇为亲矣。不生为毛羽鳞介之物而为人,则与圆首方足、形貌相同、性情相通者尤亲矣。不为边僻洞穴生番獠蛮之人而为数千年文明国土之人,不为牧竖爨婢耕奴不识文字之人而为十三世文学传家之士人,日读数千年古人之书,则与古人亲;周览大地数十国之故,则与全地之人亲;能深思,能远虑,则与将来无量世之人亲。凡其觉识之所及,不能闭目而御之,掩耳而塞之。

康子于是起而上览古昔,下考当今,近观中国,远揽全地,尊极帝王,贱及隶庶,寿至篯彭,夭若殇子,逸若僧道,繁若毛羽,盖普天之下,全地之上,人人之中,物物之庶,无非忧患苦恼者矣。虽有浅深大小,而忧患苦恼之交迫而并至,浓深而厚重,繁赜而恶剧,未有能少免之者矣。

诸先群哲,怒然焦然思有以拯救之,普渡之,各竭其心思,出其方术施济之,而横览胥溺之滔滔,终无能起沈痼也。略能小瘳,无有全愈者,或扶东而倒西,扶头而病足,岂医理之未精欤,抑医术之未至耶? 蒙有憾焉。或者时有未至耶?

夫生物之有知者,脑筋含灵,其与物非物之触遇也即有宜有不宜,有适有不适。其于脑筋适且宜者则神魂为之乐,其与脑筋不适不宜者则神魂为之苦。况于人乎,脑筋尤灵,神魂尤清,明其物非物之感入于身者尤繁夥、精微、急捷,而适不适尤着明焉。适宜者受之,不适宜者拒之。故夫人道只有宜不宜,不宜者苦也,宜之又宜者乐也。故夫人道者依人以为道。依人之道,苦乐而已。为人谋者,去苦以求乐而已,无他道矣。

夫喜群而恶独,相扶而相植者,人情之所乐也。故有父子、夫妇、兄弟之相亲相爱、相收相恤者,不以利害患难而变易者,人之所乐也。其无父子、夫妇、兄弟之人,则无人亲之爱之、收之恤之;时有友朋,则以利害患难而易心,不可凭藉;号之曰孤寡鳏独,名之曰穷民,怜之曰无告,此人之至苦者也。圣人者,因人情之所乐,顺人事之自然,乃为家法以纲纪之,曰:"父慈子孝,兄友弟敬,夫义妇顺。"此亦人道之至顺,人情之至愿矣,其术不过为人增益其乐而已。

结党而争胜,从强而自保者,人情之所不能免也。故有部落、国种之分,有君臣、政治之法,所以保全人家室财产之乐也。其部落已亡，国土无托，无君臣，无政治，荡然如野鹿，则为人所捕虏隶奴，不能保全其家室财产，则陷苦无量而求乐无所。圣人者因人情所不能免，顺人事时势之自然，而为之立国土、部落、君臣、政治之法，其术不过为人免其苦而已。人者智多而思深，虑远而计久，既受乐于生前，更求永乐于死后；既受乐于体魄，更求永乐于神魂。圣人者因人情之所乐而乐之，则为创出世之法，炼神养魂之道，长生不死之术，以求生天证圣之果，轮回不受，世界无边，其乐浩大深长，有迥过于人生之数十年者。于是人遂愿行苦行焉，弃亲爱之室家，绝人间之荣华，入山面壁，裸跣乞食，或一日一食，或三旬九食，编草尝粪，卧雪视日，喂虎饲鹰。彼非履至苦也，盖权其苦乐之长短大小，故甘行其小苦短苦以求其长乐大乐也；彼以生老病死为苦，故将求其不苦而至乐者焉，是尤求乐求免苦之至者也。孝子忠臣、义夫节妇、猛将修士，履危难，蹈险艰，茹苦如饴，舍命不渝，守死善道，名节凛然。文天祥、史可法以忠君国死，杨继盛以谏亡，于成龙为令而自炊，陈璸为巡抚厨仅瓜菜，吾家从伯母陈自刎而不嫁，吾伯姊逸红、仲妹琼琚守贞而抚子，琼琚至于忧死，其苦至矣。然廉耻养之于风俗，节义本之于道学。庄子谓曾参、伍胥也不修则名亦不成也。则虽苦行耶而荣誉在焉，敬礼在焉，所乐有在，是故不以其所苦易其所乐也。

故普天之下，有生之徒，皆以求乐免苦而已，无他道矣。其有迂其途，假其道，曲折以赴，行苦而不厌者，亦以求乐而已。虽人之性有不同乎，而可断断言之曰：人道无求苦去乐者也。立法创教，令人有乐而无苦，善之善者也，能令人乐多苦少，善而未尽善者也，令人苦多乐少，不善者也。昔者有墨子者，大教主也。其为教也尚同、兼爱，善矣；而其为术，非乐、节用，生不歌，死不服，裘葛以为衣。庄子曰："其道大觳"；"反天下之心，天下不堪"；"离于天下，其去王也远矣。"印度九十七道出家苦行，一日一食，过午不食，或一旬一食，或不食，或食粪草，衣坏色之衣，跣足而行，或不衣不履，视赤日，卧大雪，尝粪，其苦行大地无比之者矣。彼以炼魂故弃身，然施于全群人道则不可行。

犹太、罗马及穆护教之抑女，亦犹然也。基督乐在天国，故亦土木其身，其清教徒苦行不食，栖山闭处，亦犹佛教焉，今在西班牙之可度犹见之也。基督不娶，绝其后嗣，神父皆不能娶，道觳不行，于是路德新教出焉，顷刻而易天下，则以其道近于人而易行故也。

夫印度自摩弩立法，严阶级，别男女。人生而为寒门下户之首陀也，则为农，为贾，为百工，为猎夫，为妇婢，百世不得列于吏士焉。若生而为女，以布掩面，终身无睹，既嫁从夫，夫亡烧死。或闭高楼，永不履地，其为礼法也如此，故男为奴而女为囚焉，苟非藉出世之法，从何脱其烦恼耶？婆罗门诸哲九十七道思为人脱烦恼，其不得已而鸣出家、禁杀生者耶？盖原世法之立，创于强者，无有不自便而陵弱者也。国法也，因军法而移焉，以其遵将令而威士卒之法行之于国，则有尊君卑臣而奴民者矣。家法也，因新制而生焉，以其尊族长而统卑幼之法行之于家，则有尊男卑女而隶子弟者焉。虽有圣人，立法不能不因其时势风俗之旧而定之。大势既成，压制既久，遂为道义焉。于是始为相扶植保护之善法者，终为至抑压至不平之苦趣，于是乎则与求乐免苦之本意相反矣。印度如是，中国亦不能免焉。欧美略近升平，而妇女为人私属，其去公理远矣，其于求乐之道亦未至焉。神明圣王孔子早虑之忧之，故立三统三世之法，据乱之后，易以升平、太平，小康之后，进以大同，曰"穷则变"，曰"观其会通以行其典礼"，盖深虑守道者不知变而永从苦道也。

吾既生乱世,目击苦道,而思有以救之,昧昧我思,其惟行大同太平之道哉!遍观世法,舍大同之道而欲救生人之苦,求其大乐,殆无由也。大同之道,至平也,至公也,至仁也,治之至也,虽有善道,无以加此矣。人道之苦无量数不可思议,因时因地苦恼变矣,不可穷纪之,粗举其易见之大者焉:

(一)人生之苦七:

一、投胎;

二、夭折;

三、废疾;

四、蛮野;

五、边地;

六、奴婢;

七、妇女(别为篇)。

(二)天灾之苦八(室屋舟船,亦有关人事,亦有关天灾者,故附焉):

一、水旱饥荒;

二、蝗虫;

三、火焚;

四、水灾;

五、火山(地震山崩附);

六、屋坏;

七、船沉(汽车碰撞附);

八、疫疠。

(三)人道之苦五:

一、鳏寡;

二、孤独；

三、疾病无医；

四、贫穷；

五、卑贱。

（四）人治之苦五：

一、刑狱；

二、苛税；

三、兵役；

四、有国（别为篇）；

五、有家（别为篇）。

（五）人情之苦八：

一、愚蠢；

二、仇怨；

三、爱恋；

四、牵累；

五、劳苦；

六、愿欲；

七、压制；

八、阶级。

（六）人所尊尚之苦五：

一、富人；

二、贵者；

三、老寿；

四、帝王；

五、神圣仙佛。

第一章　人生之苦

投胎之苦　太古之野人，甫离兽身，狉狉榛榛，全地如一而无等差，茹血衣皮，穴处巢居。自圣智日出，文明日舒，宫室服食，礼乐文章；上立帝王，下设房奴；贫为乞丐，富为陶朱；尊男卑女，贵人贱狙，华族寒门，别若鸟鱼，蛮獠都士，绝出智愚，灿然列级，天渊之殊。呜呼命哉，投胎之异也！一为王子之胎，长即为帝王矣，富有国土，贵极天帝，生杀任意，刑赏从心，呼吸动风雷，举动压山岳，一怒之战，百万骨枯，一喜之赏，普天欢动。不幸而为奴房之胎，一出世即永为奴房矣，修身执役而不得息，听人鞭挞而不敢报，虽有圣哲而不得仕，虽死节烈而不得赠位，虽为义仆而不厕人列，子子孙孙世袭为隶。

夫贵贱之宜，只论才德，大贤受大位，小贤受小位，故九德为帝，三德有家，天工人亮，乃公理也。夫淫凶如高洋杨广，乳臭如婴殇质冲，以诞生王家，居然帝矣。自非然者，虽以孔子之圣，终为陪臣。若为奴者，古今万国非无卫青、丰臣秀吉之才，而终身奴使矣。一堕奴身，永无升拔，无涯之苦，已自胎生。彼亦天之子也，何一不幸，沉沦至此！

其投胎为巨富之子也，生而锦衣玉食，金银山积，僮指盈千，田园无极，姬妇杂沓，纵盈声色，管弦呕哑，不分旦夕，一掷百万，呼卢博激，挥金如土，富与国敌。如投胎为窭人乞丐之子也，生而裋褐不完，半菽不得，终日行乞，饿委沟壑，烈风吹肤，被席带索，夜宿门廊，人所喝逐，垢污塞体，虮虱交啄，或遇大雪，僵倒村落。其有凶馑，人肉同削，熏鼠嚼叶，疾疹并作，疮疡遍体，手足断落，血液脓秽，腥气臭恶，号泣叩首，一钱喜跃，终日行乞而不得一食，饿死沟壑而不得一席。其窭人子终身作工，计日得金，勤劳备至，未得一饱，有终世劳动，而无有少赢以娶一妻、筑一椽、买寸田者矣。夫人之生也，量工受食，一夫不作，时谓负职。故大才受大禄，小才受小禄，各出其力以供公业。今若查三标、大良、阿斗之流，昏淫颠狂，终身未尝作一日之工也。阿斗掷金叶于城上，一时而尽百万，日破百千金之古瓷而听其声；查三标夜开京城之门先一时而费万金。而吾乡方苏壁进士，独行介节，不受赠馈，种菜而食，乃至饿死；吾外太祖陈子刚秀才，操行孤介，日食一榄，朝饮其汤而暮咀其肉焉。其他一为窭人子，则终身力作，穷老饿病，举世是矣，是遵何故欤！

若夫华族高门，膏腴世爵，春秋则代为执政，六朝则世戴金貂，著作、秘书，不屑省郎。若世爵则公侯继轨，乳臭承袭，欧土千年之封建贵族及大地各国犹是也。其他投于寒门，不得高爵，若汉制之异姓不王，明以来之文臣不为公侯，必待艰难考试乃得青衿，百人橐笔，仅一登科，虽有博学奇才，老困场屋，多终身而不售，视登第如登天。若夫印度婆罗门、刹帝利之子，世为王为师。而若投为巫士哈，若拖卑，若咩打，若冬之胎，则世为猎人，为粪夫，为仵作；虽有才哲，限于阶级，无由振兴。若一见女身，永为囚系；无贵无智，役隶于男；防禁幽辱，不齿人数。在欧美不得为公民之列，在全地不得试仕宦之途。至于贱为婢妓，卖鬻由人，生命如鸟，其惨毒尤不可思议。至若堕落兽身，披毛戴角；割肉为馔，剥皮为裘；即仁如耶稣，以为天赐；日杀充庖，视为固然，曾不少怜，无可奈何。呜呼，此佛氏慈悲所由鸣因果以为解释也！即同为人类，等是男身，而生落边蛮，僻居山穴，片布蔽体，藜藿果腹，不识文字，蠢如马鹿，不知服食之美为何物,不知学问之事为何方;其与都邑之士,隐囊麈尾,裙屐风流,左图右书,古今博达,不几若人禽之别欤!以欧土之化,而西班牙尚有气他拿之穴处人犹然也。凡此体肤才智,等是人也,孔子所谓人非人能为,天所生也。孔子又曰:"夫物非阳不生,非阴不生,非天不生,三合然后生。"故谓之母之子也可,天之子也可。同是天子,实为同胞,而乃偶误投胎,终身堕弃,生贱蝼蚁,命轻鸿毛,不能奋飞,永分沦落,虽有仁圣不能拯拔,虽有天地不能哀怜,虽有父母不能爱助。天地固多困苦,而投胎之误,实为苦恼之万原,是岂天造地设而无可振救欤?而普观大地,禽兽之多,固无可言。即论女身,实居生民之半,而寒门穷子、边蛮奴隶,又占男子十分之七八,若为帝王巨富、华族高门之胎者,举世无几也。呜呼!悲悯之仁人,若之何为兹少数而坐令无涯多数之人物同罹无量之厄灾,而不思所以救之欤,抑无术欤?得非数千年圣哲仁人之大耻欤!

夭折之苦 人之生也,寿夭无常,虽曰有命,盖亦有人事不修者焉。呱呱堕地,只有啼泣,若预知人生之患苦哉!然人之有苦,生于有知;婴孩无知,虽使陨于母胎,夭于襁褓,嗳气欲绝,岂识患苦!若自髫龀以上,比及壮年,知识日开,聪明日长,六亲日固,乡里情深,父母伯叔含哺而抱持,兄弟姊妹扶挟而游戏。或妻妾新婚,好欢初合,或子女幼妙,提携方殷。读书方有志于古今,学问更激切于时事,文章方望其长进,学业尤迟其克成,或辛苦著述而欲亲睹其汗青,或经营功业而指垂成于旦夕。即或耕田力稼,望其有秋,服贾经商,期其获利。若夫良工创器,惨淡于精思,将士力征,唾手于破敌,或壮士报仇、忠臣赴难,扼腕瞋目,志在必成。一旦药石无灵,天年中夭,志事皆败,学术无成,功业夭枉,身名埋殁,远志屈于短年，雄心埋于抔土。苟非上士学道，视死生为旦暮者，能不悲哉！若中人以下，泣别六亲，顾念乡里，念老父慈母罔极之恩，不能报养，顾寡妻幼子伶俜之苦，谁为哀怜。良朋走视而咨嗟，兄弟相持而涕泣。文书则付之炬火，琴剑则空自摩挲。其或家无次丁，父母望其嗣续，室徒四壁，妻儿待以为生，忽际重病弥留，共知不起，老亲垂涕而来握其手，妻子号泣而环跪于床。父母吁嗟，痛若敖之鬼不祀，妻子哀啼，恐沟壑之饿不远。或乃指某儿当鬻为奴婢，某子当送与僧尼，骨肉仳离，死后立散，当此时也，铁石心肝，为之肠断。况为人类，本自多情，结合已深，补救无术，艰难撒手，遗恨终天，肠九转而犹回，魂一叫而遂绝。其与闺妇别士，怨旷而没身，倩女怀春，黯伤而离魂，皆目瞑为难，鬼灵不死，永结愁思之梦，长居离恨之天，恍其伤焉，嗟何及矣！即使富连阡陌，贵为帝王，而田园之牙筹难舍，山河之燕乐方酣，犹欲延术士以问长生，求神仙而希不死。若至玉棺下坠，金丹无灵；凄凉掩袖，拥美人而悲歌，悲咽铜台，念分香而啜泣。盖夭折之苦，人生最伤，此《洪范》所以夭折冠六极之颠也。究其原因，或生事不完，或感时病疫，或无力摄卫，或传种短恶，或伤生太过。以斯之故，坐至夭殇，拯救此因，亦非无术。今各国政日改良，夭民岁少矣，岂可令普天众生苗而不秀，秀而不实，遭罹此极欤！

废疾之苦 举日月、星辰、云露之伟丽，山川、林野、海岳之壮观，宫室、园囿、池沼之清娱，花草、虫鱼、鸟兽之绚烂，机器、用物之奇巧，锦绣、珠玉之辉煌，凡数千年文明之物，全大地奇伟之工，抚其器而不见其形，摩其物而不知其象，斯亦最可怜者哉！甚乃父母、妻子、兄弟之亲，日熟其声音而终身不知其容貌，岂非最可哀之事耶！若怀抱莫白，至亲不能交一言，盘辟蹒跚，企跂不能行一步，广坐交言而不觉,疾雷破山而不闻,凡此瞽暗聋跛,受生何亏!耳目口足,人人所共有之官也而彼独缺之,视听言行,人人所同享之福而彼独不得与焉。夫聪如师旷,德若王骀,医若庞公,皆负绝异之才而犹不免形体不全也。呜呼,此天之憾也!更有身被大疬,手足拳挛,肢体蹒跚,面目赤肿,亲戚断绝,荒岛流连,窥井仰天,痛恻肺腑,或由传种之恶,或感疫疬之毒,虽以冉耕之贤犹不免歌《茉苢》也,此为废疾之最苦痛者矣。若夫佝偻赘疣,曲偻发背,上有五管,颐隐于齐,肩高于顶,句赘指天,或手足断残,支离其身,侏儒短小,不齐于人。天之生是耶,均为天民,彼何独废缺而不全!阴阳之气有沴耶!乃无以补其憾事欤?人既有废疾,传种亦然。吾有仆张福缺其唇者,其女唇亦缺,其子亦缺,而其孙复缺也。肺痨之疾亦然。吾门人陈千秋通父者,绝代才也,为吾门冠,年二十六以肺痨卒。吾哭之恸,伤传道之无人焉。盖其母有肺痨也,如其传种何哉!凡有废疾者,爱莫助之,岂非天人之大憾欤!

蛮野之苦 苟为连州之傜人耶,为琼州之黎人耶,为台湾之生番耶,为广西、贵州之苗人、侗人、仲人、狑人耶,为云南、腾越之野人、毛人耶,为印度之岛人耶,为美洲之烟剪人耶,为欧洲之气他拿人、唛氏人、阴兰人耶,为非洲之黑人耶,腰围片布,头插羽翟,耳鼻凿孔,足胝若铁,赤身无衣,熏鼠以食,杂卧于地,牛豕同藉,日晒粪蒸,面黑如腊,穴处巢栖,结绳为识,刳全木以为舟,取鱼虾以生食,窥鸟发弹,射兽分炙,杀人竿首,以多示力,夺女淫于野,藉草为席。是虽为人,去犬羊不远,性命朝夕不保。同当大地开辟之后,杂处文明国土之间,飞楼四十层以侵天,铁道电线百数十万里以缩地,礼乐文章,缛若霞绣。而尚有此原人之俗,如在数千年狉狉榛榛之前,岂不哀哉!即进而上之,西藏、廓尔喀、布丹、哲孟雄之蛮人,南洋诸岛巫来由之种族,暹罗、安南之诸蛮:屋高可俯窥,编萑竹以为瓦栋,杂处于牛羊鸡豕、潦粪臭秽之中,酷日蒸之,抟饭而食,围布而饰,虽其王者及其后妃,赤足无屦,席地坐食;略知文字,无所知识,皈依佛回,度引无力,享受无量之苦难而终无慈航普拯其溺也。若冰海之冰人穴于冰中,衣皮饮鲸,掘鼠食之。其视欧美之民,广厦细旃,膳饮精洁,园囿乐游,香花飞屑,均为人也,何相去之远哉!不均不平,岂至治之世耶!

边地之苦　但以中国言之:今自蒙古、新疆、东三省之民俗,或蒙游牧之旧,膻肉酪浆以充饥渴,毡裘穿帐以为居服。及鲜卑之土人使鹿使犬;费雅喀诸部反皮踏雪,卧地熏炭。父子、兄弟、夫妇、叔嫂席炕炙火,杂居于大蚊牛粪之下,大风飞尘,则骡马之粪与人粪充塞耳鼻。斯则大河南北且有然矣。山西且有陶复陶穴之俗,虽富家为屋数十进,亦穴地中。其贫者架草为棚,编草为裳,日得数钱,食饽饽数枚,殷然果腹,卧草终日,陶然复为夫妇之欢矣。其富者开酒面之房,修牛马之槽,坦然极天人之乐,世间无复余事矣。此大江以北各边皆然。若南方则自滇黔之间,湘粤之鄙,闽徽江介之僻县,编竹为屋,饲豕如人,种稻数丘,薯芋代食。以其乡县号称中国,荷担赴市,行数十里,十日一见黄鸡,三日一见白豕。奉巫觋以为神,尊监生以为君,学问止于《论语》,书籍且以充薪。官远不及,强姓主盟,有不从者,挞伐大申。于是一乡自为一国,一姓自为一群,以众暴寡,以强凌弱,牵邻之牛,割邻之禾,视为固然。穷乡小姓亦遂愤起,教子姓咸以拳技相尚,集公赀咸以刀枪为事。少有斗争,合群而出,有偷退者,众治其罪,溺之于水,以警大众,如斯巴达之治兵以雄于深山穷乡者,盖闽粤皆然也。否则率众行劫,置蛊暗害也。兄弟共妻,赘客无碍,盖有苗之余风,而至今尚不殄焉。

15

其有志士欲为学问,讲书无所,求师无从。道里邈隔,舟车罕通,百里视为远途,《汉书》以为僻书。其至京师多以数月,其至省会亦数十日,苟非兴廉举孝,盖无有到京师者焉。故其愚鄙终古不开,以明世之七篇五府为方今之政体,以小说之《封神》《水浒》《三国》为不二之典谟。其视彼都人士,裘马丽都,林斋幽艳,珊珊玉佩,冉冉衣香,乐玩备中外,饮食穷水陆,虽不极谈大地而能通古今,虽不穷极人天而能知名理,又何远也!即欧、美者国近号升平,而吾见其工人取煤熏炭则面黑如墨,沾体涂足则于污若泥,自以其所耕之地大于中国。求肉不得,醉酒卧地,执妇女而牵笑。若爱尔兰之小儿,赤足卧地,杂于羊豕,伦敦乞妇,牵车索食,掷以皮骨,俯拾于地,甘之如饴。若德、俄、奥之北鄙,瑞典、那威之雪界,葡、班之穷民,此则与中国蒙古、东三省之穷民同其苦患。若西班牙之气他拿人今犹穴处于迦怜拿大故都也,盖可哀怜矣。夫满堂饮酒,一人向隅而泣则为之不乐,今向隅而泣者不止居其大半,然则满堂饮酒者,其为乐耶,否耶?

奴婢之苦 强弱贫富之操纵人类,亦甚矣哉!均是圆颅方趾之人,同为民也,而以贫见鬻,或以弱被掳者,则男为奴,女为婢矣。或投胎不幸为奴子者,则终其身为奴,不得齿于人数焉。主人好恶,性气难识,终身执役,饥不得食,夜不得息。喜而赏之,残杯冷炙。执爨负薪,荷重惕息。跪而脱履,立而倚壁。洗衣刷地,捧盘执席,为洒为扫,或耕或织。小不如意,呵遣笞挞。侧媚跪诣,甚则踢杀。老者优养,奴则异是。少主童冲,肃恭奉侍,虽在毫釐,不免鞭詈。叩首谢罪,退莫呻嚘。子子孙孙,世袭为隶。虽有圣智,不许宦仕,抑不得学,不能识字。其有忠贤,为主尽死,号为义仆,称之而已。不得同食,不厕人列,名分当然,无可升拔。凡有死节,朝有赠爵，若为奴隶，不恤义烈。圣有谟训，褒贤贬恶，不幸为奴，摈如禽啄。若其女婢，贱辱由人。主妇之慈，破被残羹，主妇之酷，钳炙烙身。饥不许食，与死为邻。未明早起，扫地开门，汲水作息，井臼并身。米盐琐碎，鸡虫得失。深夜不息，头睡触壁，主妇大呵，雷霆霹雳。夕而铺床，扫帐安席，奉烟掻骨，勤身竭力。少女娇傲，曲腰承足。小儿病啼，襁负作役。指背抚搔，竟夜供职。少主淫虐，诱奸恐吓，强仆交加，强奸迫勒，不敢不从，强忍是极。主人知之，鞭责千百，锁之空房，卖之山客。或鬻作妓，听其所极，投水悬梁，求死不得。呜呼惨酷，所不忍述！世虽承平，身当乱酷。上天之生，奴婢亦人，以何理义，降此苦辛！不幸为奴，永永沉沦。

第二章　天灾之苦

水旱饥荒之苦　岁之有水旱、丰穰，天之行也，未有能免之者矣。虽水防未修，沟洫不开，树木不多，宣泄无自，不能调燮阴阳，然天行之剧，亦有平地涌水、大旱累年者焉。故当潦水之大，洪流万顷，浩浩怀山襄陵；旱荒之甚，赤地千里，漠漠草树尽枯。哀彼农民，劳种而无少获。举家勤动，终岁不休，而八口嗷嗷，粒食不得。吾家粤之南海，当牂柯江之下流，岁五六月收获之时，则江水大涨，骤至丈许，决堤漫陂，顷刻浸灌。禾稻穰穰，黄云遍野，忽而白浪滔天，牛马轻舟，犂没于田上矣。当潦水骤来之际，乡人竟夕守堤，锣声震耳，版筑登登，灯火映带。其家人多者，稻畦之上，不择生熟，且以守堤，且以刈稻。其家人少者，奉公守堤，不暇兼顾。及其堤决也，哭声盈耳，凫水走避，家人提携什器，相与掩面泪下，呼天而罾之。幸堤之不决,则又惜生者误刈,不能为食,徒得禾秆,相与叹惜,以吾粤柯江冲流之剧,而叹江河灌决之惨,益不可言也。若其旱也,赤云蔽天,热阳煜煜,飞尘满地,树枯不绿。望走群祀,歌舞牲玉,神巫则肥,农夫则酷。日视其苗黄萎枯缩,米瘠且落,望绝无属。犹须纳租,鬻子莫赎。若光绪二年山西全省之大旱,饥人相食,易子而骸其骨。襄陵者,吾先师朱九江(讳次琦)先生之治也,地近平水。先生为开其水利,号称富穰,户口二十余万。吾在京师,见襄陵人而问之,乃余二万人。襄陵犹如此,他邑可知,盖十去其九矣。若郑州之河决,民没无数,朝廷乃至鬻爵而赈之,此皆最近目睹之事。水旱之大者,若征之古史,考之全地,若此者岁岁而有,地地皆然,不可胜数也。近者欧美铁路既通,运输较捷,水利渐启,树木既多,雨泽渐匀,泛滥渐少。就有水旱,而以铁道移粟以饲之,民命尚易保全,此进化之功也。虽然,农民穷苦,胼胝手足以经营之,而终岁之勤,一粒无获,宜其怨苍苍之大憾,而嗟上帝之不仁也!谈运命者仅付天行,信因果者只嗟劫数,其能祈而制雨求晴者,妙术能开生面,仰口终难符天。甚矣农夫之苦,尧、舜、禹、汤屡遭其毒而无术振之矣。

蝗虫之苦 漫漫蔽天而来,树木没叶,万顷千稼,连州并邑者,其所谓蝗灾耶,盖自古有之,岂唐太宗吞之所能格耶!自余螟蟊之害,禾稼皆伤。一夫不收,则八口不食。而扑之不尽,震之不去,炮轰不灭,火燃不息。所过郡县,稻麦皆绝,贫农仰天,呼泣呕血。虽欲赈之,施粥有竭。欲搜蝗根,须穷天地之侦测,故待人人之自谋,苟有灾焉而何食!即井田之口分世业,犹遇蝗灾水旱而术竭也,欲博施而济众,尧舜犹病其不遍也。

火焚之苦 赫赫烈烈,嘻嘻出出,朱霞绛天,赤风烦热者,其火焚之炎炎耶！宫阙不慎，庖厨不灭，炭屑烟灰，风扬暗爇，一星之火燎原，遂使城郭飞灰，人民为炭焉。于时怒风鼓荡之耶，板屋木构，铁扉铜瓦，益其焰耳。摆磨四垣，煨烬瓦砾，神焦鬼烂，天跳地踔。男女奔逃，破窗触户，或赤体而难遁，或恋财而回顾，或折桷飞而致伤，或全屋覆而尽碎，或吸烟而迷卧，或悬楼而颠坠。莫不血肉交飞，体骸腐烂，臭气熏蒸，尸骨分散。其有戏场盛会，聚人亿千，箫鼓嗔咽，灯火照煎，万头鳞鳞，其乐且延。及夫扬棹渡江，驰轮跨海，舟客无数，高歌乐恺，或万里远复而视共拏，或志士壮游而观乎外。一火不慎，烟焰郁攸，樯倾桅折，焚舵沉舟。万众同挤，举足莫逃，可怜一炬，众骨同枯。其有焦头烂额，逃水而凫者，而吞烟中窍，盖亦无能幸生焉。于是妻子觅尸而不辨，家人望魂而号祭，哀号动地，灰烟满野，有不尽其哀而不能听其声焉。若夫石鼓有声，烟气火起，草木如炭，赤块飞止。天火忽流，大雨更炽，焚烧庐舍，千万未已，死者如鲫，数可不纪。若晋之永昌二年，京师大火三月，焚烧三县，庐舍七千，死者万五千人。唐宪宗时，洪州大火，焚民舍万七千家。宋嘉泰时，行都大火，衙署垒舍民居皆尽，亘十余里，凡五万八千九十七家，都城九毁其七，民灼死及奔逃践踏死者不计其数，百官僦舟以居。此尤火灾之大者。伦敦昔犹板屋，二百年前，大火同尽。夫人之惨死虽多而莫有甚于火焚者。若夫项羽之烧阿房，赤眉之烧长安，董卓之烧河阳，火延三月不止，民为之尽。而德之破法，焚烧师丹，全城皆烬。是虽兵祸，亦火之毒烈最甚者也。呜呼！人非水火不生活，而修火之利，亦受火之害，乃如是哉！

水灾之苦　夏潦时至，山水奔进，交集于河。下流壅阻，放泄之不及，坌溢泛滥。决裂堤防，浸灌庐舍，滔漫田园。人民奔避，携幼扶老，升于冈陵，缘木登颠，岌岌坠倾。牛马鸡豕，什器床几，辗

转于滔天白浪中,杂沓浮沉,随流而靡。其近决口、居下流者,白波
泆泆,若素车白马之拥怒潮,轰轰而来。城市犹为之淹,高塔仅露
其颠,木杪扬波,小舟穿之,况于村舍乡落之在田间者乎!原野千
百里,渺渺无丘陵。人民无所避,则浮尸没顶,积骸飘泊,与覆舟浮
柴漂水而并下,动以千万。全家连村,同时漂没。其有御枝漂流,
浮沙依岸,幸而获救者,盖千百而不一二也。其或山水坌出,地水
骤涌,顷刻寻尺,旦夕数丈。冲崖崩岸,沉城淹郭,庐宅园馆,所过
倾漂。怒波卷巨石,橡瓦随流转,怀山襄陵,无所不倒。其声势浩
瀚汹涌,舟楫皆覆,城垣并圮,所在人民无有能免者。其死伤惨绝,
尤为可惊。吾先祖述之(讳赞修)府君训导于连州,纯儒也,适遭山
水之涌,遂没于是,今祀昭忠祠焉。呜呼,惨怛哉!予小子道之而
犹有余痛也。夫火水之害,《春秋》谨记之。汉成帝建始三年,三辅
霖雨三十余日,郡国十九雨,山谷水出,坏官寺民舍八万三千余所。
当桓玄篡时,江涛入石头,方舟万计,漂败流断,骸胔相望,西明门
地穿涌水毁门扇。唐高宗永淳时,河南北大水,坏民居十余万家。
开元时,发关中卒救营州,营谷水上,夜半山水暴至,溺万余人。文
宗太和时,江汉涨溢,坏房、均、荆、襄诸州民居及田产殆尽。大中
时,徐、泗水溢,深五丈,漂数万家。朱全忠时河决,浸溢至千余里。
宋太宗太平兴国八年,谷、洛、伊、瀍四水暴涨,坏官署军营民舍万
余区,溺死亦万余,牛头河涨至二十余丈,涪州江水、达州溪水暴
发,壅州城,坏庐舍万余,死者无数。神宗熙宁时,洮河溢,漂溺陕
及平陆二县;又河决南徙,坏郡县四十五,民舍数万,田三十万顷。
徽宗政和时,沧州河决,城不没三版,民死百余万。盖自宋至明,河
患最剧矣。若海涛之溢,冲坏田庐,死人动辄数万。其余水灾殆不
胜纪。中国如此,全地可推。美国之南科罗打市,一夕为海水没,

吾尝观其影戏矣,惨哉!然则伊古以来,地球人民之死于水患者不可数算矣。夫洪水之患,下民为鱼,神禹治之阅二十一年,而《创世记》称挪亚方舟避水。盖洪水为患,大地最剧而生民之最惨者哉!美哉禹功,洒沉澹灾,然终不能奠后世之水祸也,奈何!

火山之苦　纯日之体皆火也;火力蒸动而自转,则火屑爆裂飞跳焉,地者日之火屑耳,离日而成质,自转而周行,受天空之气,积久而成壳,若陈粥牛酪,久之有糜也。地壳积久愈厚,则为花刚石焉。地中之火皆为流质,如金汁焉,为壳所裹,气不得泄。爆裂飞动,日相决争,裹包愈甚,于是成凸凹之形,凹者今号为海,凸者今称为山。经无量劫无量年百千万之火爆,而后高山、大海、丘陵、原隰、川涧成焉,苔介生焉,而后草木鸟兽生焉,人于是得缘附而居焉,食焉。盖地形之成,物类之衍,皆火山之为力哉!无火则不能成山,无火则不能成海陆而生万物,火山之功之最伟者也。昆仑者,火山之最先起点也:印度之须弥山,蒙古之阿尔泰山,北亚之乌拉岭,皆火之依附昆仑而后起者也。于是枝萼附生,花叶连起,缀连而为峰岭,夹流而成川河。若我中国者,北自天山,南走祁连、贺兰、太行、医无闾而碣石,渡海遂为泰山,南自岷、峨走滇、黔、五岭而至天台、雁荡,北折徽、皖而枝叶与泰山、徂徕之余叶枝干相交,故其中遂为大陆焉。北沿黄海至甘查甲,西走波斯而入非洲,其乌拉岭北枝入于欧洲,则最远者也。落机山者,不依附昆仑而最后起焉,别为火山祖,蜿蜒九万里,而为昆仑之背焉;今美与巴西之高山大陆,皆因依其火力以成洲者也。故火山之造成地形,其功最大哉!虽然,时各有宜,因各有适。及人类既多,占地遍居,于是火山之害亦最剧矣。大概大陆之地壳厚,地中之火力不能上达,故火山之爆也少;海岛之地壳薄,地中之火力易破,故火山之爆也多。今太平洋诸岛,皆火山之新爆出者也,然则近海火山盖多矣。当火山迸裂之时,火烟四冒,山石轰飞。环山数百之人居、城郭、庐舍,顷刻焚毁,腾播空中。田园人民立致灰没,无可走避。吾观意国奈波里之古城,犹可见惨状焉。其地近嗤苏嗤,火山裂后,百里之田庐人家沉没忽焉。今于二千余年后掘地下而古城发露,自城门、桥梁、街衢、庙宇、室庐皆如故也,室中衣冠会集筵宴如故,缝匠手针线缝衣如故,街中策马驰车如故,而大劫同尽,亿万众无可免焉。今此山尚数年十数年一大焚裂也。希腊哥林士之古城亦然。细细里岛近岁大灾,死者三万尤剧矣。其余四洲火山之灾,殆不可胜数。嗟我人民,何罪何辜! 而居近火山,遂蒙大惨,人居立尽,金铁交飞。若今檀香山、爪哇、苏拉摆亚之火山,火焰垄涌,至今未息焉。

地震山崩之苦　地震山崩之害尤苦矣,皆地内火力发动,而以地厚不能泄气。盖不能吸致之,亦火山之类也。若汉陇西地震,压四百余家。宣帝时,北海琅琊地震,坏宗庙城郭,杀六千余人。安帝时,汉阳地坼,涌水坏屋杀人。顺帝建康时,琼州地震百八十日,山谷坼裂,坏败城寺,伤害人物。后周琼州地频震,城郭多坏。唐武德时,嶲州地震山摧,江水噎流。开元时,秦州地震,坼而复合,经时不止,坏庐舍殆尽,压死数千余人。至德时,河西地震,坏陷庐舍,张掖、酒泉尤甚,数月乃止。又束鹿、宁晋地裂数丈,沙石随水流出平地,坏庐舍,压死数百人。元和九年,嶲州地震昼夜八十,地陷三十里,压死人无数。乾符时,雄州地震月余,州城庐舍尽坏,地陷水涌,伤死甚众。宋景祐四年,忻、代、并三州地震,坏庐舍,压吏民;忻州死万九千七百四十二人,伤五千六百五十五人,代州死七百五十九人,并州死千八百九十人。庆历六年,登州地震,岠嵎山摧。治平时,潮州地震坼裂泉涌,压覆州郭及两县屋宇,士民军兵死者无数。汉高后时，武都山崩，杀七百六十人。成帝河平时，犍为柏江山崩，捐江山崩，皆壅江水逆流，坏城杀人，地震二十一日，百二十四动。和帝时，秭归山高四百丈崩，填谿，杀百余人。安帝永初元年，河东杨地陷东西百四十步，南北百二十步，深三丈五尺。元初时，日南地坼，长百八十二里。延光四年，蜀郡越巂山崩，杀四百余人。桓帝时，郡国六地裂，水涌井溢，坏寺屋杀人。灵帝时，河东地裂十二处，合长十里百七十步，广三十余步，深不见底。晋惠帝时，蜀郡山崩杀人。寿春山崩，洪水出，城坏杀人，地陷方三十丈，人家陷死，居庸地裂，广三十六丈，长八十四丈。上庸四处山崩地坠，广三十丈，长一百三十丈，水出杀人。怀帝永嘉元年，洛阳东北步广里地陷。二年，鄄城无故自坏七十余丈。三年，当阳地裂三所，广三丈，长三百余丈。梁武帝普通六年，始平郡石鼓村地裂成井，方六丈，深三十二丈。隋大业时，砥柱山崩壅河，河逆流数十里，死人无数。唐高宗永昌中，华州赤水南峰山移百余步，壅水压村民三十余家。代宗大历十三年，郴州黄岑山摧，压死数百人。宪宗元和时，苑中之山摧，压死数千人。近岁美国三藩息士高地震，几陷全市。推之全地，崩震无量数，惨酷更无量数，若地动之仪更精，他日当有以预避之，而古今无是，是以至于若是其惨也。

宫室倾坏之苦　栋折榱坏，人将压焉，承古者巢穴之后，创宫室者皆伐木为之，今加拿大、日本、缅甸犹然。盖新辟之地，蟠木蓊郁，无所往而不以木为屋，大地皆然也。《秦风》曰："在我板屋"。而日本则举国皆然矣，今中国犹称堂构也。既以木为屋，木久则蠹坏，瓦坠茅飞，倾覆乃其必致者。若夫墙垣之用，多以土泥，筑之登登，削之冯冯，号称版筑，久则剥落倾圮矣。即造砖作瓦，日进文明，而砖瓦之重愈甚。岁久剥坏，势欲崩颓，小人惜费，支以木柱，一有烈风雷雨之交加,即有墙仆瓦飞之惧。吾家老屋盖二百余年而岿然。自十三世祖涵沧公丁明末之难,全族亡尽。涵沧公以幕营业,创此老屋,前年崩倒,倾压一人。而吾行经羊城华德里,飞砖压顶,幸隔寸许,不然,吾死于光绪乙酉岁矣。吾叔父玉如公居羊城外馆,大风雨,全屋瓦桷坠下,幸赖床之上板斜盖,得以幸生。此室固吾读书之藤花斋也,吾适还乡幸免,念之惊心。吾游庐山,夜宿破室,风雨夜,屋瓦皆飞,走避室外露立乃免。昔岁北京大水,屋倒八千。凡吾中国之古屋颓墙,日就倾坏以杀人者,以吾所阅历推之,岂可量数。即欧洲、印度多为石室,较坚稳矣;而水火之祸,危楼颠坠,仍不能免。苟非太平世文明精良之极,安能免此患苦哉!

舟船覆沉之苦 大风忽至,波浪怒号,浮舟簸荡,缆断樯倾,榜人呼号,舟子旁皇变色,相拥而泣。忽而巨涛如山,翻然舟覆,货重累压,杳然沉下。万舟如覆叶,浮尸如泛蚁,随流漂荡,听风澎湃。其有抱木牵竹,仰偷鼻息,经阅几昼夕,幸而依沙近岸,遇救得生者,盖亦仅矣。若夫巨滩奔湍,尖石旋涡,舟行若奔,盘牵以上。忽尔牵断涡旋,触石破舟,随盘涡则立旋入于深渊,触危石则破裂成碎板。人物并坏,呼救无从,万石之运航沉于砥柱,百丈之贡舰碎于澥濒。杜工部所谓"使者乘春色,迢迢直上天",此固舟子之所戒心,行人之所破胆者矣。大地川河,皆出两山之涧,然则危滩旋涡,破舟沉溺者,岁不可数。至于泛大海,遇飓风,触礁石,遇流沙,碎飞轮,沉巨舰,千客立尽,绝海无救,父母倚闾听信而不得,妻子招魂望祭而呼号。若光绪丁亥香港华洋船之惨祸,先自火焚,焦头烂额,中于烟毒,船客尽焚,已而沉下,予儿不免焉。后一日自港归,见海中犹露船桅出水面数尺也,为之心胆俱裂,是役知交多有死焉。此则尽备水火之惨,其酷毒尤甚矣。大地一岁中,汽舟而遭难者尚千百计也。哀哉，如何而能免此酷祸乎！

汽车碰撞之苦 缩天地于一掌，视万里如咫尺，过都越国，不盈旦夕；长龙蜿蜒，山川飘瞥，造新世界之灵捷第一物者，莫如汽车哉！然其挟火电之力，飙驰电驶，一往无前，交道相忤，少不及防，即有相碰之患，全车立碎，人物皆飞，头臂交加，血肉狼藉。今一岁之以汽车电车碰坏计者，不可量数也。上自圣哲贤豪、帝王卿相、名士畸人，以及匹夫匹妇、幼子童髫，无不以汽车为行役而托命焉。而灾变非常，出于不意，有人事非常之巧，亦即有人事非常之险，相乘相因，畴则能免。虽异日飞船创起，亦难免飘堕之苦，而今兹之患，则汽车多危焉，咄咄有戒心哉！

疫疠之苦 满大地多相杀机也，金与水相铄，水与火相倾，大小相轧，强弱相凌，洁秽相争，固天理之自然，无可如何哉！疫疠者，积无量之微生物也，横飞蔽天而来，精微随吸而入，故人遇之者，苟非壮盛之夫，殆难免焉。故疫疠一起，死亡千万，白旐、灵斝、棺枢相属于道，哭声动邻，则人不自保，亲戚相弃，友朋不敢相视。若印度热地，疫气尤盛，死亡尤多。竹笪载尸于河边，积薪而焚之，尸汁秽气流入于河，而河干之饮者浴者相塞也，夫是以疫之死人愈甚也。夫微生物之生也起于秽气，育于异疹，故房室隘湫，衣服不洁，淖潦交横，器物堆积，犬鸡牛豕，粪便杂沓，死鼠腐蛇、毒虫败叶，暗屯积久而蒸气于上，则微生毒物缘此化成。哄然而起，顷刻繁育，数逾千亿，如蚊虫，如军队，所过披靡，触者皆死。若夫富贵之家，高堂广厦、洞房疏阔，苑囿广大，花木扶疏，薰香而被服，垩粉而涂垣，则感疫者较少焉。而欧美之都会，市廛辐辏，户口百万，然其街衢广阔，种植树木，沟渠清疏，不留微秽，房室疏广，窗牖开通，凡猥秽尘旧腐败之物皆弃之不留，洒扫净洁，故疫气亦鲜少焉。而印度热地，贫人市户，狭室数尺，人气相积，器物交逼，毒出腐叶，蒸气成祲，故印度岁患疫，一都邑之间，而死者万数。而南洋及亚洲诸国，街渠不净，秽物成堆，室少人多，牖闭器积，壅此恶气，酿成疠疫。人只知口之饮食，不知鼻之呼吸以岁毙其同胞无数者，殆甚于兵燹也。夫兵争之死人也割斫其外体，疫疠之杀人也割斫其内体，夫割斫其内者，比割斫其外尤酷矣，而人不知防之。治军者知行坚壁清野之法，而治疫者不令大众预知行扫秽清室之方，其愚何可及也！吾睹吾中国之岁患此也，南洋、印度、亚洲诸国之尤甚也，恻恻哀之，而不能救人之贫，则终无以绝疫之根也，今北京、东粤岁遭其灾，以为天行之常也，大地固有之矣，吾久居其地而亦汲汲危之矣，奈何！

第三章 人道之苦

鳏寡之苦 人为有知之物，则必恶独而欲群；人为有欲之物，则必好偶而相合。道有阴阳，兽有牡牝，鸟有雌雄，即花木亦有焉。人有男女之质，乃天之生是使然。人道者因天道而行之者也，有以发挥舒畅其质则乐，窒塞闭抑其欲则郁。太古之时，雌雄乱作于前，故圣人顺天之道，因人之欲，知其不可已也，故制为夫妇以相判合。始之以顺天性，令其相欢相乐；继之以成家室，令其相保相爱。其有壮大而无妻无夫者，孤阴独阳掩沮憔悴，生人之乐泯矣。且其鳏寡，多出于已有妻有夫之后而中道摧丧者焉。听离鸾别鹄之音，睹月缺花飞之惨，遗尘在簟，破镜暗然，仰视双翔，能无泪下。其鳏者或伯道无儿，或左芬有女，或儿女成行而抚育无人，对此藐孤之呱泣,益思故剑之恩情,则有触目伤怀,神伤无主者矣。其寡者或贫无立锥,复多遗债。而上有白发之孀姑,下有绕膝之幼子,左提右挈,背负手茧,叫怒索饭而啼门,垢腻不袜而牵衣。以织绣糊口,则执业而不能育儿;以乳哺字男,则失业而不能得食。强豪追逋日至,则卖女以偿,水旱疾疫不时,则舍男远出,死生执别,永远仳离。床荐无毡,日食以粥,伤心神结,瘦骨柴支,以泪洗面,有病莫医,气结而殒,以手抚儿,此亦人道之至惨凄者矣。幸或抚儿长成,授室谋业,而私其妻子,不顾母养,视同媪仆,加以嗔诃。或赌荡破家,尽鬻其产,寡母睹此,惟有垂涕,有仰缢而自绝,或就佣而远适者。即使家有中资,田产足食,而乡邻之豪家欺占,至亲之叔伯凌争,呼父兄而无人,泣良人而何诉。或有强奸诱淫,诬奸争盗,至有投缳入狱,剖腹自明者焉。若夫印度之焚柴殉葬,锁阁不下,燕子楼中之霜月,秋夜弥长,骊山陵上之侍人,银灯不灭,抑女旧俗,苛暴无伦,抑更不必言焉。欧美号称平等,而人群宴会,罕及寡妻。子女欢游,宾客杂沓,而寡者别室寂处,盖未亡人之生意亦有索然者焉。吾少多乡居,而寡妇盈目,秋砧在耳,连夜达旦,人道如此,目击惨伤。而乱世尊男,以女为属,饰为礼义,崇为高节,寡妇之苦无可救焉。吾既少孤,寡母育我。吾姊逸红才慧,甫嫁百日,夫即病亡。吾妹琼琚静贞好学,生有三子,夫丧中年,以贫自伤,数载遂殒。呜呼!寡之酷毒,人道所无,盖天上人间所难者焉。国家无事,家室和平,人喜春台,世称休盛,而寡妻怨毒之气,已上通于天,可得谓之太平盛世哉!

孤独之苦　物之精神、筋力、肢体足以自养者,虽极苦,非苦也。若其精神、筋力、肢体皆不能自养,必待于人以为养,而所待之人忽逝矣,无凭矣,茫茫矣,怅怅矣,无以为生矣,呼诉无闻矣,则其忧伤憔悴有不能为生人之势,其苦不可言矣。则未有若老而无子,幼而无父者矣。夫父子之道虽本天生,而人道之始,不以母子传姓而以父子传宗者,实以男子之强易于养生故也。故子非父无以长成,父非子无以养老,交相需而为用,虽不言施报而实为施报之至也。且分形之子,传体之人,天性之亲,爱不可解,惟其爱不可解于心,然后可长相托也。人之情,经穷祸患难,则变而相弃矣。乱世之俗,虽有至交,遇难而离解,以其易合,故易离也。惟天组者难解焉,故父子虽怨,经穷祸患难而相收也。故交有高言恤故人之孤,不数载而倦忘矣。至待于诸父诸兄乎?则彼自有父子,何暇恤人之子。即有仁人,提携抚养,视犹己子,则以为高义矣。夫以为高义之物,岂人人所能哉,则无所怙者多矣。假而诸父之贤能恤兄弟之子,诸母出自异姓,其能视为一体乎!故同一饮食,则人有而己独无,人齿粱肉而孤子厌糟糠矣;或且饭后之钟,抱腹而呼荷荷者,或且馂余而丐残羹冷炙矣。同一衣服,郡从丽都而孤子垢敝褴褛,或且裋褐不完,肘见履穿矣。同一执业,群从竹林啸咏,精舍弦诵,而孤子洒扫承筐,望学舍而垂涕,不能进矣。同一榻舍,群从高斋文几,厚褥隐囊,孤子则下室旁舍,破床无被矣。若期月之生,丧失父母,转育于人,为奴为婢,姓籍不知,寄生而已。或流乱为丐,漆身如癞,牛马其体,仅具人形。《诗》曰:"谓他人父,亦莫我顾,谓他人君,亦莫我闻"。呜呼,天地虽大,岂有惨凄若孤子者哉!寿夭难知,亦谁能免此也。独者乎,耄老之年,精神已衰,聪明已失,筋力已驰,耳聋目暗,杖而后起,举动须人,扶持赖子,手足无力,作工不能,营商失利,记性模糊,百事不办,饮食而已,等于废疾,谁则恤彼。惟有子者夕膳晨瀹,扶杖洁被,问寒涤秽,搔爬盥洗,起居察其安否,饮食具夫甘旨,子忽云亡,衣食奚具。即有弟侄时加体恤,异居殊家,谁克奉事。风垢满身,败絮拥被,大雪无裳,曝背于市,眼昏体枯,有若半死。至于遭病不时,疫疠瘟之,无人问侍,无人扶持,喘喘残息,无药无医,忽而殒绝,闭门不知。若是者,夥哉夥哉!若其富贵缙绅之家不待子养,而恩爱既结,寿夭无常,中道夭亡,传后无托。贤如子夏,因此丧明;达若杨彪,犹深舐犊;柳子厚之祭,身后孑然;司空曙之诗,一星孤荧。青箱谁寄,遗书何托;宗祀将斩,祠墓无依。其结托愈深,则其缠绵愈挚;其希望愈厚,则其诀别愈难。盖老年丧子,后望儿绝,其哀从中来不可断绝,遂与幼孤丧父者皆为人生终天之憾也,何以弭之!

疾病无医之苦　万物相靡也,阴阳相攻也。犯于刑律法禁则人刑之,犯于雾露寒暑风湿五劳七伤则天刑之,此殆无能免者也。夫蒙疾卧病,不必其弥重也,首重不能举,神昏不能理,体弱不能起,足软不能行,手颤不能举,目昏鼻塞,舌喉焦涩,饮食不进,游观皆止,失机败事,患苦无已。若其疽背大发,喉肿交合,喘气并作,内脏壅毒,食卧不下,呼号苦虐,其百病之类此者,殆不胜数。更或绵月连年,卧床拥毡,大癞麻疯,异疾缠肩,子孙倦于奉侍,六亲断于当前,贵富不胜其苦,贱贫者尤为可怜。盖据乱之世,医学不盛,医法不明,医者无多,医具不精,虽重资以延聘,惟救起之难灵。若夫贫者,糟糠不给,难谋医药。室宇卑污,道路不洁,饮食未精,微生物害之。空床呻吟,无力延医,以此坐毙,不可纪称。然且深山穷谷,僻壤穷乡,药店不及开,医生远难来。百里无医,以巫代之;祷祠祭祀,书符咒水,病者待之,殆哉噫唏!即欧美施医有院,医学渐精,盖无良医之日日诊视,饮食宫室,衣服什器,道路卫生之未宜。而治病于既发之后,就使立起膏肓,其败人精力,损人神魂,费人日力,累人亲者之舍业供养,合大地人类算之,其所失败于冥冥

29

间,巧历岂能算之哉!若夫野蛮人种,易生难繁,以其卫生之不讲,故殇夭之多艰,瘰瘤肿黄,遘疫即僵。故澳洲之黑人,昔数百万者,今仅百万;夏威夷岛昔数十万,今仅三万;散沙维岛人,昔数十万,今亦三万;巫来由人种,日削不增。然则呼号于杂病之刑,杀戮于卫生之不精,诛残于巫医之无灵者,自古及今,呜呼大地,何可胜算哉!彼独非人欤,不得终其天年,而中道夭于疾病,痛苦缠于当身者,岂非生不遇大同之世,而无卫生之精,医生之日诊,以善全之耶!盖大同之世,生人最乐,内无五劳七伤之感,外极饮食、宫室、什器、服用、道路之精。而医学最盛,医术最明,医生最多,日日视人,疾无自来,苟非天年之自终者,盖终身不知有病苦焉。佛之以与生老同惊忧者,其不知大同世之乐哉!普渡已尽,何所容其超度耶!凡野蛮乱世之病,至是皆无,大同之人,岂复知今据乱之苦耶!而今悁悁之众生,同罹疾苦,大声吟号,侧耳如闻,哀哉,何日能拯之!

贫穷之苦 今普天下人之所焦思菜色,奔走营营者,岂非为贫哉!夫人生而有身,育身者有父母,身育者有妻子;有身则饥寒有衣食之需,有家则俯仰有事畜之任,是皆至切而不可少缺者也。若夫岁时佳日,欢庆乐游,酒食馈赠,亲友应酬,是岂非人情而不能自免者乎!至于丧葬之哀纪,吉庆之仪文,祭祀之礼典,尤人道所重,无财不足以为悦,抑且事不能举,比于非人。"伤哉贫也,生无以为养,死无以为葬",虽子路之贤不能不痛矣。夫衣食家室之需,迫人至急,半日不食,即受之饥,裋褐不完,朔风刮肌,疾病恶苦,卧床无医,风雨怒号,屋破瓦飞,大雪行道,指落肤腋,夜寒无毡,瑟缩卷衣。父母责骂,垂首忍之;妻子哀号,叹息垂涕。其凶丧饥馑,甚且卖儿,割削恩爱,任其弃离,岂不眷恋,为贫所欺。其或只身弃家,渡海万里，开山拓殖，或非或美。卖身为奴，听主鞭笞，驱若马牛，瘴毒缠罹，死亡莫问，呼天谁知。若夫寡妻失夫，幼子无父，自营无力，人莫我顾，朝哭夜啼，饥寒无诉。忍卖为妓，屈身为奴，啜泣自伤，谓天何辜。其有农夫失收而狼顾，工人罢业而家食，主吏追租而锒铛，室人交谪而远适。又或商业倒闭，士子落魄，债台高筑而莫避，田庐尽卖而无归，则有跼天蹐地，寻死自尽者矣。其他贫累伤生者，不可胜数也。盖生人之数日繁而无尽，养物之数有限而无多，以有限之数供无尽之生，其必不给矣。若新法不日出，则人生之多，即为致乱之患，孟子曰："天下之生久矣，一治一乱"。世以为天运之固然，不知生齿之繁，养物不足致之也。故中国二三百年必一大乱，以生齿已足故也。夫不足则争矣，虽圣人莫之救，若不有以善其救贫之术，而欲致太平无由也。即欧美号称富盛，英国恤贫之费岁糜千万磅，而以工厂商本皆归大富，小本者不足营业，故贫者愈贫。试观东伦敦之贫里，如游地狱，巴黎、纽约、芝加哥贫里亦然。菜色褴褛，处于地窖，只为丐盗。小儿养赡不足，多夭者。聚成大团，风俗愈坏，监狱愈苦，病须医愈多。英国特立部，岁费千万磅以恤之，终无补也。他日即机器极精，谋生较易，而贫民终不能免，议者至比为人之排泄物，尤为惨矣。然且人道不文，则为野蛮，若愈文则患苦随其文而为增至。故文者食美八珍，衣珍五采；宫室则丽其栋梁，重其楼阁；器用则繁其铺设，备其仪文；亲友则通其吊贺，致其赠赙。文物日增，需费更巨，于是乎车马傔从、琴瑟书画、园林古董、庆赙宴游、妻眷童仆，皆人情之所好而中人以上之所致者，苟非有之，不齿上列。故财力内实不逮而门外日以强持，以大不逮之财而日行勉强支持之事，东挦西撦，忧苦莫当。以吾所闻，粤之富人中落者，纸筒籴米而坐轿如故；仕官候补者，衣服典尽而宴客盛张。虽未尝不强作笑语,呼指僮奴,而追书纷来,债客盈集,内厨不爨,妻子无衣。媪仆将散而骂其无工钱;大屋暗鬻而别租小室;田园玩器,急于贱售而尚无人沽;丧婚宾病,急待举事而借贷无得。忧心如焚,头痛若刺,盖中家官人之所同病而共忧焉。虽欧美之文盛,其中人患贫尤甚耳。闾阎扑地,都邑相属,苟非野人穷子骤致多金,自此之外,虽极巨家豪费,皆是郁郁患贫之人。故“翘翘车乘”,皆是忧生;“衣服丽都”,尽为贫子。外面甚乐,中情甚苦,如炙如割,且有不愿为人者。彼为礼俗所驱,遂陷于贫而自刑若是,畴能解之哉!是故增其文明礼物而不易其人道,不啻广设陷阱网罗以陷缚之也。彼忧贫抑塞,溥天皆是,不拔其根,不除其源,而欲致太平之乐,岂可得耶!

贱者之苦 为奴隶,为婢媵,为胥役,发舆台,奔走服役,伺颜候色,拳跪鞠躬,侧身屏息,饥渴不得自由,劳动不得休职,冒风雪而跋征,穷昼夜不获少息者,其贱者之苦耶!睨彼贵主,高堂深厦,华旗细席,踞高座而指挥,拥车马而辟易,侍者如云,簇拥排列,顾盼所及,左右悚息,声咳所逮,唱喏百亿,或行为前驱,或坐为执役;彼岂非天生之人乎,胡为吾贱若此? 其贵主之仁者耶,或少恤下情,感恩罔极,叩头泥首,铭心刻骨。其暴者耶,则一语之误,一事之失,鞭扑交加,骂詈无已,加以刑罚,剥尽廉耻,欲奋飞而不能,惟泱涩而悲已。即在平人,有所白事,长官踞座,立不得与,呵叱睨诘,惟其劝詈。即为卑官,进谒长上,辕门伺候,风尘鞅掌,执版下舆,立班鞠拱,唱喏连声,伺色而动。其或脱履膝行,卑栗退屈,伏地骑背,跪足结袜,野蛮等级,威严尤密。是故志士挂冠,壮夫不屈,以是叹息,趑趄郁郁。若爪哇人之长跪,缅甸人之屈身,无论矣。凡此者,岂太平世人所识哉!

第四章　人治之苦

刑狱之苦　伤矣哉乱世也，人累之太多，天性之未善，国法之太酷，而犯于刑网也！世愈野蛮，刑罚愈惨。吾见法班、巫来由人之刑具矣，有剖腹而用锯者，锯有自项而腹，又有自腹而项、自背而胸者焉；有以锥自谷道穿至项，有自项至谷道者焉；有屈腰而合缚其手足而锥其阳者焉；或油布卷而火焚之，有石压而驴磨者焉。若夫车裂马分，炮烙汤煎，断首折腰，凌迟寸磔，挖眼劓人犹以为未足，则有蝎盘焉；九族之株连未足，而波及十族。遭遇暴主酷吏，周钳来网，备极五毒。盖乱世之常刑，而贤士多有不免焉。伤矣哉，乱世也！古用苗制，施行肉刑，汉文免之，改为囚徒、髡钳、鬼薪、役作，隋文代之以笞杖流徙。然不幸而入于狱也，桎梏身首，钳锁手足，便溺迫蒸，臭秽交迫，据地眠坐，伸缩不得，蚊大如牛，绳虫绕侧，衣裳垢而不得浴，饮食秽而或乏，黑暗无光，不见天日。狱吏来临，淫威恐吓，求金取贿，非刑迫索。若夫娟娟妙女，可人如玉，听其逼淫，轮奸相逐。故周勃以太尉之尊，然犹见狱吏而头怆地。其他受其烙死，蒙其毒药，施以鞭挞，塞以秽袜，即幸而不死，而破家毁体，备极惨毒者，非生人所忍言也。此则自古仁人志士躬受其害者，不可胜数矣。其有幸逢薄罚，或遇大赦，身免为奴，妻女为乐户。粗兵武人，性横情暴，侧身谨事，犹逢见恶，喜或赏残羹，怒则杖频数，一语触忤，鞭死莫诉。既为乐户，则执弦捧卮，厕身倡妓，以文信国、于忠肃之家盖不能免。呜呼凄惨，岂能道哉！其或荷戈遣戍，瘴地冰天，事长如帝，与死为邻，室人永绝，相见无期。凡当乱世之刑罚者,岂人道之可言! 今欧美升平,刑去缳首,囚狱颇洁,略乏苦境。然比之大同之世,刑措不用,囚狱不设,何其邈如天渊哉! 然苟非太平之世,性善之时,终无以望刑措之治也,而生人刑狱之惨苦终无由去也。

苛税之苦　自有强弱之争,则强者取诸弱者,或以保护之名而巧取之,或行供亿之实而直取之,始于渔猎耕稼而分其物,继于关市舟车而征其货,甚或于人口、室屋、营业、器用、饮食而并税之。其名则或贡、或助,其轻则仟一、百一,其重则什一、伍一、二一,然皆取民以为有国之常经,治世之大义焉。虽有仁圣在位,然既当乱世,既有国争,不能天下为公,则无有能易其义矣。然人民生丁斯世,既有仰事俯畜之需,而租税所需,迫于星火。征符杂下,胥役纷来,鸡豕任其宰割,室屋听其摧毁。或当水旱疾病,公租不偿,男子押追于牢狱,田园典质于他人。甚或鬻妻以偿,卖子相继,为人奴婢,分弃夫妻。惨状难闻,苦情谁救,牵裙挥泪,呜咽涕零,然且骨肉分离于前,吏徒敲朴于后。故元结以为官劫过于贼,而孔子以为苛政猛于虎也。若暴君肆其台沼征伐之欲,贪吏妙其剥脂敲髓之能,苛税滥征,诡名百出,至暴也。自租庸调之为两税,两税之为一条鞭,地丁合征,千乃税一,而民犹苦之。然厘金杂税又出焉,沮扰留难,其弊多矣。欧美以列国并立而赋税更重,繁苛及于窗户,琐碎及于服玩、僮仆、车马。虽云为国,然以兵争之故,耗尽民力以事兵费,一炮之需数十万,一铁舰之成动辄千万,水涨堤高,竞持而不知所止。生今之民,维持国力者莫不苦之,以视大同世之绝无租税,且领公家之工资,其为苦乐何其反哉!

兵役之苦　等是圆颅方趾,皆天民也,及有君国立而力役生矣。为一君之私而筑台、筑城,违农时,绝生业而役之,此固孔子

《春秋》之所深讥也。今土司大田主之役其私属，一家之私事皆役之。今爪哇地主，犹七日一役其民，殆视为义所固然焉。野蛮之国，若安南、缅甸、巫来由等，其征役尤重矣。孔子悯之，减为使民不过三日，以为仁焉，不过去太去甚，食肉而远庖厨云尔，犹非公理哉。自王安石行免役之法，实为千古未有之仁政，而司马光妄改之，遂至于今。幸而圣祖行一条鞭法，乃令中国得免焉，然边省之倚势作威，抑办夫马以供行李者，盖犹未尽解焉。欧洲佃民、奴籍之苦以供役使，固亘数千年，至近世民智大开，乃甫能脱之耳。然则征役之苦，固大地万国数千年生民之不能免者也。若夫应兵点籍，则凡有国之世，视为义务。如中国三代固自民兵，而唐宋之制亦复强选于民，宋人黥刻义勇，固为无道，唐亦何尝不然。诵杜甫《石壕吏》之诗，吏夜捉人，老妇应门，大儿战死，中儿远戍，小儿役殁，孤村无人，穷巷惨凄，田园荆棘，狐狸迫人，谁不为之泪下也！近世万国竞争，俾士麦改创国民为兵之义，各国从之。尝闻之美国之人闻选兵者，家人畏苦，相抱而哭，爷娘妻子走送，哭声直上云霄，岂不以无定河边之骨，犹作深闺梦里之人耶！远戍百战，存殁难知，白骨莫收，招魂望祭。师丹之役，全城皆焚。兵役之苦，有国所共，今德奥人以充兵时多逃去者，非至大同畴能救之哉！

第五章　人情之苦

愚蠢之苦　人之能横六合，经万劫，证神明，成圣哲者，皆智之力也。故吾自穷极万理而后，能辟阖今古，宰割万物，神鬼神帝，生天生地，即独得天下特别无限之全权焉。吸大地诸天之精英而遍饫嚼之，集邃古圣英之神明而收摄焉，下至一草一木、一鸟一兽、一土一石之形状，亦足以资博物而考名理。当其新识骤得，踊跃狂喜，亦有天上地下惟我独尊之势，皆智之为也。若愚者乎，既不能考大地万物之理，又不能收今古诸圣之华，摘埴自喜，冥行自夸，问七星而不知，数万国而不识，学问止于《论语》，而以《南华》《汉书》为僻书，知识限于国土，而以球圆地绕为奇事，冰人溺于冰海，火鸡守于火山。所谓"南人不信千人帐，北人不信万斛船"，今中国人之闭处穷乡者，盖犹未免哉！若夫不通算数、不识文字之人十犹有一，各国人民皆不能免焉。视群书而无睹，举文物而无知，凡大地新世治教之良，物理之新，文学之美，皆瞢无所闻焉，如瞽者不预文章之观，聋者不预音乐之妙。生同为人而所知乃与牛马等，不得一接其同类先哲之奥妙懿伟以沃其魂灵，岂不哀哉！脑根所闻皆灶婢之余论，耳目所入皆村曲之陋风，以为天地之大，尽在此矣。夫人之聪明睿哲，无所不受，今愚陋若此，是割地自弃，暴殄天与，岂不哀哉！爪哇之梭罗王，为荷所隶而不知也，自以天下莫大也，尝问人以暹王与彼"地孰大，钻石孰多"？岂不可悯哉！知识既愚，则制作亦蠢，试观巫来由及烟剪之器物无不丑恶，其与进化之害莫大焉。且人既蠢愚，则一人不足一人之用，其劳作甚苦而逸乐甚少，伤人之生莫甚焉，况脑根熏浊，必少高明广大之神，势必嗜利无耻，少礼寡义。留此人种以传家则俗不美，以传种则种受害，以此愚根流传不绝，是犹在黑暗地狱也，岂可使流转于世宙间乎！夫人兽之异，不为其形质，只争其智愚，大同之世，岂容兽种。且愚则必顽，以此而欲致太平大同，是犹蒸沙而欲成饭也，必不可得矣。

仇怨之苦　人之魂梦不宁，神明不安，郁郁不乐者，其莫如仇怨哉！人自有身界，则有争利争权之事，至于有家界，有国界，而争利争权之事愈甚,则相诈欺相夺杀而仇怨兴矣。故据乱之世,必崇复仇之义,父母之仇不与共戴天,兄弟之仇不同国,交游不反兵,甚且九世之仇犹可复。诚以据乱之法,子不私其父则不成为子,臣不私其君则不成为臣,故不复仇则非臣子,忘仇雠则为不忠孝。故一人有遇变之惨,即举族枕戈,累世发难,切齿腐心,饮恨寻仇,即贵暴若嬴政,狠鸷若赵襄,而子房奋于博浪,豫让隐于桥下,则可令人内热而死,中毒而亡,况于常人,其可防哉!起居出入,无有安心,蛇影杯弓,动于饮食,则有李林甫一夜迁二十五之床,曹操以诈睡杀人者矣。虽为帝王如俄之霸,然岂能一刻安哉!即非贸首之仇,而乱世之俗,多忌多争,多疑多毁,一有不合,怨毒从之,则有造谣谤以交攻,阴弹射而相轧。或有倾险之行,危殆之事,飞文构章,诬陷囹圄,或致流放,以幽忧死。甚且同室起乎戈矛,石交化为豺虎,盖怨毒之于人甚矣哉,虽在大贤,安能免此!今之帝王将相,尤所恐惧,是故操心危,虑患深,战战兢兢,如履薄冰,言身处乱世之难也。

爱恋之苦　人类之相生,相养,相扶,相长,以薙除异类而自蕃衍其本种者,岂非为其同类有爱恋之性哉!然得失同源,祸福同祖,始于爱恋保种者,复即以爱恋生累矣。父子天性也,立爱之道自父子始,故教之以孝,奖之以慈。而慈孝之至则爱恋愈深,事亲则疾病抚摩,割股为药,爱日祈年,祝哽祝噎,强健则窃喜,衰羸则私忧。至于属纩弥留,则呼号无术,以顾复鞠育之深恩,一旦付于虫沙土木,终天永恨,相见无期,虽寿逾彭籛亦复爱恋不已。此固普天人人之公憾,而无一人能免之者也。吾见抚于先君知县公(讳达初,号少农),见养于先祖连州公(讳赞修,号述之),十一龄失怙,侍床执手,至今念遗嘱欲绝之言,犹哀咽而肠欲肠也。吾年二十,先祖溺于连州大水之难。吾弟幼博（主事，名有溥，字广仁），戊戌之难戮于柴市，携骸而归，身首异处，至今思之心痛。岂非亲爱愈切则怀恋弥深，而人之所望与天之所与每相反也，则苦痛荼毒无可救矣。若夫子女之爱，舐犊有情，既自生之，又日抚之，似续赖以嗣，门户赖以持。即非孝谨，或尚童稚，犹视怜之。若夫才子，尤望亢宗，外若呵谴严重，内实抱爱深切，故毁伤尚少而丧明最多，岂非以爱恋至大，故痛苦尤大乎！若夫夫妇之道，异体合欢，以爱为宗旨，以恋为实行，此天地所同也，然立义既严，困人益甚。则有两美相遇，啮臂盟深，而以事见阻，好合难完，或以门户不齐，或以名义有限，海枯泪竭，心痛山崩，则艰危万状，甚且死生以求同穴者，乡邑频见，则全地日月万亿可知也。其既得联婚，连枝比翼，情意既洽，欢爱无穷，形影不离，以为天长地久矣。而寿命不常，必有鳏寡，握手永诀，玉棺侧葬，凝尘满簟，遗琴在御，摩挲故剑，披展繐帷，听锦瑟之哀声，闻寡妇之夜哭，谁不下泪伤心者乎！当此时也，天地泣昏，魂灵恍荡，曾不知人间何世，生死何端也。即不尔，而征役当从，或饥来驱我，近卖浮梁之茶，远就河阳之戍。归期无定，死丧堪忧，把臂牵衣，饮泣而别，神摇摇其无主，心郁郁而欲结。无定河边之骨，犹为闺中梦里之人，云鬟香雾之寒，犹在远客吟怀之念，生离死别，悲莫悲焉。而大地横目之民，夫妇交欢，谁能免此者乎！若夫寇难忽临，劫疫相继，夫妻父子，分散仓皇，不死于兵刃则丧于水火，不填于沟壑则馁于饥病。其得为奴虏，苟幸生存，为幸多矣。觅遗尸于鸟鸢口下，得破镜于权贵家中，肠百结而如回，心哀痛而欲绝，若斯之遇，哀惨至剧，而皆由亲爱过结、眷恋太过致之也。故佛氏欲断烦恼，首除爱根，由爱生缠，缠缠相缚。而父子夫妇之亲，人所难去，而强欲以出家破爱根，岂人情之所能从哉！不即人情者,其道不行,则人类爱恋之苦终莫由拔也。

牵累之苦　人之魂神不清明、智慧不发越者,忧心沉沉昏昏、若坠若凝者,其皆由牵累哉!人以有家而为乐,而家之牵累从之,乃至苦焉;人以有国而为安,而国之牵累从之,乃至忧焉;人以有财产而为利,而财产之牵累从之,乃至害焉;人以有宦达而为荣,而宦达之牵累从之,乃至辱焉。夫有父母而不孝养,则不成为子。然竭力致养矣,而父母或有疾病连年,则孝子捧药焦然,而神明为之丧失矣;其或父母有罪祸而奔走营救,抢地呼天,神明益失,事业益废矣。若夫父母考终,追慕哀思,号泣哭踊,望枢而痛,临穴而悲。久丧哀毁,固损生人之性,短丧不服,亦非人情所安。盖爱情之结既定,则孺慕之牵无穷。若夫角枕锦衾,琴瑟好合,绸缪爱眷,终身相托,比翼交颈,亲爱为缚,别远离怀,中情若割,其肠九回,神魂皆落。或佳丽列屋,夸为纵欲,爱甲弃乙,恩怨不睦,供奉无垠,农业为覆。疾病日出,死亡相续,终日怨惧,长愁踯躅。多子者人之所望也,自孩提保抱,童幼提携,以养以哺,以食以衣,学业为之就傅,疾病为之延医,长大为之授室,垂老为之驰驱。绕膝者多,则衣食之累愈多,死病之事愈多。故夫贫者以妻子之故赁衣而售屋,富者以妻子之故烦心而绉眉。然且人之性善者少而恶者多,故子之长也,亦贤者少而不肖者多。败行失德,鬻业丧名,玷及祖宗,祸延父兄,其为牵累之大,岂有偿哉!有财产者,人所藉以为生也,然多财之累亦甚矣。或业倒产倾,田淹船溺,火焚盗劫,人欺官骗,有一于此,损魂丧魄。若夫仕宦贵显,高则多危,有五鼎食者即有五鼎之烹。上蔡逐猎之布衣,岂不胜于长安车裂之丞相哉!近者各国后王迭遭刺杀,固知衣绣之牺不若曳泥之龟也。若夫国,则强弱必有争,重税则同担,兵役则同荷,号称国民之责所必然也。一有战祸,灭亡随之，长为奴为隶，可痛可悲。其或君后柔昏，国土危削，骨鲠力谏，回天变法，坐遭诛戮，颈血溅赤，身首异处，家孥幽辱，其为惨酷，岂忍言哉！其或遁臣奔亡，流离异域，刺客载途，昼夜相警，衣粮交绝，病莫能兴。巨海万里，洪涛漫天，欲渡不得，思归未能。凄凉胡天，回望汉月，思故国而危乱，念旧乡而遥隔。老母生别，妻子久诀，兴宗邦而无期，救故君而无术。既有泥中式微之悲，更有神州陆沉之恐，斯则忧从中来，不可断绝，悲愤填胸，须发尽白。虽有人天超脱之思，神圣游戏之道，既游地狱，度脱为难。人间何世，大累相牵，悲悯既多，则神智衰落。人生不幸，当此浊世，既未至于大同，又不忍于绝世。家园为累，损短灵智，为之奈何，为之奈何！

劳苦之苦 弥漫种种之生人，劳苦亦甚矣哉！农者胼手胝足，涂泥厥身，以锄以耘。太阳炎炎，甚暑酷蒸，炙背若火，冒之以耕。大风淫雨，蓑笠而行。日出而作，日入乃归，无少时得息焉。彼采矿者，深入洞穴，潦水露肤，燃火以作。煤矿尤甚，炭气重灼，身手漆黑，触鼻作恶。常人一刻而难受，矿夫终身而力作，洞穴或裂，压死不觉。烧炭制铁，蒸轮火烈，热带舱底，终身执热。机局掌火，火炭爆屑，汗臭迸流，面目若鬼。敲冰取鱼，引足入水，寒气彻骨，裂肤堕指。深山樵人，负薪百斤，百里崖阻，烈日艰辛，乃易鱼米，用以救贫。其他曳舆，扛轿，负担，行舟，喘息不呼，终日不休，缩肩俯背，贴地而吼，或挟疾行，僵仆道周，嗟夫苦哉，彼岂非人之子欤！其他百工，劳力苦作，朝起而动，中夜阁阁，无复日之休息，无限时之轮托。孺子弱女，饥驱同缚，竟日劼动，锱铢乃获。腰背弯曲，咳喘并作，面体黄瘠，废疾以死，传种不改，人道衰落。其富而为商，坐柜终日，血气凝滞，神气恍惚，无活泼之气，无发扬之识。进而为士，为官，治事，为学，皆以终日无定时之游眺，无复日之止息，体昏气索,神明役役。即欧美之有节,限作工之八时,劳苦亦甚,焉得不衰。既未至于大同,亦无术以救之,嗟尔穷黎,苦工可悲。

愿欲之苦　人生而有欲,天之性哉! 欲无可尽,则当节之,欲可近尽,则愿得之。近尽者何! 人人之所得者,吾其不欲得之乎哉! 其不可得之也,则耻不比于人数也;其能得之也,则生人之趣应乐也。生人之乐趣,人情所愿欲者何? 口之欲美饮食也,居之欲美宫室也,身之欲美衣服也,目之欲美色也,鼻之欲美香泽也,耳之欲美音声也,行之欲灵捷舟车也,用之欲使美机器也,知识之欲学问图书也,游观者之欲美园林山泽也,体之欲无疾病也,养生送死之欲无缺也,身之欲游戏登临,从容暇豫,啸傲自由也,公事大政之欲预闻预议也,身世之欲无牵累压制而超脱也,名誉之欲彰彻大行也,精义妙道之欲入于心耳也,多书、妙画、古器、异物之欲罗于眼底也,美男妙女之欲得我意者而交之也,登山、临水、泛海、升天之获大观也。精神洋洋,览乎大荒,纵乎八极,徜徉乎世表,此人之大愿至乐,而大同之世人人可得之者也。然当乱世,虽侯王曾不得备此乐焉,何况黔首之民。贫富相耀,都鄙相惊,贵贱相形,愚智相倾,耗矣哉其穷也! 是故甲愿八珍而乙不得藜藿焉;丙处数十层之琼楼、数十里之阆苑而丁不得蓬荜焉;戊珠衣、钻石、玉襦而己不得带索焉;庚接目皆文章五彩,辛处黑暗若囚焉;壬杂陈百国音乐,癸不得鼓缶焉;子花草香气熏塞,丑居溷厕焉;寅高坐于汽舟、电车、汽球、飞船,卯涂泥步而胫涉焉;辰左右百器皆机巧若鬼神,巳皆楛窳之物焉;午之博极群书,富面百城,未不识一丁,挟一册而吟焉;申园林台沼甲天下,酉不得一花竹而徘徊焉;戌身体强健、毕生无病,亥有废疾或多病奄焉;甲生死无憾、身名俱泰,乙生于忧而死于囚焉;丙闲暇娱游,丁拘累之愁苦,无一日之从容焉;戊预闻政事、发言自由,己朝不得立,公事不得预焉;庚大名洋溢、人皆加敬,辛则名字暗然与草木同腐焉;壬亲近善知识,日闻中外古今之大道,癸则不得见有道,不得闻法焉;子遍游于博物院,备见大地之珍奇,丑则自家人筐箧外,耳无闻目无见焉;寅则坐拥佳丽,从心所欲,卯则终身鳏寡怨旷,或拥黑人、黄齄、魋颜、缩项而慰情胜无焉;辰则遍游大地,绝海穷漠,大都、胜地、名山、异境靡所不届,巳则足迹不能出闾巷焉。若此者,其为人形体同,才志同,而境之得失荣枯相悬相反若是,则不得不怨运命,悲不遇,叹老嗟穷,憾轲侘傺,甚者忧能伤人,不复永年,此则普天人士所同悲,而寡有能如愿相偿者也,即有一二,更无有兼收其胜者也。虽以帝王之力求之,而秦皇望海而不得渡,汉武凿空而不能穷,巫来由之王跣足行道,俗化未至,无如之何。故野蛮之王者之受用,不如文明之匹夫之受用,据乱世之大帝之乐,不如太平世之齐民之乐也。大同之世,人人极乐,愿求皆获,以视乱世生民之终日皇皇,怀而莫得,愿欲不遂,忧心恻恻,何相去之远哉!若夫半菽不饱,褴褛无衣,行乞路毙,卧病乏医,其为愿欲尤浅而乱世皆是也。“朱门酒肉臭,路有冻死骨。”呜呼,人生乱世,圣哲无术,岂可言哉,岂可言哉!

压制之苦 凡人之情,身体受缚则拘苦无量,魂知受缚则神明不王。若夫名分之限禁,体制之迫压,托于义理以为桎梏,比之囚于图圄尚有甚焉。君臣也,夫妇也,乱世人道所号为大经也,此非天之所立,人之所为也。而君之专制其国,鱼肉其臣民,视若虫沙,恣其残暴。夫之专制其家,鱼肉其妻孥,视若奴婢,恣其凌暴。在为君为夫则乐矣,其如为臣民为妻者何!刘邦、朱元璋之流,以民贼屠伯幸而为帝,其残杀生民不可胜数,所谓“天下汹汹为吾两人”也。至于韩信、彭越之菹醢,李善长、蓝玉之诛戮,淫刑及于三族,党祸株连数万。甚至以一"则"字音近于贼,中其忌讳,杀文士百余。其他廷杖下狱,淫及忠贤,妻子辱于乐娼,亲族死于流放。又或以文字生狱,失言语之自由,笞逮随时,无身体之保护,一言之失,死亡以之。即使不然,而长跪白事,行道辟人。或强选秀女于良家,或苛派征役于士庶。妄定宫室、衣服、车马之禁,若贾人不得乘车、衣丝,而缅甸、安南且禁其民瓦屋、曳屦焉。大抵压制之国,政权不许参预,赋税日以繁苛,摧抑民生,凌锄士气。务令其身体拘屈,廉耻凋丧,志气扫荡,神明幽郁,若巫来由之民,蠢愚若豕、卑屈若奴而后已焉。入专制国而见其民枯槁屈束、绝无生气者是也。若妇女之嫁一夫,许之以身,听其囚役,终身以之。甚或鬻卖杀毒,惨不忍言,姑挟尊威以虐其媳,既于妇女之苦言之矣。若夫民族阶级之分,以投胎之不幸,为压制之荼毒,一为奴贱,等于禽鸟,其为背公理,害人道,大逆无德,未之有比者也。即父子天性,鞠育劬劳,然人非人能为,人天所生也;托借父母生体而为人,非父母所得专也,人人直隶于天,无人能间制之。盖一人身有一人身之自立,无私属焉。然或父听后妻之言而毒其子,母有偏爱之性而虐其孙,皆失人道独立之义而损天赋人权之理者也。夫人道相倚而生成者,赖父母之恩,而人道立而自至者,则亦非私恩所能全制也。有所压制,而欲人道至于太平,享大同之乐,亦最为巨碍而不得不除之也。

阶级之苦　人皆天所生也。同为天之子,同此圆首方足之形,同在一种族之中,至平等也。然太古之世,人以自私而立,则甲部落虏乙部而奴役之,于是人类之阶级有平民奴隶之分焉。其部落之酋长以武力而魁服其众,自私其子,世传其位,于是王族之尊自别异于众庶矣。其一部落之中,以材武力智佐酋长有功者,亦世传其爵位以握政柄，其婚宦皆不与凡庶伍，于是贵族之名自别立于平民之上矣。人类已繁，文明日启，进化日上，制作日新，则道术之士创教传种以任师长，饰智惊愚，其体尤翘然于人群之表。或托体神天，驾王族而上之，是为神族。其或执业卑猥，凡民不肯与齿焉，是谓贱族。其或体非贵族，而世为士人以服于贵族藩侯之下，郎官执戟，超然自异于齐民，是谓士族。又或虽为平民而生于田主之下，世服其役，或在轻商贾之世而世执商贾之业，对其贵种几同奴贱之位，是谓佃族、工族。皆据乱世以强凌弱，以众暴寡，以智欺愚，以富轹贫，无公德，无平心，累积事势而致之也。积习既成，则虽圣哲豪杰视为固然，人道所以极苦，人治所以难成，皆阶级之为之也。大地各国，埃及、印度为至古，而埃及王族、士族、农族，等级迥绝。印度喀私德之制：第一婆罗门，言道术者；第二刹帝利，为王族者；第三吠舍，为贵族；第四首陀，为农工商族。而首陀之族下又分数族之等焉：一曰配哈，为工服役于王者；次曰摵麻，作贱工者也；又次曰巫士哈，业猎、食蛇鼠、作路工者；又下曰拖卑，洗衣者；又下曰咩打，作除扫粪者；又下曰冬，荷担死尸者；皆不得为吏。而诸族之中，各世其业，婚姻不得通焉。波斯亦为古国，亦有阶级。欧洲号称文明，而贵族、僧族、士族、平民族、佃民族、奴族，虽经今千年之竞争大戮而诸级未能尽去，至今贵族平民两争峙焉。缅甸马蕴，王族、贵族、平民、奴族之分愈甚。大抵愈野蛮则阶级愈多，愈文明则阶级愈少，此其比例也。中国有一事过绝大地者，其为寡阶级乎！当太古春秋时仅贵族、平民两种，故鲁之三桓，郑之七穆，楚之屈、景，齐之国、高，周之刘、尹，世执政权，虽以孔子之圣，颜子之贤，不得大位焉。孔子首扫阶级之制，讥世卿，立大夫不世爵、士无世官之义。经秦汉灭后，贵族扫尽，人人平等，皆为齐民。虽陈群立九品之制,晋复有华胰寒素之分,显官皆起自高门,寒族不得居大位。然至唐世以科举取士,人人皆可登高科而膺臃仕,有才则白屋之子可至公卿,非才则公卿之孙流为皂隶,自非乐丐奴虏之贱,无人不可以登庸,遂至于全中国绝无阶级,以视印度、欧洲辨族分级之苦,其平等自由之乐有若天堂之视地狱焉,此真孔子之大功哉!夫以阶级之限人,以投胎为定位而不论才能也。不幸生一贱族,不许仕宦,不许学业,不通婚姻,不列宴游。甚且不通语言,长跪服事,或且卑身执役,呵叱生杀惟贵族命,虽圣贤豪英不能免焉。而贵族乳臭之子,据尊势,行无道,以役使诛戮,一切被其蹂抑,无所控诉。阶级压制之苦,岂可言哉!天下之言治教者,不过求人道之极乐,而全人生之极乐,专在人类之太平。今既有阶级,又有无数之阶级焉,不平谓何!有一不平即有一不乐者,故阶级之制,与平世之义至相碍者也。万义之戾,无有阶级之害之甚者,阶级之制不尽涤荡而泛除之,是下级人之苦恼无穷而人道终无由至极乐也。

第六章　人所尊尚之苦

富人之苦　人之所望者富,所求者富,富者宜无不乐也耶?则又大有不然者。吾见富者之忧苦又与贫者无异矣。夫凡富者必有田畴,而田则有水旱之苦,加税之苦。加拿大之鸟士威士开埠有富人焉,全埠皆其地也。及英国加税而埠不盛,彼力无以供税,于是逃而之美国,其室充公为学堂焉,是多田翁之大苦也。富者广置多店以收租,吾见羊城南门火灾,全街尽火,某富家尽失其业,阖门大哭,是富而多店之大累也。富者必多营商业,某富人以商于柳州致大富，柳之木排尽其业也。已而柳州大乱，则大忧其商业之倒也，大疾几死。某商以开锡矿于南洋致巨富，既而锡矿倒，则憔悴忧伤而死矣。又有开轮船业于南洋致大富者，已而轮船二艘皆沉，家业几失，遂发狂疾者。凡此皆以富害其生者也。且家既富矣，其用度奢阔，积久亦若习与俱安，少不如意即懊恼大生矣。夫生人之境遇无常，外变之牵连无尽。地、水、火、风既皆有劫，而国土争乱，盗贼纵横，在在皆与富之境遇相乖剌者。富无终身之可保，则忧患即随时以纷乘。若夫有家之累，则伦纪强合，性情不投，其乖争忿忧，益富益甚。若兄弟争产，夫妇角气，至于累年讼狱，桎梏在身。此皆富者有之，贫者寡有也。即使家室平和，财帛丰溢，子孙绕膝，此则兼备富寿多男之庆，尤为人生所至难者矣。而子孙多则子孙未必贤，妻妾多则争竞且时有，于是而富主且因而吐血殒命者矣。若庇能郑某、谢某富千数百万，华人之冠也；而郑妻忧子不肖而吐血，谢妻忧夫纳妾而内伤。此岂钻石耀其头、金屋安其体所能解其忧哉！乃若美国落基花路之富冠大地矣，而养壮士，备轮舟，日防不虞。人生各有所憾，所憾之处不能解，即无物能解之。故文物愈多，礼俗愈设，则忧患愈随之而生。物之机器，简者难坏，繁者易坏。富者终日持筹，日以心斗，一处有失，蹙眉结心，谁能超度之哉！故乱世富可侔国之人，不若太平世贫无立锥之士也，人之情在心之乐耳，岂在家之富耶！

贵者之苦　坐堂皇，建高牙，拥衙役，出则武夫前呵，从者塞途，趋走之人，夹道而疾驰，喜赏怒刑，岂非贵者之尊荣耶？然宁知其事权要之侧媚，奉人主之屈伏，有不可言者耶！将须参政，由窦尚书，折节无不至矣。即奉公守法之人，当官而行，然贵者之上又有贵焉，脚靴手版，趋跄进谒，朝舆暮骑，迎送不遑，有十次而不得一见,终日而无少暇者。其有失权要之欢心,立见贬戮,遭言官之弹劾,惶恐无常,忧心惴惴,须发为白者。即使位极人臣,权兼将相,其于事主尤有甚焉。人主喜怒不测,群僚疑间交攻,或妃后之争权,或宦寺之谗间。于是亚夫抢地于狱卒,崔浩群溺于台下,淮阴侯榜掠于钟室,斛律光杖死于凉风。其他布袜之塞,蝎盘之设,车裂之痛,孰非王公卿相哉!若夫族诛之惨,排墙之杀,投河之酷,遭逢丧乱,尚不必言。即当世际承平,地居贵要,而倾轧排毁,忧谗畏讥,忧心殷殷,魂魄若失。亚夫之怏怏退朝,殷浩之咄咄书空,灵均之行吟泽畔,史迁之著书蚕室,东坡之魂惊汤火,其繁忧烦憺,大恐缦缦,岂可言哉!若夫河桥而思鹤唳,上蔡而念黄犬,庸有补乎!人固不能尽贵,而车前八驷,食陈五鼎,何所益于忧患如山之寸心郁郁耶!太平之世,人皆有乐而无忧,岂此冠带天囚之所能入耶!

老寿之苦　五福之首,第一曰寿。盖无年命以持之,虽有富贵行乐,孰从受之,故永年老寿者,人情之所祈祷而愿望者也。然非当大同之世,徒以老寿为乐,则据乱世之老人,其苦方弥甚矣。盖人少之时,如日方出,皜皜曦曦,其气雄进而乐嬉。人老之时,如日将落,暗暗莫莫,其气凄冷而萧索,此固天之无如何者也。第一则死丧也,妻妾、子女、兄弟、孙曾、故交、至友、亲戚、旧朋,结识太多,恩义太深,而人非金石,无有久保而并存者,必有中道而分亡者矣。老人所识所交亦必垂老,皆将就木之年,日有落叶之叹。昨日某知识者死,今日某故旧者亡,明日遭某亲戚丧,后日报某至交逝。若家人愈多,死丧必愈甚,期月之中必有一二人焉,非其子孙兄弟,即其妻妾女媳。棺椁日陈于堂,灵座日设于室,旐翣日就于墓,讣告日报于门。结识广则感憾多,恩爱深则割舍苦,骨肉分亡,肝肺若割。岁月迭去,老怀何堪,忍泪掩袂,痛恻心肠。或牵连而生疾,或辛苦而破家。话故事则物换星移,念旧人则风流云散,思骨肉则多化黄土,忆妻孥则多化虫沙。虽旷达之士,借丝竹以陶写,临山水以排遣,然中怀之痛,岂能忘情,浩浩乾坤,侧身孤子,忧来伤人,不复永年矣。故哭父而毁死少,哀子而丧明多。始则结伦纪以助人之身,后即缘亲戚而伤人之生。凡物理也,所益之物即所损之物,其取益愈大者其见损亦必更剧,循环无端。故厌世之士,乃至欲远离之也。其二则疾病也,老人精力已惫,筋骨已疲,脑髓日枯,土性盐质又弥满之,故耳目不聪明,手足不灵便,行步不捷疾,身体不强健。于是风露雨霜寒暑得以乘之,而又多哀怒、困苦、忧感因以中之。内外交迫,疾病易作,绵缀床缛,缠绵汤药。久则或弥年载,少亦多历数月,富者绝无生人之乐,贫者遂有破产之忧。以死为邻,以病度日,亦何能免此也。其三则困穷也,何也? 以壮者易于食力就功,人乐用之,老者难于奋身营业,人畏用之也,则壮者得金多而老者不若。且老者妻孥孙曾之人多,则分而累之愈多,则虽富亦贫,盖举家女稚皆待食之人,分利之人,而非生利之人也。故四五十后,子女渐长,中人之家亦渐穷。至于六七十后,孙曾子媳数十口集焉,则有食粥不能均者,有病不能医者,筑多室而不足居者,人买一履而盈箱不足,人裁一衣而倾箧犹缺。故下之干糇起怨,上之拄杖兴叹,齿危发秃,奔波于万里,累锱积寸,立散于婚丧,穷老不息、赍恨以终者皆是也。若夫老疾已甚,困穷无依,一家视为陈人,弃诸委巷,牛豕溷厕杂沓其侧,虮垢败絮拥满其身,乞水不得,呼天无闻,虽迈百龄,亦何益也,欧美人人自立,然老而贫者子更不养,穷独无告,老而富者,亲戚毒之以分其产,寡得保首领以没者。是故贫贱而寿,则有沟壑断弃之忧;富贵而寿,则有死丧疾病之苦。人道本与忧同来,苟非大同极乐之世,则寿者愈长,得忧愈多耳,久忧不死，何其苦也！

帝王之苦　有国土人民而君之，操生杀予夺之权，处富贵之极，食前方丈，后宫万数，离宫三十六，臣民亿万，极人世之尊崇荣赫者，其帝王耶！然今者或为过去矣。然一日万几，崇高益危，早朝晏罢，业业兢兢。一夫失所，皆君之责，为牲祈旱，吞蝗减灾。其有边烽传警，潢池弄兵，敌国外患之来，群盗满山之变，偶有失误，则淋铃夜雨，蜀道艰难，煤山海棠，望帝不返。甚或青衣行酒，凄凉五国之城；归命锡侯，痛绝牵车之药。或倒执太阿而贼臣弄权，则有靴里着刀，或索蜜而呼荷荷者矣。或内宠乱政，淫妒擅权，则有贾南风、武曌或韩金莲之毒弑者矣。或宦寺作孽，门生天子，则有仇士良之废骂唐文宗者矣。或兄弟争国，煎豆摘瓜，而建文之仁，金川门改为僧。或父子起祸，巫蛊祝诅，而唐太宗之英武，且自撞床下者矣。若是之事，不可比数。至若丧乱之际，公主流离而为婢，王孙困苦而为奴，后妃而掠为人妾者，不可胜道。故愤极之言曰："愿生生世世不生帝王家。"岂不然哉！若列国竞争，互相擒虏，革命日出，党号无君。波斯王之头可为饮器，宋理宗之头可为溺器，宗室王主皆为奴虏。近者印度故王抉双目而在狱，其余购一巾，买一饼，皆须请令英吏。而缅之王妃、公主，竹棚无席，斗食无衣，饥寒若丐，誓不嫁人者，是皆帝王之家者也。若夫查理士断头之台，路易杀身之所，尼古喇被弑之宫，镴礼飞蝶南逃避之路，革命军朝起而帝王震慑恐惧，王族旁皇奔走。而荆轲博浪之徒寻间而发，岁月顿易，盖有一刻不安之状焉，俄王亚力山大、意王伊曼奴核、美麦坚奴可鉴也。昔人有言曰："左手据天下之图而右手以匕首揕其胸，愚夫不为。"今以乱世之帝王，其苦若此；岂若大同世之一民，其乐陶陶，不知忧患哉！夫以帝王犹苦恼如此，故据乱之世，举世间人皆烦恼人也，皆可悲可悯人也，不改弦易辙，扫除更张，无以度之乎！佛慈悲能仁，强以空为普度法，五浊恶世，愚冥众生，岂能受之哉！就使人人受之，而强摄之境岂能久乎！

神圣仙佛之苦 神圣仙佛，以自度而度人者也，入浊世救人而不厌不倦者也，入地狱救人而不苦不恼者也。然言则易矣，若实行之，则经无量患苦，经无量死生，经无量险难，苦其心志，饿其体肤，空乏其身，行拂乱其所为。以故断头杀身，破家沉族，以救世之患，虽浩气刚大，万劫不变，然当其难也，心憾目怵，情伤神苦，肢解魄动，盖亦有万难者焉。夫有人之形而无人之情，身若枯木，心若死灰，是避世之士也，灭绝之果也，非大道也。夫既为人矣，则入而与之俱，不易其形，不易其情，因以为波流，因以为弟靡，时其得失，达其苦心而与之救之，则为圣者之至道矣。而丁是乱世，竭其智能，或托天以劝仁，或设法以立义，或多方以开智，或浓熏以礼乐文章，或直捷以明心见性，要皆小补，无裨大方。横目之民，忧患滔滔，大劫源源，无以救也，于是冒险以尝之，犯难以济之。故乱世之神圣仙佛，凡百教主，皆苦矣哉而尚未济也。岂若大同之世，太平之道，人人无苦患，不劳神圣仙佛之普度，亦人人皆仙佛神圣，不必复有神圣仙佛。故吾之言大同也，非徒救血肉之凡民，亦以救神圣仙佛舍身救度之苦焉。盖孔子无所用其周流削迹绝粮，耶稣无所用其钉十字架，索格拉底无待下狱，佛无待苦行出家，摩诃末无待其万死征伐，令诸圣皆优游大乐，岂不羡哉！康有为若生大同世也，惟有极乐，岂须舍身万死，日蹈危难哉！嗟哉，生于乱世也，凡人之有神圣仙佛之名者，其亦不幸也哉！

凡此云云，皆人道之苦，而羽毛鳞介之苦状不及论也。然一览生哀，总诸苦之根源，皆因九界而已。九界者何？

一曰国界,分疆土、部落也;

二曰级界,分贵贱、清浊也:

三曰种界,分黄、白、棕、黑也;

四曰形界,分男、女也;

五曰家界,私父子、夫妇、兄弟之亲也;

六曰业界,私农、工、商之产也;

七曰乱界,有不平、不通、不同、不公之法也;

八曰类界,有人与鸟、兽、虫、鱼之别也;

九曰苦界,以苦生苦,传种无穷无尽,不可思议。

甚矣人之不幸也!生兹九界,投其网罗,疾苦孔多。既现形于宇内,欲奋飞而无何,沉沉亿万年,渺渺无量生,如自茧之蚕,扑火之蛾,彼去此来,回轮织梭。俯视哀酸,感不去怀。何以救苦?知病即药,破除其界,解其缠缚。超然飞度,摩天戾渊,浩然自在,悠然至乐,太平大同,长生永觉。吾救苦之道,即在破除九界而已。

第一曰去国界,合大地也;

第二曰去级界,平民族也;

第三曰去种界,同人类也;

第四曰去形界,保独立也;

第五曰去家界,为天民也;

第六曰去产界,公生业也;

第七曰去乱界,治太平也;

第八曰去类界,爱众生也;

第九曰去苦界,至极乐也。

乙部　去国界合大地

第一章　有国之害

《易》曰："天造草昧,宜建侯而不宁。"盖草昧之世,诸国并立,则强弱相并,大小相争,日役兵戈,涂炭生民,最不宁哉!故屯难之生即继于乾坤既定之后,吁嗟危哉!其险之在前,此则万圣经营所无可如何者也。夫自有人民而成家族,积家族吞并而成部落,积部落吞并而成邦国,积邦国吞并而成一统大国。凡此吞小为大,皆由无量战争而来,涂炭无量人民而至,然后成今日大地之国势,此皆数千年来万国已然之事。人民由分散而合聚之序,大地由隔塞而开辟之理,天道人事之自然者也。虽有至圣经纶,亦不过因其所生之时地国土以布化,隔于山海,限于舟车,阻于人力,滞于治化,无由超至大同之域。然且帝网重重,层累无尽。古者以所见闻之中国四夷为大地尽于此矣,今者地圆尽出,而向所称之中国四夷乃仅亚洲之一隅,大地八十分之一耳。夜郎不知汉而自以为大,中国人辄以为笑柄,若大地既通,合为一国,岂不为大之止观哉!而诸星既通之后,其哂视蕞尔二万七千里之小球,不等于微尘乎,而非夜郎之自大乎?然则合国亦终无尽也。国土之大小无尽,则合并国土亦无尽,穷极合并至于星团星云星气更无尽也。合并国土无尽,则国土战争、生灵涂炭亦无尽也。今火星人类国土之相争,其流血数千万里,死人数千百万而吾不知也。即吾大地大同,吾之仁能及大地矣,其能救诸星乎? 然则战争终无有息也。吾瞑思尽去诸星诸天之争而未能也,则亦惟就吾所生之大地而思少弭其争战之祸而已。然国既立,国义遂生,人人自私其国而攻夺人之国,不至尽夺人之国而不止也。或以大国吞小,或以强国削弱,或连诸大国而已。然因相持之故累千百年,其战争之祸以毒生民者,合大地数千年计之,遂不可数,不可议。

吾尝观生子矣,其母之将生也,艰难痛苦,或呼号数昼夜而未已也。及其生也,或子死母腹中而母子同死,或子足先出而子死,或以药强下之而子出亦死,或剪脐误而死,或抚之数日而殇死,或数月、数年、十余年而殇死。其数月、数岁、十数岁之中,子疾病之昼夜呼号,负抱拍摩,不得睡眠,或累数月而未已也。饥而分食,寒而分衣,几经提携顾育之艰苦而后幸得一人之长大也。

及有国,则争地争城而调民为兵也,一战而死者千万。稍遇矢石锋镝、枪炮毒烟,即刳肠断头,血溅原野,肢挂林木,或投河相压,或全城被焚,或伏尸遍地而犬狐嗥啮,或半体伤卧而饿疫继死。观近者德焚法师丹之影画,草树粘天,山河雄郁,而火烟触野,船楼并炸,城屋半坍,尸骸蔽地,或犹持枪窥发而后股中弹死矣。其妇女奔走流离,或屋塌烟郁而全家尽矣。虽悍夫强人,睹之犹当垂涕,况夫仁人,其安能忍! 夫法民亦人也,孟子曰"率土地而食人肉",谓之民贼而已。师丹又其小矣,若白起之坑赵卒四十五万,项羽之坑秦新安降卒二十四万,史文一语,读者忘形,若将其坑降之迹演以杂剧,累一月描写之,当无人不恻动其心,哀矜涕泗,目不忍视,耳不忍闻矣。夫以父母生育抚养之艰难如彼,国争之惨酷祸毒如此，呜呼，以自私相争之故而殄民至此，岂非曰有国之故哉！

杜少陵诗曰："车辚辚，马萧萧，行人弓箭各在腰。爷娘妻子走相送……哭声直上干云霄。"盖兵役之苦，生死所关，人道所同，无间中外古今焉。

今以中国之故考之。部落相争之始，其民未经教化，人如野鹿，性如猛兽，其争杀之惨，可以今日非洲之黑蛮，台湾之生番，亚齐之巫来由人例之。居室遍挂人头，以多为贵，多则妇人愿嫁之。再进则如唐、宋滇、黔之土司，日月攻争，不可纪极。三代之封建诸侯，即唐、宋之土司也。土司之始，如今亚齐诸酋，溪涧稍隔，无船渡之，即别立国，无量小土司并吞而后为大鬼主、都大鬼主。禹会涂山，执玉帛者万国，《书》称"协和万邦"，以北五省之褊小而能容万国，其国土之纤小可以推矣。盖初人之始，才智有限，山川阻隔，即难相通，积渐而大，实势之无如何者也。至商汤时得三千国，至武王时得千八百国，至春秋时所余二百余国，至战国时仅余七国，而卒混一于秦。盖上下二千年间，由万国渐次合并为一国，皆地势天运人事之不能不然也。埃及、希腊、叙里亚、巴比伦之先，其部落之蕃庶各立，次第并吞，亦复同之。盖亦至秦汉时，罗马乃混一全欧，其分合之大势，并一之年限，皆与中国同，此可为进化之定理矣。印度、波斯之先亦莫不皆然。盖当太古酋长、土司之世及中古封建之风，国土万千，其争战杀死之惨，真不可以度量算数，不可以思议测也。

太古人类之间十数万年，其野蛮争杀之惨，今可遥揣而不可考。今就文化已开，国土已成，人民得藉国土以为保护者考之，既有此疆尔界之限，即有争地争城之战，而俘戮灭亡随之。夏商以前不尽可考，但综春秋二百四十二年间，晋以联邦伐他国者四十四，各联邦伐晋者十二；楚以联邦伐各国四十，各联邦伐楚者十一；齐以联邦伐人国二十一，联邦来伐者三；宋以联邦伐人国者九，联邦伐之者亦九；鲁伐他国九，他国来伐六；卫、郑伐他国者八，他国伐卫十五，伐郑十九；吴、陈伐他国八，他国伐吴、陈皆六；蔡伐他国六，他国伐蔡六；燕伐他国二，越伐他国三：几三百战。其余曹、许、莒、邾、滕、薛及一切小国，从人伐而被人灭者无岁不有，及削邑围邑者亦不计。以上皆据《春秋》言之。《春秋》无事不书，则在《春秋》外者尚不可数计也。故当春秋时文化已成，而士夫卒伍岁死于兵，膏涂原野，其惨已甚矣。

至于战国，战祸尤惨。今但以秦兵言之：惠文王七年，公子卬破魏，虏其将龙贾，斩首八万。后七年，韩、赵、魏、燕、齐帅匈奴共攻秦，秦使庶长疾与战，斩首八万二千。十一年败韩岸门，斩首万。十三年击楚于丹阳，斩首八万。秦武王四年拔韩宜阳，斩首六万。昭襄王六年，司马错灭蜀，庶长奂伐楚，斩首二万。十四年，白起攻韩、魏于伊阙，斩首二十四万。三十三年，客卿胡伤破魏芒卯，斩首十五万。四十三年，白起攻韩，拔九城，斩首五万。四十七年，白起破赵，坑赵卒四十余万。四十九年，王龁攻晋，斩首六千，流死于河二万。五十一年，将军摎攻韩，斩首四万；攻赵，取二十余县，首虏九万。秦始十三年，桓齮击赵平阳，斩首十万。其他伐魏五、伐韩、赵十八，伐楚九，伐齐伐燕三，伐蜀三，虏义渠灭之。其他灭国取城，首虏不及万者不计；其末，王翦之用兵六十万、李信之用兵三十万以破六国者亦不计。但著满纸斩首十数万或坑数十万之文，试想父母生子之难，而杀戮过于虫蚁，不忍卒读。若一一以德、法之战有影画以拓观之，岂可言哉！是遵何故？有国界之故，思并吞他国之故耳。此但就秦一国言之耳。计战国时，楚灭越、蔡、杞、莒、鲁,救郑伐郑二,攻鲁三,伐燕、齐、秦各一。魏伐赵四十八,魏伐韩四十一,魏伐秦、楚、宋、郑、中山各二,伐翟、燕、齐各一而灭中山。齐、魏相伐九,齐伐鲁、燕各三,赵一,莒一。赵伐齐、卫二,燕一。燕伐齐、赵一。韩伐魏八,伐秦、齐、郑各三,而灭郑,再伐宋,一救鲁。其联邦之师尤盛,韩、赵、燕、楚、齐五国之师伐秦二,齐、魏、韩三国击秦二,而秦又与韩、赵、魏、燕五国之师击齐,又秦、韩、魏、齐四国之师击楚。其他韩、赵、魏三国伐楚,韩、魏、楚三国救赵,秦、魏合兵击楚,秦、楚合击齐,齐、赵合伐魏,皆以倾国之师为之。其时战祸遍地,故仁人深恶而痛绝之。孟子谓为"率土地而食人肉",谥曰"民贼",故原本孔子大一统之言为"定于一"之说。诚深鉴于有国之祸,惨杀无穷也。

始皇既平六国,议者将行封建,李斯持不可。始皇乃曰:"天下共苦战斗不休,以有侯王。天下初定,又复立国,是树兵也;而求其宁息,岂不难哉!"乃定罢封建而立郡县。此实因孔子大一统之义,得保民息兵之宜者也。自是以后,中国一统,虽累朝之末犹有争乱,中叶安宁率得数百年,人民得父子夫妇白首相保者,比之战国首虏之祸,其相去岂不远哉!及楚、汉复争,项羽以兵四十万、刘邦以兵二十万灭秦,项羽坑秦新安降卒二十万,又屠咸阳,计秦徙天下豪富十二万家于咸阳,及秦故民必有数十万户,是屠数百万人也。其他刘邦所过,亦辄屠城。刘邦亦以诸侯兵五十六万伐项羽,为羽败,十余万人入泗水,十余万人入睢水,水为不流,其惨毒更过于战国。今视刘、项二人之争,如两犬猗猗,真屠伯民贼哉!项羽谓刘邦曰:"天下汹汹,父子夫妇不相保者,皆为吾两人。"然则有国有君之祸可知矣。新安之坑,咸阳之屠,试一一想象其堕坑就戮之时,痛可言哉!故争国者,非有屠伯民贼之性如张献忠、李自成者,必不忍为也。

西汉之末，光武破王寻、王邑兵百万，伏尸百余里。赤眉破长安，肆意杀掠，纵烧宫室，长安无人，三辅人相食，城郭皆空，白骨蔽野。及董卓之乱，再迁长安，徙居民数百万口，积尸盈路，烧洛阳宫室人家，二百里内荡尽。既而李傕、郭汜、樊稠、张济相攻，百官士卒，死者无数，长安城空四十余日，二三年间关中无人迹。袁绍破公孙瓒，杀死十万。袁、曹官渡之战，坑杀七万。孙策击黄祖，斩韩晞，祖士卒被杀及溺死数万。孙、曹赤壁之战，曹操军八十万，败走死者大半。刘备为陆逊败，七十万兵几尽。自余黄巾数百万互相屠戮，及诸雄互争，屠城破师者不可胜纪。三国时，魏伐吴五，尝两亲征，大破吴于江陵，至王濬而灭之；四伐蜀而灭之。蜀一伐魏，诸葛则败街亭，围陈仓，斩王双，拔武都、阴平，围祈山，战卤城，斩张郃。姜维一伐魏雍州，围狄道、洮西、洮阳。吴一败蜀，九伐魏，围江夏，大败曹休于石亭，三攻败魏于合肥，击庐江，伐新城败之，孙慎袭晋江夏、汝南。总三国五十年中，三十大战，皆倾国数十万众者，一分裂之祸遂至于如此。

十六国时，汉石勒入邺，破兖，寇魏郡及顿丘，攻钜鹿、常山、徐、兖、豫、冀、河内、襄阳，据襄国及邺，陷廪丘、乐平、并州、浚仪、幽州，虽两为苟晞王浚所破，而旋杀苟晞，陷洛阳，执怀帝，屠杀无数。又陷幽、冀、并三州，又寇谯，拔东平，杀徐龛，寇彭城、下邳，陷青州、东莞、东海、许昌。刘曜则四寇长安，虽两为索綝所败，而卒陷北地、冯翊，陷长安，执愍帝，屠杀无数。又平氐、羌、巴蜀，斩陈安，平凉州。李雄两破成都，陷涪而自立。拓拔猗卢破刘曜，败宇文氏而取辽。石生攻赵河南，取司、豫、兖、徐，寇晋汝南。石聪寇晋寿春、襄阳，陶保破之。赵击败张骏，取河南地。石勒攻赵蒲坂，大破之于洛阳,虏刘曜而灭赵。石虎尽取秦、陇地。皆怀、愍时三十年事,而兵争之惨剧如此,生民当其时,何大不幸也!

嗣后慕容皝克辽东,又败石虎。燕、赵合兵灭段氏。燕、赵相大战,赵两攻凉而大败燕,拔秦上邽。褚裒伐赵,司马勋拔赵宛城。谢尚克许昌,攻张遇。殷浩败于姚襄。燕拔赵蓟城、中山,破邺及襄国,遂灭后赵。慕容恪击段龛,围广固,定齐地。姚襄据许昌,桓温讨之,入洛,遂伐秦,降三辅,已而败还。符坚斩姚襄,击张平,自立为秦。燕败荀羡,而陷河南、许昌、汝南、陈郡、洛阳,寇兖州,攻洛,而桓温败之,拔寿春,乃为燕大败于枋头。秦寇荆州,桓豁攻宛、代,与匈奴、刘卫辰两战。秦王猛取燕洛阳,入晋阳,围邺,灭燕,又灭代,取晋南阳、襄阳,攻盱眙、彭城、魏兴,围三河,陷淮阴,寇竟陵。是时符坚以兵九十万南下,为谢玄、桓伊所破,全军覆没。还拔秦襄阳、筑阳、魏兴、上庸、新城,取河南,进邺,取益州。是时秦吕光破西域,还则秦败,乃平凉而自立国。乞伏国仁叛秦,亦据秦、陇,击鲜卑三部而叛秦,自立为西秦,既而败于姚苌而降之。再败南凉,杀其主,又为北凉所攻,与夏累战而为夏灭。姚苌攻新平,围五将山取长安而自立。慕容垂围邺拔蓟而自立为后燕。慕容冲起平阳,入长安而称西燕。符丕为西燕败死,符登三为后秦所败,为姚兴所杀,符崇立又败,而后为秦所灭。盖自王猛之才,平定北方,人民得少苏息。及符坚败后,四分五裂,则战祸又亟矣。故国愈少则战祸愈少,国愈多则战祸愈多。故两者相较,与其受压于一统专制之君,胜受战祸于多国角争之惨也。后秦取晋湖城、陕城、洛阳,灭西秦,大破凉,攻魏,伐南凉及夏皆败,既而为刘裕所灭。慕容垂定河北,破西燕而灭之,破秦姚兴,击魏,为魏所败。已而克平城,魏大举伐之,陷并州,围中山。慕容宝奔蓟,又奔龙城,拢高丽二城,而冯氏代之,四攻于魏而为魏灭。慕容德尝袭魏而败之,据滑台而称帝,克青、兖,取广固都之,未几为刘裕大兵所破灭。慕容冲据河东,九年为后燕所灭。若三凉互争,段业、秃发傉檀各攻凉而取其四郡,而凉为后秦所灭。北凉又攻南凉,攻秦,为秦败,袭燕不克。李氏称西凉,北凉灭之,而自灭于魏。谯纵自立于蜀,为朱龄石所灭。夏赫连勃勃克安定,破后秦,拔晋杏城、上邽、长安,与秦、魏互攻,既而灭奉,卒为吐谷浑所亡。刘裕大举兵灭南燕,伐秦,克洛阳,入潼关,得长安,灭后秦姚泓,魏人救之,破之河上。魏盖复起于苻坚败后,破柔然、卫辰诸部,大败燕于参合陂,以步骑四十万击燕,取片州,拔常山,定邺,破高车,徇许昌,至彭城,又袭燕而灭之。自晋不能统一字内,怀、愍至此百年之间,而争乱如麻,死人如草,中国数千年之兵祸,未有若斯之惨剧者也。盖其分国太多,过于五代及三国,而国祚太短,乱世又长,亦过于五代及三国时也。故分国多则兵惨愈甚,分国少则兵祸稍纾,观于十六国与三国之别而知之矣。

及南北朝时,魏南攻东阳,取金墉、司、豫。宋到彦之伐魏,取河南。魏复渡河,取虎牢,攻滑台。檀道济再伐魏而败之。杨难当陷汉中,萧思话破而复之。柳元景破魏,入潼关。宋、魏六十年中三十五战,若佛狸之至瓜步,臧质之守盱眙,皆非常之大战惨剧也。魏与北凉、夏四大战而灭之,与北燕三战而灭之,与吐谷浑四战,勃勒二战,高车一战,而尽平西域;与柔然十二战,其一大战,则死者三十万人矣。又宋、魏与杨难当三战,齐、魏二十四年间十四大战,梁、魏三十一年间二十五战,而韦献之大破魏,则全军数十万人皆没淮水矣。东、西魏相持十七年而十大战,若玉壁、邙山之役,各以数十万之师大败没矣。若尔朱荣之乱,洛阳人尽没,侯景之攻梁台城,百万人尽饿,援兵百万皆败,皆极惨之兵祸也。齐、周相持三十八年,大战凡十而齐灭。若斛律金、韦孝宽皆大战,于仅之破江陵,俘虏百万,江陵为空矣。陈与后梁,三十四年凡四战,陈、齐凡五战,陈、周凡五战,而吴明彻军十余万见擒于隋,一战而亡。大约南北朝之相持,有类三国,祚久而国少,故其兵祸虽烈,边民日被锋镝,而内地尚少安,不若十六国及五代十国之酷也。呜呼!晋一失统,而分裂战争之祸至于三百年,亦可畏矣。

唐失统力,安史之乱人民涂炭。于是河北三镇日寻于兵,衍及天下,垂于百年,名虽藩镇,实等列国。其视今日各直省,民得安枕,抱孙长子,饱食游嬉者,其苦乐岂可比哉!

唐末僖、昭之间三十年,藩镇争立,遂为列国。岁月互攻,暴骨如莽,凡数千百战,中国几墟。即五代五十年间,梁与唐大战者五,攻岐击赵袭晋者纷如。唐日事攻梁,克幽,拔德,破河北,大举大破而灭之。又灭蜀,三败契丹;既而蜀孟知祥自立,累战。石敬瑭以契丹师入,三大举而灭唐,遂割燕、云。晋既自立,杨光远以契丹入寇,败之。符彦卿又大破契丹,而契丹再举而灭晋,中原涂炭矣。刘知远自立于晋阳,走契丹。郭威克河中,破契丹,凡五大攻汉。既而周立,与北汉三大战,而周大破汉于高平。世宗又取蜀,伐唐十州而服之,两大破契丹。而十国之互争与宋之平各国未及详焉。生民水火,天下死者户口过大半,数千年兵祸之久且惨,盖鲜有如五季者也。

若夫外邦媾兵之祸,则自商周之玁狁、猃狁已有战祸,而汉之匈奴,兵争为烈。高祖有平城、马邑、代之战,文帝有萧关、云中、上郡之战,景帝有雁门、上郡之战。至于汉武,战祸尤剧。自王恢以三十万兵邀匈奴于马邑;霍去病大战二,破焉支、月氏、祁连,降浑邪王;与卫青各将五万攻匈奴,而匈奴以八万降李陵,又八万围赵破奴;卫青以四将击匈奴,取河南,得右贤王,又以十六将出定襄,斩万余。昭帝时,田广明以十六万骑获乌孙。王莽时,甄丰以十二将破匈奴。其余破楼兰、车师、大宛、乌丸各二,斩郅支,平定氏、羌、先零、朝鲜、瓯、闽、粤、越,其大略也。虽为中国斥地,有百世之功,而兵杀则惨矣。后汉破匈奴者十四,至窦宪降其二十万众,遂火匈奴。破高勾骊、乌桓、鲜卑、焉耆三,平定迷唐羌、种羌、罕羌、烧当羌、当煎羌、沈氏、武陵、象林蛮,其战祸亦不少矣。南北朝内争,寡有及远,柔然之战,已详于前。隋破突厥都蓝,而三入寇,曾围炀帝于雁门一月。唐时凡七八寇,李靖统诸军破之,斥地至大漠,张宝德空漠南,又两击车鼻可汗擒之,至裴行俭乃平。西突厥亦两入,王方翼乃平之。回鹘破突厥,尽得其地,凡三入寇,而张仲武亦三破之。隋炀帝三征天下兵百万伐高丽,大败;还后再举,百二十万兵死亡略尽。太宗四以数十万兵征之,任雅相率三十五军,亦多死亡,至李世勣拔十七城,乃平之。若侯君集灭高昌,李勣破延陀,郭孝恪破焉耆,程知节、苏定方再伐沙钵罗;契丹两入寇,张守珪大破之;禄山两败,又击之。高仙芝击大食而败;王元策袭天竺,执其王;梁建方大破处月、朱耶。延陀一入寇,李靖再破而降之。苏定方、刘仁愿两伐降百济;郑仁泰破铁勒于天山;刘仁轨破新罗;盖嘉运再破突骑施可汗骨啜;薛怀义再讨默啜;杨思勖平安南。吐蕃二十五次入寇,中间唐休璟六战,薛讷、王忠嗣、王君㚟、崔希逸皆大破之;其后陷七军三城,入长安,李晟三破之;又陷石堡、银、麟、夏、安西,降北庭沙陀,韦皋三伐之,大破于雅州维州,降牛僧孺,悉怛谋归则屠之。其后克复河湟,取维州,吐蕃与唐俱盛衰。南诏陷云南、安南、嘉、黎、雅州,攻成都,鲜于仲通十余万人死亡几尽。

宋、辽之始十六大战，而曹彬岐沟之败，数十万人皆没；太宗幽州之败亦数十万人。宋、夏二十一大战，死亡无数。辽、金十六战而灭辽。若金两陷宋都，俘二帝，蹂都邑，尽搜括子女以北，焚北京，遍陷河北至淮北。兀朮两大举南伐宋，陷淮、泗及南京、临安、明、越，西陷陕、泾原、巩、洮，入潼关，张俊大败于富平，吴玠两败金于和尚原。宋诸将复河南，而金复陷之。岳飞再取河南，金又陷之。吴璘、刘锜两大败金，兀朮又南陷，杨沂中败之。又破刘麟，金又以百万兵南下，李宝、刘锜、虞允文大破之。金复攻海州，张子盖、魏胜又大败之。张俊大败于符离，韩侂胄伐金而州郡皆陷。金复数道入，赵方、孟宗政、扈再兴、李全数败之。蒙古陷蜀口诸郡，赵葵、赵范兵溃于汴。蒙古陷荆、蜀，孟珙败之。蒙古四大举伐宋，襄、樊大战累年，江、淮全陷，遂入临安，争于闽广而宋亡；屠戮之惨，不可思议。辽之伐高丽，两大破败；一伐回鹘，两伐夏。金之起而灭辽，十四年间，大败于混同，再取黄龙及东京，继破上京、大京，遂入中京，追辽主于云中，破夏人之救师，遂灭辽，兵祸既惨急矣。及元之灭金也，铁木真始破取西京，大掠诸州，已而围燕京，拔河北、河东，取辽西，克潼关，分兵灭夏及高丽暨西域，凡十三年。既西围汴、蔡而灭金，屠戮无数，兵祸之烈又过于金、辽时矣。明之逐蒙古，虽乘扩廓、李思齐之内争，一举而以三十万兵灭之。然大战尚十四，与鞑靼大战者六；邱福既败没，于是而成祖亦亲征焉。又亲征阿鲁台二，乌梁海一；朱勇又击乌梁海，尝大破卫拉特。而英宗败于土木而见获，也先犯京及宁夏。王骥一击思机发，奄达内犯五，土鲁番、青海、朵颜犯塞二，察克图、锡林阿、苏巴尔、噶绰哈、土默特、伊勒敏、达春皆内犯。而张辅灭安南黎利自立，毛伯温再讨之而诸军尽没。若清朝之起，灭科尔沁等四十余国而入关，自西平堡、大凌河、旅顺、广宁大战入上方堡、宣府，下朝鲜，入畿南、山东，大战松山、苏州，屠扬州、嘉定、粤城，乃定中国焉。

泰西兵祸尤剧。自埃及、巴比伦、西里亚、啡尼基、希腊各国相争互攻，时战时和，与我春秋同，今不详及。惟波斯大流耳以海陆军数十万攻希腊，为希所败；而斯巴达屡攻之，至陷其都，竭其食。而马其顿王取希腊、埃及、波斯及亚细亚各国，战祸惨烈。若罗马之立国，初为额利伊贝罗及卡鲁达鄂、博哀尼两大战，大破马基顿及西里亚，既而灭马基顿及卡鲁达鄂，焚博哀尼数百年强霸繁盛之大都，奴其人民，与项羽之坑焚咸阳无异焉；于是平定各国，奴其人民。时黑海之邦都国残意大利人八万，尽服希腊各国。而罗马大将苏拉破之，尽复各地，且灭邦都及阿年尼亚，于是服犹太，破安息，灭埃及。

波斯自俄罗斯之起，灭伊伦、米颠、阿卑尼亚、高加索、利典、巴比鲁尼、安息、大夏八大国，又渡欧洲，服脱拉喀，与希腊大战，而灭于马基顿。当东汉时复兴，与罗马并大。罗马尝大破之，陷其都，几灭之，而全军溃亡；凡数百年，和战无已。及罗马地克里生帝时，分罗马为四国，即成大乱。夫罗马立国七百年，国内安宁，皆一统之故。及其解组，蒙古之富思人南牧，日耳曼种人避而南侵，于是四分五裂，国争惨酷，有如五胡乱华，亦同时焉。其后罗马、波斯、突厥、嚈哒交争，互相疲弊。而摩诃末起，灭西里亚、埃及，东灭波斯、印度，西灭西班牙、西哥德，破君士但丁，于是与罗马并峙，累战千年。

日耳曼既南立帝国，与教王互争；诸侯争权，日寻征伐。后英、法并竞，于是有百年战争之大祸。英尝一虏法王，再大歼法，得疆大半，亦为法胜而复之。时蒙古骤兴，灭回鹘、辽、夏及金。以兵灭波斯，焚其都城，死者百万。北攻俄各属，入匈牙利而焚之，破波兰而窥德意志，平俄罗斯而建钦察，又破印度北部及小亚细亚、埃及、俱蓝、马八等国，其裔孙帖木儿，先定察哈台国；时俄破钦察，帖木儿乃攻陷俄木斯寇都，又以兵四十万灭钦察，破德意志、波兰、俄罗斯、脱发之联军，恣其焚掠。灭北印度，破突厥而虏其帝。突厥避蒙古，入小亚细亚，灭西尔皮亚大国及不里阿利亚国、阿巴尼保司国，大破各国联军，并马基顿、希腊，侵匈牙利，大破德、法十余万之联军，后与帖木儿大战被虏。破君士但丁，灭东罗马，割波兰，服剋伦，陷意大利之恶脱朗拖，尽屠其民，其惨甚矣。

俄之再兴，服喀利尼及诺弗哥罗，灭钦察，并利脱发而胜瑞典，破封建而变兵制，侵略各国。意以分为五国之故，德、法、西班牙及教王共争之，凡两入意，五动联军，为二十年大战焉。其后西班牙与法争雄，西王加罗虏法王而割其地，又大破法、英、意及教皇之联军，陷罗马都，抄掠杀虏，无所不至。又伐突尼斯；时突厥骤强，服西里亚、埃及、巴勒士登，虽大败于波斯，而破匈牙利，杀其王路易，又围维也纳，西班牙王加罗率全欧联军破之。突厥后攻奥，法又联突厥与加罗战，而加罗联英敌之，相拒累年。又与日耳曼各国大战，又与葡大略南洋、印度，辟南、北美洲，大战法人，大歼突厥。于是德、荷、英、法合拒西班牙，荷兰亦百战拒西而独立。于是为三十年新旧教争，西、法、英、德迭为百战，死人数千万；但日耳曼死人千八百万，人口大耗，都邑零落，土地荒芜。荷、瑞因此自立；各邦渐图自立，葡萄牙亦叛西班牙自立，大破西军。先是法攻荷；英人助荷，两破法，又大破西、奥、突厥，英又与德联军大败法。瑞典之兴也，大破丹麦、俄罗斯及波兰。其后俄大彼得破瑞典，又破波斯、突厥、波兰。近百余年，奥女王结俄、法、英与普非特力大战，号七年之役，而普遂强。

及拿破仑起，三年间破意大利，并伦巴国；侵奥而再破之，虏教王，平埃及，攻西里亚。虽海军为英将萧利孙所破，又与英、奥、俄、突、奈波里五联军战。及为帝，破奥、俄之联军，取奈波里，覆巴泰非，灭西班牙、葡萄牙，与英大战；大破奥而割其地，且并荷兰。后以五十五万人攻俄，死者三十万。各国皆反击法军而复立其后，歼法军于滑铁卢而流拿破仑，兵祸乃止，然欧人死五百万。故夫亚历山大、嬴政、摩诃末、成吉斯、拿破仑者，皆古今命世之雄，而杀人如麻，实莫大之民贼也。

近年俄大举攻突，英、法大战俄而救之。意各国内攻，遂图统一，联法破奥，战祸十一年而后成。其后奥、普联击丹麦，大破之。普、奥各以三十万人大战，普大破奥；而奥又以八万人大破意。德兵八十五万破法兵三十二万于师丹，焚其全城，围巴黎百日。俄复攻突，大战三年。统欧洲自罗马以还，大战八百余，小战勿论，其膏涂原野，惨状何可言耶！

印度自上古日王、月王相争千载，战云已惨。其后日王并吞为一；后复分立而阿育王统一之，败割于马基顿王。至汉时，巴迦腻王统一之，皆经无量大战而后定。各国复分立互攻，而回教得全破灭之，所过屠戮，杀人无算，焚毁寺庙城邑不可纪极。帖木儿复入陷北印度，复拒于印人，而五世孙婆伯儿复灭全印。及近世英、德交争之，印人背蒙古而各立，凡二百余国，自相剪伐，遂为英灭。印人二十六万兵，一夜起而尽屠英人。血战两年，死人二千万，卒为英有，其战祸至烈矣。

凡此皆就文明之国言之，兵祸之惨剧已如此矣。若夫非洲巫来由诸蛮，南、北美诸土番无文字可考者，其战祸之剧，更不待言；观亚齐之人见异族人即杀之，可以推矣。有国竞争，势必至此。故夫有国者，人道团体之始，必不得已，而于生人之害，未有宏巨硕大若斯之甚者也。愈文明则战祸愈烈。盖古之争杀以刃，一人仅杀一人；今之争杀以火以毒，故师丹数十万人可一夕而全焚。呜呼噫嘻，痛哉，惨哉，国界之立也！

第二章　欲去国害必自弭兵破国界始

夫以有国对立，兵争之惨如此，人民之涂炭如彼，此其最彰明较著矣。若夫竭民力以养兵，糜费无量，驱人民以为兵，失业无量。虽有仁人义士，不得不各私其国，故其心志所注，识见议论皆为国所限，以争地杀人为合大义，以灭国屠人为有大功，勒鼎刻碑，铸像作史，大号于天下后世以自夸炫，不知其为屠伯民贼也。养成争心，养成私心，于是褊狭残忍之论视为宜然；实如群犬之相搏，猛兽之相噬，强盗之劫掠耳。积成为义，则其烈祸中于人性，根种相传，展转无已，故其争杀之亦无已，世界人类终不能远猛兽强盗之心。是则有国乎，而欲人性止于至善，人道至于太平，其道相反，犹欲南辕而北其辙也。古之仁人哀之，亦多为弭兵之论，盖自宋子罕、晋赵武、楚屈建已创行之，而希腊各国亦常举行。近者弭兵之会日盛，其余各国，凡订和约者皆本自弭兵之义。然而国界未除，强弱大小相错，而欲谋弭兵，是令虎狼食斋茹素也，必不可得矣。故欲安民者非弭兵不可，欲弭兵者非去国不可。是故国者，在乱世为不得已而自保之术，在平世为最争杀大害之道也。而古今人恒言皆曰天下国家，若人道不可少者，此大谬也。今将欲救生民之惨祸，致太平之乐利，求大同之公益，其必先自破国界去国义始矣，此仁人君子所当日夜焦心敝舌以图之者，除破国界外，更无救民之义矣。

虽然，国者人民团体之最高级也；自天帝外，其上无有法律制之也；各图私益，非公法所可抑，非虚义所能动也；其强大国之侵吞小邦，弱肉强食，势之自然，非公理所能及也。然则虽有仁人，欲弭兵而人民安乐，欲骤去国而天下为公，必不可得之数也。

然则欲弭兵而去国，天下为一，大地大同，岂非仁人结想之虚愿哉？然观今之势，虽国义不能骤去，兵争不能遽弭，而以公理言之，人心观之，大势所趋，将来所至，有必讫于大同而后已者，但需以年岁，行以曲折耳。孔子之太平世，佛之莲花世界，列子之甗瓶山，达尔文之乌托邦，实境而非空想焉。

国界自分而合乃大同之先驱　夫国界进化，自分而合，乃势之自然。故自黄帝、尧、舜时为万国，至汤三千国，武王一千八百国，春秋则二百余国，战国为七国，秦则一统矣，凡二千年。马代灭千余国而为波斯；印度之先，佛时亦千余国，阿育王乃一统之，色腻王与回教再一统之，及英继统之。希腊十二国，历二千年而统一于马基顿，又统于罗马。罗马尽统欧、非之众国。若夫欧洲，封建千年。德侯三十万，法十一万，奥、英各一万余，近已并于王权。德二十五联邦又合为一，意以十一国合为一。俄奄亚北，法取安南、突尼斯，英吞缅甸，日并高丽、琉球，近者非洲皆瓜分矣。其小国存者暹罗、阿富汗，皆以瓯脱为缓冲耳。若埃及之属英，摩洛哥之隶于法，已不能久矣。盖分并之势乃淘汰之自然，其强大之并吞，弱小之灭亡，亦适以为大同之先驱耳。而德、美以联邦立国，尤为合国之妙术，令诸弱小忘其亡灭。他日美收美洲，德收诸欧，其在此乎，此尤渐致大同之轨道也。

民权自下而上为大同之先驱　民权进化自下而上，理之自然也。故美国既立，法之大革命继起而各国随之；于是立宪遍行，共和大盛，均产说出，工党日兴。夫国有君权，自各私而难合；若但为民权，则联合亦易。盖民但自求利益，则仁人倡大同之乐利，自能合乎人心；大势既倡，人望趋之如流水之就下。故民权之起，宪法之兴，合群均产之说，皆为大同之先声也。若立宪，君主既已无权，亦与民主等耳；他日君衔亦必徐徐尽废而归于大同耳。

合国有三体　今欲至大同，先自弭兵会倡之，次以联盟国纬之，继以公议会导之，次第以赴，盖有必至大同之一日焉。夫联合邦国之体有三：有各国平等联盟之体；有各联邦自行内治而大政统一于大政府之体；有削除邦国之号域，各建自立州郡而统一于公政府之体。凡此三体，皆因时势之自然以为推迁，而不能一时强合者也。

各国平等联盟之体　各国平等联盟者，如春秋之晋、楚，权力相等，订盟弭兵，而诸小国从之；若希腊各国之盟，近世欧洲维也纳盟后诸约及俄、法之同盟，德、奥、意之同盟是也。其政体主权各在其国，并无中央政府，但遣使订约，以约章为范围，即今者在荷兰万国弭兵之会是也。凡此联盟之约，主权既各在其国，既各有其私利，并无一强有力者制之，忽寻忽寒，今日弭兵而明日开衅，最不可恃者也。然既各国并立，无一大力者以制之，则谋弭各国之兵争，亦必自平等联盟立公议会之制始矣，此联合之据乱世之制也。

联邦受统治于公政府之体　各联邦自理内治而大政统一于大政府之体，若三代之夏、商、周，春秋之齐桓、晋文，今之德国是也。

普王与各联邦王公平等，与齐、晋同，然桓、文之霸权，体未坚固；若三代之与德，则统一之体甚坚固矣。但三代及德国皆有帝王，虽治体不同，而皆以强力为之。如德国联邦治体，虽并许各国举议员；而普鲁士得占十七人，其余大国，若湃认则举六人，萨逊滑敦堡则举四人，嘻顺巴登则举三人，阿论卜公国则举二人，其余十七国及自主市府各举一人。而普鲁士相为德意志大宰相，遂有大权；其余海陆军、邮政、铁路皆归德意志帝国统之，则大政府极有权力，但不及内治耳。联合之后，公议会积有权力，则设公政府，立各国之上；虽不干预各国内治，而有公兵公律以弹压各国，则亦类于德国联邦之制矣，但皆出于公举，无帝王耳，此联合之升平世之制也。

去国而世界合一之体　削除邦国号域，各建自主州郡而统一于公政府者，若美国、瑞士之制是也。公政府既立，国界日除，君名日去。渐而大地合一，诸国改为州郡；而州郡统于全地公政府，由公民公举议员及行政官以统之；各地设小政府，略如美、瑞。于是时，无邦国，无帝王，人人相亲，人人平等，天下为公，是谓大同，此联合之太平世之制也。

联邦合一有六难　然联邦之事，欲于众邦中设一中央政府以统之，其事尤难。观美国诸州联合之始，而虬其亚州不允矣。国俗不同，利害殊科，皆不愿合；况强大之国无事迫之，尤难联合。此国情难一者一也。

美自一千七百七十五年十三州皆与盟，创成联合政府，是时内政听其独立自治；其开战、讲和、通商诸大事，凡关于联邦公共安利者，皆联合政府主之。然联合政府不能直辖国民也；苟非迫于背英之情势不得不合一者，则联邦难成。观今中美诸小共和国亦无君主而不能联为大邦可知也。若今各国并立，谁肯别开联合之大政府以辖治之。此公政府之万难开，其难二也。

且假联合政府已成也，而能使强大诸国受其范围，基址坚固，人心不散，其事尤难。盖诸国各具完全无限之权力，断不肯受人之范围。而国势私情各有利害；大国利于开拓土地，商国利于独占利权，皆万万不肯受制于中央政府者。如美国初立宪法联合大政府之时，诸州尚多梗议，难于施行。其难三也。

夫国之大小不同，大国既自恃其广土众民不肯俯同于小国，小国亦各自主自立不能少屈于大国，则选派议员之多寡，受用权利之同否，皆难一律。如美国创议联合政府之先，大州小州争论难定。其难四也。今弭兵会争权利同等亦然。

及议员既定，而法例所草尚非一二议员允许所能行，又还听其各国立法院所公议；人多论杂，益难听从而画一之。如美国议院法例之初立，各州多不愿从。弥儿敦、佛郎克作报，以十余年之力极论联合之义，人心大感动，尚待再历两年，然后次第联成，然非有拒英之故亦必不能成也。诸州且然，何况万国。其难五也。

又联合政府能结合坚固，行之数十年，而各国苟有利害不同，即复决裂。如美之以放奴一事，南、北美大动兵戈，死人如麻。苟非北美之得胜，则分国久矣。合州且然，何况合国，其利害之各殊尤为浩大。其难六也。

夫方今各国，平等对立，而欲骤期至美国、瑞士之界，固万无可得之势，不待言也。夫瑞士仅二十二乡，其联合至易至平，非天下所可学。即如美者，削去邦国而尽为自主之州郡。为联合已成之太平世也，不可以一蹴几也；盖必先为德国联邦之势，而后可望如美之渐削邦国也。夫自冬寒徂夏暑者，必经春之温和乃能至焉，自平原以至山巅，必经山麓之攀跻乃能登焉。德之联邦，亦非能骤

至。故今者大势,必自联合弭兵、立公议会而后可积渐至焉。大势
所趋已见,合同之运已至,其始似甚难,其终必渐至于大同焉。

联邦自小联合始小吞灭始　联合之始,万国遽行联合乎,抑各
为小联合而后大联合乎？则必自小联合始矣。小联合之体,其始
两三国力量同等、利害同关之邦联之,其后全地大国成无数联盟国
之体以相持焉。今者国事,权在公民,利害至明,非若古者战国时
之权在君相也,又不能以一二人之言议,因一二人之利害而变易之
也。故均力均势,相持相等,无有一国能为混一之势。即强大如
俄,专制猛进,而民义既明,数十年内,不为民主共和,亦必成君主
立宪之体矣。吾作此在光绪十年,不二十年而俄立宪矣。

夫政体既改民权,则并吞之势自不能猛矣。且昔者俄之攻突
厥也,始则英、法二国合纵拒之,后则英、法、德、奥、意五国合兵拒
之,俄即不能得志,岂复虑有秦吞六国、一统天下之事乎！同体、同
力之联盟国既成,则亦有同洲、同教、同种之联盟继之,若美国之治
美洲,当美人自治之,不许他洲人干预之是也。假欧、亚人众国强,
或干预之,则美洲各国本皆共和,必合为一大联邦,设一公政府,是
成一半球合国之势矣。美洲既合,其势莫强,则欧洲、亚洲或亦为
联洲法以抵御之,则大合纵成矣。澳洲于时自立成国,非强英所能
遥统,则亦如美例别自独立,或亦附从他国而为联邦矣。夫以半球
众国之联合,其规模体制,与大地大同几无异矣,但尚有两半球对
待之体耳。夫既能半球相合,亦何难于全球相合乎！故今百年之
中,诸弱小国必尽夷灭,诸君主专制体必尽扫除,共和立宪必将尽
行,民党平权必将大炽。文明之国民愈智,劣下之民种渐微。自尔
之后,大势所趋,人心所向,其必赴于全地大同、天下太平者,如水
之赴壑,莫可遏抑者矣。

百年中弱小之必灭者，瑞典、丹麦、荷兰、瑞士将合于德，欧东诸小或合于俄，亚洲之阿富汗、高丽、暹罗、埃及、摩洛哥是也。吾作此在光绪十年，不二十年而高丽亡。其班、葡初合于法，继合于英，班之改民主或不远矣。波斯、突厥二国之守旧，其存其亡，或难推测；以回国守教之坚，数百年交通不能少变，则后此百年之难全变可决也。后此百年，各国之强势霸义磅礴而迫入之，其能保全乎？不可知也。或者以其同教合乎印度而成中亚一大国乎！印度、波斯、突厥同为回教国，而印度人才最多，新学日盛；虽为英所制，而英有内变，或与德战而败，印度即能起立，则与波斯、突厥合国最宜也。然则亚洲之国，惟中国与日本或存乎！日本若君权坠而改共和，则国势亦危，或中国与日本、印度合乎！南美各国别为宗教，治法未具，遽倡共和，必为欧人藉口所侵入；然美人必力拒之，此必为大激争乎！南美为人所侵，必合为一国而都于巴西，或合为一大联邦而统于北美也。若中美五国近已有合并之说，其不远矣。

俄弭兵会即开大同之基　俄罗斯帝之为万国平和会也，为大地万国联交之始也。今虽不过各国遣使议事，其主权仍在各国，如美国十三州之初议，未有公立之政府以主持之也。然近数十年来，弭兵之说日倡。虽霸国之义，风潮盛涌，然天运人心之所趋，实不过为弱小将并于众大之地，以便合一为大同之先驱耳。将来仅余数大之鼎峙。然交通日繁，故邮政、电线、商标、书版，各国久已联通，特许专卖及博士学位之类，皆各国合一；欧、美先倡，日本从之。近于金钱货币，各国亦日谋通用之法。即闭关之中国亦事事从同，小弱之国波斯、突厥、暹罗亦日儳变而入万国交通之会，礼律几于渐一。弱小既尽矣，数大鼎峙，则兵力愈坚厚以相持；力愈相持，莫敢先发，盖恐一旦败失，则国势大危。故近数十年欧洲诸大国未尝相见以兵，为此也；其出于平和之公议以图各自相保，势之必然也。夫平和之议既熟，交通既多，交涉尤繁，则薄物细故易于失和，或有枭桀无礼者亦足以启衅。然近者民权既盛，咸畏兵戎，非如君主专制，好大喜功，能假事以逞其雄心也；故凡两国失和，多请邻邦公判。至于是时，立国日少，邻邦各有交谊，未必尽公；然而大地合一，万国公院之学说日盛于时矣。在各大国，利害相等，难占独一之利权，在各政府，君主无权，难发混一之异想，人无他望，惟思大同。公议会会议既多，人心大变，日思统一，于是时必议设一大地公议政府矣。有大地公议政府乎，则大地大同之时期至矣，大地太平之运会开矣，诸国之争渐弭矣，人生之安乐渐可无憾矣。虽进化有序，又会合之始基未固也，不能无变；然始基既立，条理渐密，大利日见，基址日坚，则二三百年中必见大同之实效矣。近者飞船日出，国界日破，大同之运，不过百年。

第三章　初设公议政府为大同之始

一、各国力量同等，体制自同等，则联邦政府之体，不设总统，但设议员，故不可谓之公政府，但谓之公议政府。且各国主权甚大，公政府不过为遣使常驻常议之体，体稍近瑞士，不能如美也，地隔甚远，又不如瑞士也。

一、公议政府执政议事者，其始必从各国选派，或每国一人，或每国数人，或视国之大小为派人之多少如德制。然恐大国益强，此制或未能行也，此为第二三等国言也。

一、各国主权甚大，公政府不能设总统，并不能立总理；但立议长,于派遣各员中公举为之,以举者多数充选,如联军之有统帅也。然议长并无权,不过处众人之中,凡两议人相等者,多一人之数以决所从耳。自尔之后,公政府体裁坚定,孔子曰:"见群龙无首,吉。""乾元用九,天下治也。"

公议政府专议万国交通之大同 公议政府当各国主权甚大之时,则专议各国交通之大纲;其余政事皆听本国之自主,略如德国之各邦万国交通同一之议。

第一,议定各国公律。凡国与国之交,各国人民与各国人民之交,因今国际公法而确定之,务求精详,一以公平为宗旨。各议员随时提议,由各国认可,施行全地焉。

第二,各国有交涉之事,按公法而判决之,议员公议,从其多数。既公议定后,各国不得不从。

第三,凡关税之出入,当渐求其平,不得限制他国及以一国垄断。

第四,各国度量衡之名称、长短、大小、轻重当力求划一,以免参差而烦计算以损人脑。

第五,各国语言文字,当力求新法,务令划一,以便交通,以免全世界无量学者兼学无用之各国语言文字,费岁月而损脑筋。若定为一,增人有用之年岁,公益之学问,其益无穷。夫语言文字出于人为耳,无体不可,但取易简,便于交通者足矣,非如数学、律学、哲学之有一定而人所必须也,故以删汰其繁而劣者,同定于一为要义。但各国并立,国界未除,则各国教育,当存其本国语言文字,以教其爱国心为立国之根本也。故一时虑未能废去,但当定一万国通行之语言文字,令全地各国人人皆学此一种以为交通,则人人但学本国语言文字及全地通行语言文字二种而已,可省无限之岁月,可养无限之脑力,以从事于其他有用之学矣,所谓"不作无益害有益"也。且移无用之岁年为有用之岁年,移空费之脑力为实益之脑力,合世界人计之,其余剩年月脑力,巧历不能算其数;以为非常之学思,创非常之器艺,其文明进化之急,岂可量哉! 及国界已除、种界已除后,乃并本国、本种之语言而并舍之,其文字则留为博古者之用,如今之希腊、拉丁文及古文篆隶、印之霸厘及山士浩烈可也。中国文乃有韵味者,不易去也。

第六,各国有不公不平不文明之举动,公议院得移书责之,令其更改。

第七,各国有大破坏文明及公共之安乐,背万国之公法者,公议院得以公调合各国之兵弹禁之。若仍不从,则同攻伐其国土,改易其政府。

第八,公议政府有预算之赀,当由各国公力供给,各国当依岁定之数拨给之。

第九,公议政府当有公地,其人民来住公地者,许脱其国籍,准其为世界公政府之人民。

第十,各小国有愿归公议政府保护者,其土地人民皆归公议政府派人立小政府。

第十一,各国瓯脱之地,皆归公政府派人管理。

第十二,大地之海,除各国三十里海界外,皆归公政府管理,其海作为公政府之地。凡未辟之岛皆为公地,居者即为公民。其渔于海者,其舟之自此诣彼经过公海者,皆纳税焉。

第十三,各国所举公议员每岁一易,惟不得名大臣,以其入公政府时即脱本国之管辖。盖虽某国之人为某国所遣而实图全地之益也,与国会议员之举于其乡而不受其乡之责任同也。此义于今君主国暂未能行,惟民国既多,行之渐众则必行。

第十四,各国公议员可留于公地为公民,或复其本国,皆听其自由。

第十五,海既为公地,公议政府得为海军六舰,分出各国,以备弹压各国争战,若有敢迎拒者,即为与全地万国作公敌也,公政府得破其国取其地以为公地,取其民以为公民。其海舰、海军之数,随时议增。

第十六,公议政府以弭各国兵争为宗旨,各国现有兵数、军械及械厂、战舰,皆应报告公政府。除其国必应自保外,有议增者,公议政府得干预之,太多者得禁止之,并岁议减兵之法。其两国交界,彼此重兵严防者,公政府既有公地公民,当练公兵代为镇守两界之间,以免两国之互严防争,则兵数可以日减矣。

第十七,各国属地自治之区有愿投归公政府者,即作为公地,归公议政府派小政府统辖。

第十八,公地之民,不论何种何国,一律平等。

第十九,各国不得别偕结约及秘密条约。

第二十,各国人民听其意入各国籍,不得以民族之殊限制禁格。

第四章　立公政府以统各国为大同之中

若能立公议政府,行各法,不及数十年,各国联邦必成矣;各国联邦法必固,各国损人利己之心必减,各国凌夺人以自利之事必少。以公地既立,公民日多,投归公政府之自治地必无数。各大国势力必日分日弱,各国民权团体必更炽,各国政府主权必渐削,如美国联邦矣;各国公议政府必渐成中央集权,如华盛顿矣。即各国虽有世袭君主,亦必如德之联邦各国,各国之自治政体,则如美国诸州、瑞士诸乡,虽有强大之国不能争乱,不能吞并焉。至于是时,则全地公政府之大势成矣,全地大同政府之基础固矣,大公政府之大权行矣。

公政府大纲 第一,岁减各国之兵,每减必令各国同等,减之又减,以至于无。计每年国减一万,不及数十年,可使各国无兵矣。夫各国并争,兵税之费最重;若能去兵,其大利有六:移万国之兵费,以为公众兴学医病,养老恤贫,开山林,修道路,造海舰,创文明之利器,资生民之乐事,其利益岂可计哉!一也。既减兵费,可轻减各税,又可省全地人民之负担,其仁无量。二也。全世界数千万之兵,移而讲士农工商之业,其增长世界之利益不可穷识。三也。全世界人不须为兵,可无阵亡死伤、"一将功成万骨枯"之惨,全地球皆为极乐世界,无战场可吊矣。四也。全世界人无战争之惨,无兵燹之祸,不知干戈枪炮为何物,不知屠焚凶疫流离为何苦;其保全全国之人命不可以数量,保全世界之事业器物不可以数量。五也。全世界枪炮军械皆废而无用,移其杀人之工而作文明之器,移其杀人之料以为有益世界之料,其大仁大益又无量。六也。古今仁义慈悲之政未有比于是者,必如是乃可为济世安民也。

第二,各国之兵既渐废尽,公兵亦可渐汰,及于无国,然后罢兵。

第三,各君主经立宪既久,大权尽削,不过一安富尊荣之人而已。其皇帝、王、后等爵号虽为世袭,改其名称曰尊者或曰大长可也。或待其有过而削之,或无嗣而废之,无不可也。且至此时,平等之义大明,人人视帝王君主等名号为太古武夫屠伯强梁之别称,皆自厌之恶之,亦不愿有此称号矣。

第四,禁"国"之文字,改之为"州"或为"界"可矣。盖大地自太古以来,有生人而即有聚落,有聚落而渐成部众,积部众而成国土,合小国而成一统之霸国。盖有部落邦国之名立,即战争杀人之祸惨。而积久相蒸,人人以为固然,言必曰家国天下,以为世界内外之公理不能无者;陈大义则必曰爱国,故自私其国而攻人之国以为武者,在据乱世之时,全地未一,为保种族之故,诚不得不然。然一有"国"之文,自为域界,其贼害莫大,令人永有争心而不和,永有私心而不公焉。故"国"之文义不删除净尽之,则人人争根、杀根、私根无从去而性无由至于善也。昔者大地未能统一,分邦各立,各私其国,贤者不免,固时势之无可如何。至于公政府之时,天下统一,天下为公,何可复存此数万年至惨、至毒、至私之物如"国"字者哉! 便当永永删除,无令后人识此恶毒"国"字"国"义于性中,则人道争杀畛域之根永拔矣。

第五,分大地为十州:欧罗巴自为一州;中国及日本、高丽、安南、暹罗、缅甸为一州,曰东亚州,南洋属焉;西伯利部为一州,曰北亚州;自里海东中亚及印度为一州,曰中亚州;里海西俾路之、爱乌汗、波斯、阿剌伯、西土耳其为一州,曰西亚州;南、北、中美各为一州;澳洲自为一州;阿非利加为一州;共十州。每州置一监政府焉,令其州内各旧国公举人充之;若国已灭尽,不立监政府亦可矣。

第六,每旧大国,因其地方形便自治之体析为数十小郡,因其地方自治之体而成一小政府焉;皆去其国名,号曰某界。每州大概数十界。

第七，以大地圆球剖分南北，凡为百度；赤道南北各五十度，东西亦百度；每度之中分为十分，实方百分；每分之中分为十里，实方百里。每度、每分、每里皆树其界，绘其图，影其像，凡生人皆称为某度人，著其籍可也。即以里数下引为量，每里之中分为十量，每量之中分为十引，每引之中分为十丈，每丈之中分为十尺，每尺之中分为十寸。古衡容皆以寸金之轻重大小起算焉。凡全地共为一万方度，一兆方分，一垓方里，一壤方量，一涧方引，一载方丈，一恒方尺，一沙方寸。每度约将倍今度之二。一切称谓界限之主，皆以度为差。若大地人满时，既无分国之争，亦无阴阳之别，各自治政府即以度为主。

第八，全世界纪元皆以大同纪年，不得以教主及君主私自纪年，以归统一。其前时皆以大同前某年逆数之。

第九，全地度量衡皆同，不得有异制异名。

第十，全地数目皆因十进之数，自一至十、百、千、万、亿、兆、京、垓、秭、壤、沟、涧、正、载、极。其天地之度数，月、日、时之纪数，权、衡、度、量、货币之用数，凡一切万物之数，皆以十数行之，以取简便易通。若旧法之以十二宫三百六十度为测天，十二月十二时六十刻六十分秒以纪时，又二十四铢十六两之为斤，三十斤之为钧，百二十斤之为石；英国十二寸之为尺，十二佩尼之为先令，二十先令之为镑，二十四时之为日，十二为打；若印度、波斯、突厥以四进数，自四而八、十六、三十二，尤为迟难，于脑有损。皆宜去之，以归十数之简易画一也。

第十一，全地语言文字皆当同，不得有异言异文。考各地语言之法，当制一地球万音室。制百丈之室，为圆形，以像地球，悬之于空，每十丈募地球原产人于其中。每度数人，有音异者则募置之，无所异者则一人可矣。既合全地之人,不论文野,使通音乐言语之哲学士合而考之,择其舌本最轻清圆转简易者制以为音,又择大地高下清浊之音最易通者制为字母。凡物有实质者,各因原质之分合,因以作文字;其无质者,因乎旧名。择大地各国名之最简者如中国,采之附以音母,以成语言文字,则人用力少而所得多矣。计语言之简,中国一物一名,一名一字,一字一音。印度、欧洲一物数名,一名数字,一字数音。故文字语言之简,中国过于印度、欧、美数倍,故同书一札,中国速于欧、美、印度数倍;若以执事谈言算之,中国人寿亦增于印度、欧、美数倍矣。惟中国于新出各物尚有未备者,当采欧、美新名补之。惟法、意母音极清,与中国北京相近而过之。夫欲制语音,必取极清高者,乃宜于唱歌协乐,乃足以美清听而养神魂。大概制音者,从四五十度之间广取多音为字母,则至清高矣;附以中国名物而以字母取音,以简易之新文写之,则至简速矣。夫兽近地故音浊,禽近空故音清;今近赤道之人音浊近兽,近冰海之人音清转如鸟,故制音者当取法于四五十度也。闻俄人学他国语最易而似,岂非以其地度高耶!制语言文字既定以为书,颁之学堂,则数十年后,全地皆为新语言文字矣。其各国旧文字,存之博物院中,备好古者之考求可也。

第十二,凡定历,皆以地为法。吾万国人皆生于地上,所见皆同,始所受用皆因于地。故大地古今万国,皆有岁月日时之纪,以授事而记时。故以昼夜为一日,历三十日之晦朔以为一月,历十二月三百六十五日以为一岁,此万国所同也。盖地为日热质之分点,自离日而行,即有热力拒日,自为动转。在地中温热带之人视之,向日而受其光则为昼,背日而无光则为夜。虽南、北冰海之人,半年全向日,半年全背日,无一昼一夜之别;而人类居温热带为多,故从多数，以地为有昼夜，凡一昼一夜之间则经自转一次。古之人不知地转，以为日之绕地也，遂以有定之数号为地自转之定数，然此必不能两合者也。凡地绕日三百六十五转有奇，或缓长则七八时，急短则三四时。盖地为生物，内为日所控，外为他星所牵，故万无一定之时；而纪时者不能不出于有定，此不得不然者也。于是零余无所归，不得不立闰以整齐之矣；虽闰月闰日不同，而以人事补天以得整齐之定数，乃不得已之法。故每年强定为四分度之一，积四年则合为一日之数，故积四年可闰为一转；常年为三百六十五转，当四年之闰为三百六十六转也。三百六十五度四分度之一为一岁，大地万国之历所同者。盖地自转三百六十五次，又略当转四之一，而地绕日一周。古人不知，以为诸星绕天，故名曰岁，又北方以禾岁一熟，故假名曰年，实皆非也。宜因地绕日一周之实，名之曰周。十岁则曰十周，百岁则曰百周，推之千万亿兆无量数年，皆以周纪之为宜。或曰期亦无不可，则十年曰十期、百年曰百期可也，然不若周之切矣。

其全地立朔，当在春分为改正焉。孔子立三正：周建子，商建丑，夏建寅皆可，而以建寅为正。若今欧美则近于周正建子，日本从之；俄则用商正建丑为近。其余马达加斯加、暹罗、回教建九月，缅甸建四月，印度建五月，波斯建八月，秦、汉建十月，唐代宗时曾建四月，全地各国处处不同。夫论周期之算，地球绕日也本自圆周，则无日不可起元。吾古者历元多起冬至，今欧美亦同。盖处北半球人因日影至短之故，天寒易测，故就此起算；然今澳洲、南美既通，则以北半球冬至为夏至矣，然则以二至起元亦无不可。惟二至者，地当高冲卑冲之极点。地为动质，又为日暨诸星所吸，高下本自不等；冲无定位，非巧历所能测算。夫以无定之冲而欲以有定之算推之,其必不准不待言也;以不能决定准数之时而妄定之,虽相去不远而实已大误矣。故用二至无定之冲,不若用二分有定之平为得其准矣。

春秋二分,同处地平,本无少异;以为朔元,亦无所不可。惟以全地论之,处北半球,当春分之时,百花烂漫,草木萌生,水源溢盛,而河冰解冻,气象惟新,生机盎溢;自经冬冷收藏之后,于种植既得时宜,于作事便于谋始。若秋分则草木黄落,水源复涸,气象凑惨,生意萧条;又上承夏热,生物方盛,于种植及作事,皆截然不能分为两岁。故大地文明之国,三正皆用凉时,乃时地自然之势也。两相比较,故立朔改元,断无用秋分之理。惟在热带之国,终岁水木花草如一,则或可九月纪元,若温冷带则万不可行者也。故以地转论,用二至不若用二分,以经冻论,用秋分不若用春分。当花开冻解之良辰,以行立朔改元之庆典,水草香溢,种植得时,以作事谋始,不亦可乎!虽南半球少有不宜,然南半球美、澳洲之地皆在热带为多,热带地本无春秋之异。其在热带外者,地亦无多,春分仅当八月令,华实尚茂,不至大凄清也。且今各文明国以三正纪元,然多在冷带之地,木叶尽脱,大地盈冰,木枯不花,气候沍寒,宴会不便,繁华无象,于立朔改元之庆亦不若春分之美也,故宜全行之。

既以春分为元朔,则自春分至夏至地下游之时,名之曰春游;自夏至至秋分地上行之时,名之曰夏游;自秋分至冬至之时地更上游,名之曰秋游;自冬至至春分之时地下行之时,名曰冬游;通曰四游。

月为地之行星,与地转不相关。古人草昧,历学难明,以悬象著明莫大于月,民所易识,故以月之晦望定时,以便民也,大地所同矣。然以用月之故,定朔日甚难;强为九道以测之,又为正朔、定朔、经朔、均轮、次轮以求之，而晦朔终不可得正也。盖月亦动质，其绕地也约以二十九日又八时与六时不等。以月行之无定，而以有定之日数强为牵合，必不可得准也；于是分以二十九日与三十日，为闰月以求之，五岁再闰。在太古道路不通，仪器甚少，人民望月以纪时，本自为便。若大同之世，道路大通，仪器尤多，人易知时，不待测月。且纪元专以地为主，月但转地，与地转无关；我为地中之人，何必以父而从子，故可不以月纪时矣。而今之阳历既已废月，仍用十二为数，既无所取义。且非十进之数，于推算不便，致有三十一日、二十八、九日之不等，参差太远而难记，则尚不如阴历之以三十日、二十九日各半算之较整齐也。回教九执历，以太阳太阴各别为纪，专从太阳以正地之所绕，兼明太阴以便民之所视，义亦允宜。吾国今改阳历，而民间久习阴历，骤改之于农功商业不宜，则应从回历法阴阳合用为宜也。然今大地既通合，既非金、木、水、火、土、天王、海王星之人而为地人，行立瞻视皆以地为主，则月可尽删，可无十之畸零，亦无立闰测朔之繁难矣。

一，地转之号，中国分十二时；分而析之，义更精细，则为廿四，今欧美时表所通行也。然纪数以十为便，十二、廿四皆为纡曲。《左传》曰："人有十时。"中国古者十时，每时分百刻，每刻分百秒，则至方整。故定时为十，其义较妥。惟以鸡鸣、日晡等为名，亦未以支干纪时，或昼夜仅十分之，稍疏，不便作事，不若昼夜各为十时。地之向日背日皆自然之势，人居地上，所关于昼夜者甚大。虽近赤道者昼夜平分，自此冬夏之间，或昼长夜短，或夜长昼短，而南北冰洋且以半年为昼夜，若以十时为昼夜刻，似不尽得其宜。然人类在温热带为十之九，在冰带甚少，从昼夜之正名之，亦何害焉。今欧美人二十四时亦分两次，实先行之。然既有百刻百秒以分时，则与欧美二十四时相去无几,行之至易矣。

若其改日,则孔子先立三时,有以平旦者,有以夜半者,有以鸡鸣者。泰西则以日中夜中,恰合中国,正可用之。若一时之内,今中国分百刻,于一刻之中分六十秒;于一秒之中分六十分;于一分之中分六十微。欧人于一时之中分四骨,每骨三字亦同于时数,每字十五眉尼,每时凡六十眉尼,每一眉尼分六十息紧,其数不由十进,皆未为善。宜于每时之中分十刻如息紧之比,每刻之中分十秒,每秒之中分十微,其针轮之迟速,即以此定之。凡此皆人为之事,宜以整齐为主,不得为六十或十二之畸零焉。

以七纪事,乃大地上诸圣之公理。孔子作《易》,曰"七日来复",盖卦气以六日七分为一周也,故《易纬》曰"一变而为七"。印度至古之婆罗门,即一切有七日之义。吾别有七日考。而犹太有七日造成天地人之说,于是有七日休息之义,甚合于孔子"至日闭关,商旅不行,后不省方"之说,埃及、巴比伦亦有之。此其不易解之奇理,而实人道之至情。盖五日一息则太繁,十日一息则太远,七日适得其中,不疾不徐,于人为宜。

计地一周凡三百六十五转有奇,凡五十二复,余一时以为岁首日。此外七转而一复,周而复始,四年归余之日,作为转闰(即闰日),与岁首两日不入五十二复之数,自岁首第二日为始,则第八日为第二复可也。但此为人立之义,非地理也。四游之日有长有短,春秋游有八十七八转者,夏冬游有九十三转者,名曰某游第几转,于地游转之理最为得宜。游与复不能合,若参人事之宜,则论复不论游可也,或兼游复亦不厌其详也。

历既以大同纪元,今请定其历名,曰大同第几周某游第几转,或不书游曰某转,或书某周某复某转,三者皆可也。一转之中书某时刻某秒某微,如斯则上合地道,下通人事矣。

凡都邑大道,皆为时表塔楼。正表为内外圆球形,内刻日形,外转者为地形,划为三百六十五转四分转之高下,分上、下、中、平四游,转高卑而运移之,附以七日来复之数,其当闰转之年,则刻三百六十六度。是为地周表,审年者准焉。东为地转表,别昼夜为白黑二色,各划十时,内分十刻,刻中分十秒,秒中分十微,作地球形,向背日而转之。是为地转表,察转者准焉。西为月绕地表,为月球绕地,准其朔、望、朓、晦、上弦、下弦而运之,并置闰月,与地之三百六十五度相对取准,考月者察焉。北为金、水、火、土、木、天王、海王诸星与地相交之表。若是,则人人可知地与日、月、五星之行以授时焉。此外小表,可以藏于怀,置于室。五星之陵、犯、食、入,人人皆晓,月之晦、望、弦、朔不患不知,此则阴历可废而不碍民用,阳历可改而月躔可删,复日可通而人道可息,时运可游;合周转之宜,历行之最切备者也。

第十三,大同之世,全地纪元当从何起历乎? 大地之生,不知其始,或谓数万年,或谓数百万年,皆推测之说,未有确据也。人民之生,安得其始,狉狉榛榛,算无从起,大桡算书自发甲子,亦不得已者哉! 古者部落族众,未有文史,观今哲孟雄、布丹、巫来由人种,皆自无史以纪上世,而托于藏僧,乃能纪之。纪年亦然。则必大有文化乃能纪元,纪元既立,或以君主,或以教主,或以立国,大率始于小君主,中于大帝主,而终于大教主也。古者春秋至秦、汉间,诸侯各自纪元;此盖上承夏、商之旧制,至汉中叶尚然,今见于汉碑《赵王上寿》曰“赵廿五年”是也。然禹时万国,汤世三千,周初千八百国,春秋时尚二百余国,各以其君纪年,则读百国之宝书者,其烦而累脑甚矣。故孔子正定之曰:惟王者然后改元立号,以至于今为然。此王者乎,天下归往之谓王,通天地人谓之王,盖大帝主而兼大教主者也。汉武帝采其义而定一尊,自尔之后,惟帝者而后改元立号,以至于今焉。然一帝纪一元,甚者一帝纪数元,其烦重累人亦甚矣。埃及、印度、波斯、罗马皆以帝王纪元,其小国王亦纪年。今其碑刻皆可考其进化等第,当亦略与中国同也。三国时,君士但丁始从耶教,于是耶教大盛于六朝、唐时,于是以耶教纪年,追推上世,并定前数以纪之。而自唐、宋间欧洲诸国并起,而教皇独尊,其以教主纪元以归统一,实便于人事也。是时回教亦极盛,相与以教纪年;而印度僧人亦有自尊其教,因以佛纪年者。此如司马迁《史记》称"孔子卒后百二十九年",以孔子纪年同也。凡人服从君主之权势,不如服从教主之道德,且以教主纪年,于义最大,于力最省,允为宜也。若中国既非耶教,自宜以孔子纪年。其无教主而独立之国若日本之新立,则以其初立国或以其初祖纪年,虽无道德可称,亦于人之记忆为省,胜于以一君纪元者也。从后百年,君主当不现于大地上,君主纪元之义,不俟大同世而先绝矣;非文明大国亦必不能久存至于大同之世,然则建国纪初祖之义亦必不能存矣;然则所存者惟教主纪元一义而已。然诸教竞争,各尊其教,谁肯俯就;人人各有自主之权,自由之理,不能以多数胜少数论也。若今日耶元之国,至大至盛矣;然十九世、二十世等字,终非孔、佛、婆、回之教之人所甘愿。且新理日出,旧教日灭,诸教主既难统一全地,或当各有见废之一日;大劫难挽亦与国主略同,但少有久暂之殊耳。然则君师国祖之纪元并废,或以诸教主并列配天而独尊上帝,则以奉天纪年可也;然吾谓奉天太尊,欲为大同世之纪元,即以大同纪年为最可。地既同矣,国既同矣,种既同矣,政治风俗、礼教法律、度量权衡、语言文字无一不同,然则不以大同纪元而以何哉！吾敢断言之曰：来者万年，必以大同纪年，虽万国之文字有殊，而义必不能外之也。否则以奉天纪元，所谓"后天而奉天时"，义之宜也。

以大同纪年，将何时托始乎？是难言也。盖合国、合种、合教以至无种、无国、无教，相去绵远以千数百年计，何时乃能行大同之实乎？将谓自公国立之年乎？则强国尚多，未大服从者，如德之联邦立法，而邮政、关税巴威尚自收之，是虽立大同纪元而终未尽从也。将至国种教俱合一之年乎？则大势所趋，人心咸定于一，如潮之奔，如湍之激，岂能久待乎！今日大地既通，大同之说必日盛，可断言也。今欧洲久以教主纪年，中国人亦多有以孔子与君主并称者矣；既因现时通俗之便宜，又顺将来大势所必趋，莫若以教主与大同并纪元焉。则直于当今，纪用大同，以便人心趋向，以便复元易算，而与通俗无碍，岂不一举而三善备哉！诸国竞争，小国日灭，并于大同；近者万国同盟之事日多矣，可于今预祝之预期之矣。夫近年以大同纪年，当以何年托始乎？凡事必有所因，端必有所指，大同因之所托，必于其大地大合之事起之；近年大地万国大合之纪事，其莫如荷兰喀京之万国同盟矣。是事也，起于己亥，终于庚子。庚者，更也；子者，始也；庚子之冬至为西历一千九百零一年，耶纪以为二十世开幕之一年者，当即以庚子春分为大同元年托始之正月朔日。其自兹以往，顺十百千万年而顺数之，其自此以前，逆一十百千万以前而逆推之，于欧洲之史皆不待大算而改之；其各国之史记，则如考中西历比对等耳。其庚子春分至冬至三游之事，纪年稍难，则注明之，如汉武时十月历改为正月历、唐代宗时四月历改为正月历、日本由正月历改为十一月历亦同耳。中间超辰加注，自可不误，何得过虑哉？自此日趋大同，合大地之人，考览自便，其省脑力、便记诵、鼓人心、导太平之功,岂少也哉!

大同之进化不一,而自集议联邦之始至于大同太平之时,更变甚多,不能一律。今以三世表而分之,政体虽多,略不出此。

大同合国三世表

一、大同始甚之据乱世 二、联合旧国。	大同渐行之升平世造新公国。	大同成就之太平世无国而为世界。
三、各国政府握全权,开万国公会,各国各派议使公议。	始立公政府,有议员,有行政官,以统各国。	全地皆为公政府,有行政官行政,有议员议政,而无有国界。
四、有公议会,无公政府。	割其国地或海上岛为公政府。	世界全地尽为公国。
五、陆地各归本国,海上无政府。	海上为公政府之地,小岛屿亦然。	全地海陆皆归公地。
六、各国随时附入公会集议。	各国可随时附入公国,不得以两国合成一国,惟许以一国分作数国。	各国皆归并公政府,裁去"国"字。
七、民服于旧国。	人民渐脱旧国之权,归于统一公政府。	无旧国,人民皆为世界公民,以公议为权。
八、公议会有议长,无统领。	公政府有议长,无统领,更无帝王,亦不得以各国帝王充议长,或不设议长。	公政府只有议员,无行政官,无议长,无统领,更无帝王,大事从多数决之。

九、各国有帝王、统领,各有自立权。	各国多为统领,亦略有帝王而统于公政府。	无各国、各地,只有统领而统于公政府。
十、各国全权自治,公会但有集议。	各国限权自治,大事归于公政府。	罢"国",悉由民公举自治,而全统于公政府。
十一、无公政府,但有公议会,不能征用各国人民官吏。	公政府得征用各国人民官吏,听其自便。	无国,人民合为一公政府而公任其事。
十二、有公议院,无公政府之地。	有公政府,其设都会、驻官司、造船、立库、购用各国地,皆由各国许诺,其规则随时议定。	公政府可在任何地设都会,驻官司,造船,立库。
十三、公议会不及各国内治,故各国内治全权无限。	公政府虽不及各国内治,而兵、税、邮电、法律大政,皆有权限。	无国,而各地小政府与公政府各有权限,随时议定。
十四、公议会有调和维持各国之责。	公政府有保护各国之责,镇抚其内乱,调和其外争。	无国,公政府统治各界度。
十五、公议会条例为公法,驾各国法律之上。	公政府法律在各国法律之上,各国法律不得背反之。	全世界皆同属公法律。

十六、各国听公议会之法律审判。	议院法律证明各国之法律。	统归公政府法律。
十七、各国联盟条约。	各国半条约半宪法。	无国,但有宪法。
十八、各国可结条约,各国可别订同盟。	各国不许别结条约,各国不许别结同盟。	无国、无条约可称,无国、无同盟可言。
十九、公议会无权力限禁各国。	公政府有权限禁各国。	虽为公政府,而各界各度自治,不待限禁。
二十、联邦政权及于各国,不及于民。	公国政权达于各国,渐达于民。	无各国,不分土,不分民,但合为一以治之。
廿一、各国自有权,不归于公议会。	各国政权皆视为公政府所出。	无国,同出于公政府。
廿二、不入公议会而驳攻者,不得为公议员。	叛公政府而驳攻者,为最大罪。	人人皆公政府公民,无攻驳者。
廿三、国有不入公议会者,摈之不与公法之权利。	国有称兵犯公政府者,视为叛国。	凡人背公政府,有谋据地作乱、称帝王君长之尊号及欲复世爵者,皆为叛逆最大罪。
廿四、各国自有法律出于公政府之外,公政府无大权。	各国法律不能出公政府之外,公政府有无限之权。	无各国,法律同出于公政府,公政府复散权于各界各度。

一、各国立法权各在本国,不归公议会,公议会但议国际法。	各国立法权虽归各国,而全地公法权归公政府上下议院。	各地亦有立法自治权,而全地法律归公政府之上下议院公议立法。
二、公议会议各国所提出交涉公法之大案,各国皆可随时提出政法事理案于公议院议之。	有公政府并公议院,议各国法律不定不一之案及有缺谬之案。	议定法律而通行之世界,政事有变,可岁岁提议。
三、公议会之例,各国议员议定,各国君主总统签名宣布之。	公政府之法律,各议员政长同署名,以多数宣布之,或待各国君主总统之允然后宣布。	公政府之法律,各政长同署名,以多数宣布之。
四、公议会员有三分二改法则可改,各国政府有三分二改公法则可改。	各国立法部有三分二改公法则可改,公议员有三分二改公法则可改。	无各国,只有公议院及各地公院,议员立法从人数多者。
五、公议会数年一集,或有大事各国有请集议者则开议。	议院每岁一开,各国有过半数请集议者则开议。	议院终岁常开,有公举,无集散,其各地有集有散。
六、有议会而无上下议院,候本国政府签名。	有上下议院,须两院画诺乃行,不画诺不行,或候各国政府签名乃行。	同上,惟无国、无所,候议定即行。

七、议员派于政府,必由政府官吏。	上议院由政府,下议院由公举,官吏人民各半。	议员皆由人民公举,悉为人民。
八、议员由各国政府派出或听其兼使。	议员必用本国人居于本国者,不得以他国人充。	议员由各地公举其久居本地之人。
九、议员由各国政府派一人充使,或大国三人,中国一人,如德国之制,随时议定。	上议员,政府或议院举每国二人;下议员,以各人民多寡为率,略由人民公举。	无国,上议员以每界每度举之,下议员以人民多寡出之。
十、议员为本国之代表。	上议员为本国之代表,下议员为世界之代表。	议员但为世界人民之代表。
十一、公议会派员无年限。	各国议员或每年一选举,或三年一选举,随时议定。	议员各地三年一举,或每年一举,随时议定。
十二、公议会可立议长。	公议会不立议长,以多数取决。	议院不立议长,以多数决从违。
十三、选议长及书记皆由公定,	同上。	无议长,一切由公选。
决数以多数定之。	同上。	同上。
十四、议员有本国之禄。	议员受公政府之俸。	同上。
十五、议员合格与否由本国政府查,有罪由本国政府判决。	议员合格否,由公议院自查,有罪由公议院判决。	同上。

十六、议员于本国受告诉,有责任。	于本国不受告诉,不受责任。	不受法院告诉场外之责任。
议员一切罪犯,除本国召还外,所在之地不得治罪。	议员有犯,本国不得召还治罪,一切由议院公议。	议员有过误,法官不得治,由议院公议。
十七、议使有罪,由本国罚之。	议员有罪,公议院得治其罪,不须待其本国,然必议员三分有二乃得施行。	同上。
十八、各国议使若有事故或谬误病疫,由其本国政府再派员补充。	各国议员有事故或病疫,由本国选举人补充。议院选上议员,人民举下议员,或议院闭时由政府派充暂署。	各国议员有事故病疫,由其本地公民再行公举。
十九、公议会有各国公议员,无行政官。	公政府行政官皆由各国议员公选,每人至少有三国人合举,若大地尚有多国则须五国并举,其有强大之国,或如德国联邦例,许有议员多人者,或许用一人。	公政府行政官即由上下议员公举。

议员皆各国所派,惟各国大臣可列席听议,表本国之意见。	各国大臣议员皆得列席,可表本国之意见。	全世界名誉人皆得列席表其意见。
二十、公议会无官吏。	公政府有官吏,皆听政长之任免黜陟,然于其本国职任权利无损。	公政府官吏皆听政长黜陟,无国,亦无本国权利。

一、公议会有要事,可令各国邮电从速,而无指挥之权。	公政府有要务,各国邮电之权皆听指挥,或听派官监理,其强大国不允者暂缓之。	邮电全归公政府。
二、邮政电报皆交通,有大国及僻地不同者在外。	各国邮政电报一律交通。	无国界,邮政电报归一。
三、邮政电线各国自设而自取其费。	公政府有设邮政,电费则公政府自取。	邮政、电费皆归公政府。
四、各国铁道、水路、国防、大道不能尽交通。	各国铁道、国防、道路尽能交通。	无国界,一切交通划一。
内河水路舟楫不尽交通。	内河舟楫水路可交通。	无国界,一切交通划一。
五、无公铁路。	有公铁路以便交通,所过邦国皆可买地,但不害本国主权。	无各国私路,皆为公铁路。

各国铁路规则法式不一。	各国铁路法式规则渐归于一。	铁路规则法式归于一。
无监定铁道运价权。	公政府有监定铁道运价权，俾石炭、矿料、树木、米、肥料与农工应须之物，令运价公平，全地大利，强国不从者在外。	同上。有饥馑时可制定最贱运价。
六、保护本国之贸易与运输。	公政府保护各国之贸易。	无国界，不须保护。
七、各国可任各铸货币，行纸币。	各国货币、纸币渐归于一。	无国，货币由公铸，纸币由公造。
八、度量权衡各不同，而公议会可议之。	度量权衡同者甚多，公政府择善而从，各国渐从之。	度量权衡大同。
九、新书器专卖特许渐通行。	新书器专卖特许通行。	同上。
十、版权保护渐通行。	版权保护通行。	同上。
十一、各国卫生禁疫渐议通行而不一律。	各国卫生禁疫归一律。	无国界，禁疫归一律。
十二、各国人过路须稽查。	各国人过路不须稽查。	无国界，无稽查。
十三、银行不尽通行。	银行可尽通行。	银行归于公。

十四、未有公政府，各不纳税于公。	有公政府，以海上为地，以征其税，征其船，费不足则公政府分担之，其有强大国暂不纳者听之。	租税全归公政府。
十五、各国可任收船税。	海船税归公政府。	一切船税归公政府。
十六、内国各税各自收。	公政府议定各国之收税而通行之，或议轻减及不应征税之事。	各地自行征税而分之公政府。
十七、关税通商之事，编一通行之界而行之，其有大国不允者缓之。	关税通商一律。	无国，无税，无商税。
十八、进口出口有税。	进出口有税。	进出口无税。
十九、募公债以镇各国之乱。	募公债以兴公商业养民。	募公债以公养民，公负之而公运之，有债与无债同，以人人皆公，产业皆公也。
二十、各国会计不干公会事。	会计许公会轮查。	会计由公政府核算。
廿一、岁计由各国自主。	各国岁计皆告公政府。	全地岁计皆归公政府。
廿二、各国人口，公议会不预闻。	各国人口皆报其确数于公政府。	无国，各地人口核报。

一、公议会以弭兵为主，各国渐入弭兵会。	公政府听断各国之讼而禁其兵争。	无国，废兵。
	各国皆听公政府而不敢兵争。	无国，废兵。
二、公议会弭兵，若有不听者，可合各国攻之。	各国不听公政府弭兵，可调兵攻之，或合各国之兵攻之。	无国，无听不听，无兵，无攻。
三、公议会有弭兵会弹压之，联军过，可假用各国之铁路，价贱而速。	公政府同上。	无国，无兵，无假道。
四、听各国治陆兵。	限禁加陆兵。	尽罢各国陆兵，改为警察。
治海军。	限禁加海军。	尽罢各国海军，改为海上警察。
治战舰。	限禁增战舰。	尽罢各国战舰，改为警察船。
治军械。	限禁军械。	尽罢各国军械，改为农工之器。
治毒药。	限禁毒药。	尽禁毒药焚烧方法，不许流传。
五、各国人民皆为其国服兵役。	公政府罢各国人民之服役，但许募兵。	尽罢全地人民服兵役，但人人二十岁后，须服各院看护之役。

各国人民皆服军费。	公政府罢人民服军费而服公养费。	公政府取民税所得之半为公养费。
各国军兵归其本国所统。	各国军兵虽归本国所统,而公政府得监督之,务以日减为主。	无国,罢军兵。
各国军人兵官皆由各国自用。	各国兵官皆听公政府聘用。	无国,无兵,无兵官,惟有警察。
六、各国得有海军海舰,听公议会议之。	海军海舰渐归公政府。	公政府里海军,但置交通邮商船。
各国商舶得成海军队。	各国商船归公政府定其法式。	无国,商船皆归公政府编治其法式。
七、各国君主有统其国军兵之权。	公政府渐去君主统兵之权。	无国,无君主,亦无兵,无兵权。
八、城塞、险要、堡寨皆听各国自治。	公政府得渐去各国之城塞、险要、堡寨,其强大之国一时不允者暂缓。	太平无国,尽去一切城塞、险要、堡寨。
九、无公兵。	置公兵。	罢公兵。
无公战舰。	置公战舰。	罢公战舰。
无公军械。	置公军械。	罢公军械。
十、各国军士相战有杀伤。	各国罢战,即有战,可缚人伤人而不许杀人。	无国,尽弭兵。

十一、人民贮藏兵器,皆有限禁。	人民不藏兵器。	尽销兵器。
十二、有国讼归公议会断之,不立司法官。	有公政府司法官,以听国讼而不理民讼。凡一私人之讼、一公人之讼皆归本国,惟两国人民之交讼或一国人民之讼而关于土地者听之。	公政府有司法官,无国,无国讼,只听各界各地人民控诉。

一、海上判事听两国公议,判可,移于公议会。	公政府法官听海上之判事,凡海权全归公政府。	大地皆归公政府,无海陆之异。
二、凡国讼,提案到公议院审之。	公政府可派员至各国审讼。	无国,大案由其上控。
三、人民不敢控告其君主、统领于议会。	人民得控诉其君主、统领于公议院。	人民得控其长于公议院。
四、公议会得判各国之事而不能审判各国君主。	公议院得判各国之事,君主有罪亦得审判之,然非三分有二不得作定。其科罪,或减名誉,削权,即夺职位,随时势议定,君主亦得诉告再决。	上议院得审判全地之事,所有权要重贵之人之事皆得科罪。

五、裁判事规则不尽同，契约法、刑法、商法、证书法、治罪法、诉讼法，公议会不预闻。	裁判事规则略同，公政府议定契约法、刑法、商法、证书法、治罪法、诉讼法，大略各国从同而斟酌之。	无国界，裁判、法律皆同。无国界，法律随时议定而施行大同。
六、非犯罪不得夺人自由，讼事审理不速，无陪审人，无辩护人。	虽犯罪亦许自由。讼事要审而审理必速，被讼人有用证人、辩护人之权。	人不犯罪。无讼，亦无审官、辩护人，只有公论人。
七、有罪罚金可重，大罪施酷刑。	不罚重金，大罪不施酷刑。	无刑罚，但有耻辱，人民无罪无刑。
八、罪人之身可杀，不可两次受辱。	无杀刑，一次亦无苦。	刑措，人皆安乐无苦痛。
九、刑有死罪。	不立死罪，但设永监。	刑罚皆措，但有耻辱。

一、各国人民一律保护杂居营业，而服官参政有限制，或不能杂居营业。	各国公民权无差异，各国人民彼此可互居营业，服官、参政、保护一体无异。	同为大同人，无疆界，权利即无别异。
二、人民权利为本国及各外国制限。	民有公政府之权利，不许为本国及外国所制限。	无国，权利自由，但受公议法律之制限。

续表

三、迁徙住居自本国,他国不得自由。	迁徙住居各国可以自由。	无国界,人民听其迁徙住居。
四、各国人民于各国无有特权、特许,各国人犯逃他国者可不交。	各国人民可受各国特权、特许,各国人犯互交。	大地人民所在之地权利同一,无国犯而有公犯。
五、救济本国贫民,亦时及外国。	公政府救助贫民,无分本国外国。	贫民归公政府恤养。
六、治本国之病者,间及外国。	在外国病者,一律治疗。	病者皆归公医院治之。
七、埋葬本国死亡,间及外国。	本国外国死者一律埋葬。	死者归考终院料理丧葬。
人民各有私产,官收之必给价。	非有大故不得收人民私产。	人民无私产。
八、人民之身体、家宅、文书、财产,无故不受人搜索、押收,虽官府亦必形迹可凭乃能搜押。	化行俗美,然时有搜索、押收之事。	人民风俗全美,无有待搜索、押收之事。
九、人民不尽有保身体自立之权。	人民皆有保身体自立之权,非万不得已不得侵夺。	人民各得有保身自立之权,自然无罪,不待侵夺。
限禁人民权利。	不限人民权利。	权利皆一切自由。
十、各国人民权利不平等。	各国人民渐平等而种未平等。	无国界,无种界,人民平等。
人民听国取税。	人民担负国税。	人民养于公,无担负。

人民不尽有公权。	人民有罪削公权。	人民无罪,皆有公权。
有事求民供应。	不求民供应。	举国人皆平等,无供应。
十一、公民因人种、奴隶、妇女而异视。	公民不得因人种、形体而异视。	公民不因妇女、形体而异视。
十二、甲国之奴而逃于他国,即不为奴。	各国尽禁奴。	无国,人类平等,无奴。
十三、各国有奴而渐放之。	各国禁奴而不禁人服役。	各国人民平等,无人服役。
十四、国教各听自由,公会不定之。	公商教义,尊天而兼采诸圣之长以配天,以为新教。	大地诸先哲及诸新义皆公尊之,不独尊一教而兼取其义。
十五、尊天而更尊各神。	各神皆不尊而称尊天。	天亦不尊,但尊先哲及各人之神。
十六、专为一国者为小人。	为大同者为大人。	人人皆大同至公,是为天民。
十七、各国有帝王、君主位号、权力。	渐削帝王、君主位号,改为总统、议长。	无帝王、总统位号,人民平等,只有议长。
有世爵、贵族、平民、奴隶之别。	无奴隶,而世爵、贵族渐除而未尽。	无世爵、贵族,尽为平等。

丙部　去级界平民族

人类之苦不平等者，莫若无端立级哉！其大类有三：一曰贱族，二曰奴隶，三曰妇女。夫不平之法，不独反于天之公理，实有害于人之发达，观印度而知之矣。印人在昔有四种：

一曰婆罗门，为净行者，或出家，或在家修净行而涅槃者；

二曰刹帝利，为王种，奕世君临，统辖其余之三姓者；

三曰吠舍，旧曰毗舍，为商贾，贸易有无者；

四曰戌陀罗，旧云首陀，为农民及奴身勤稼穑者。首陀内分贱族七十余，今略举数种如下：

一曰配哈，为工，服役于刹帝利者，不食肉葱，不饮酒；

二曰撼麻，作下工，一切肉皆食；

三曰巫士哈，打猎，食蛇鼠，作路工；

四曰拖皋，洗衣者；

五曰咩打，作扫地除粪之工者；

六曰冬，抬死人而烧之者。

以上皆贱役，而以咩打及冬为最下。贱族之中，皆不得为官为士，而各贱族各专其职，不得改役他业，不得通婚姻，子子孙孙世为之。

凡此各种族皆分级隔绝，不得通婚、交接；皆限其位业，不得逾越上达。故苟生于下族，虽有至圣人豪，不得为仕宦师长，不知不识以了其生。故印度人虽有二万万，除妇女严禁外，实一万万；而此一万万人者，除去诸劣下种外，仅婆罗门、刹帝利不过一二千万人耳。全国命之所寄在此一二千万人中，其余二万万人，虽有智勇，无能为役，此其国所以一败涂地而不可振救也。盖不平等之法，自弃其种族甚矣！自埃及、巴比伦、希腊皆有族级奴隶之别，东方亦然。欧洲中世有大僧、贵族、平民、奴隶之异，压制既甚，故以欧人之慧，千年黑暗，不能进化。法大革命，实为去此阶级，故各国效之而收大效。近百年则平民之权日兴，奴隶之制尽释，虽有贵族、大僧，而事权日落，与君权而并替。盖平等之理日明，故富强之效日著，此其大验矣。日本昔有封建，于是有王朝公卿，有藩侯，有士族，有平民，颇与春秋时相类；自维新后一扫而空，故能骤强，今埃及、突厥、波斯、俄罗斯有君主、大僧、世爵、平民、奴隶五等，故突厥弱，俄虽外强而中僵。美之人民至平等，既不立君主而为统领。自华盛顿立宪法，视世爵为叛逆，虽有大僧而不得入衙署，干公事。林肯之放黑奴也，动兵流血，力战而争之，故美国之人举国皆平民，至为平等，虽待黑人未平，亦升平世之先声矣，故至为治强富乐。中国当春秋以前有封建世爵，诸侯既世其国，大夫又世其家，故虽以蕞尔之诸侯，而鲁之三桓，郑之七穆，楚之屈、景，齐之国、高，宋之华、荡，皆以世卿为之；士人、民家，则虽以孔子之至圣，仅摄相事，颜、闵之上贤，不得一命。当时虽无印度之弊，颇类欧洲之中世，日本维新以前矣。自孔子创平等之义，明一统以去封建，讥世卿以去世官，授田制产以去奴隶，作《春秋》、立宪法以限君权，不自尊其徒属而去大僧，于是中国之俗，阶级尽扫，人人皆为平民，人人皆可由白屋而为王侯、卿相、师儒，人人皆可奋志青云，发扬蹈厉，无阶级之害。此真孔子非常之大功也，盖先欧洲二千年行之。中国之强盛过于印度,皆由于此。惟君权虽有义理以责任之而专制不除,奴隶虽经光武用孔教之义频免为良人,而明以后投大户者不绝,及乐户、丐户、疍户之名,尚有不尽得为平民者;而妇女之禁抑未解。三者尚未改,故平等之义未尽,而愚弱亦从之。虽然,人民男子之自由至矣,但一间未达耳,真可以一变至道者也。夫人类之生,皆本于天,同为兄弟,实为平等,岂可妄分流品,而有所轻重,有所摈斥哉!且以事势言之,凡多为阶级而人类不平等者,人必愚而苦,国必弱而亡,印度是矣;凡扫尽阶级而人类平等者,人必智而乐,国必盛而治,如美国是也。其他人民、国势之愚智、苦乐、强弱、盛衰,皆视其人民平等不平等之多少分数为之,平之为义大矣哉!故孔子之于天下,不言治而言平,而于《春秋》三世进化,特以升平、太平言之也。

　　方今各国,奴隶之制尽解,卖买人口之风已禁,即俄最多奴,亦已除免。我国孔子创无奴之义,光武实施免奴之制,实于大地首行之,其于平等之道有光哉!林肯以铁血行之,风动大地,然尚为光武之后学而已。然方今中国奴制未除,以同为黄帝之子孙,不幸贫而见鬻,遂抑及世世子孙不得比于人列,伤哉,同类自相践踏,何其愚也!夫林肯于黑奴之异类异状,犹以人类平等之义,捐白人无量之肝脑膏血而救之,而我国奴隶皆出三皇五帝神明之裔,考其远祖皆为弟兄,而忍以一日之贫凌辱其兄弟无量世胄,此其愧于林肯,岂可言哉!故以天之公理言之,人各有自主独立之权,当为平等,不当有奴;以人之事势言之,平等则智乐而盛强,不平等则愚苦而衰弱,不可有奴;以中国人类之谱系言之,则同出一祖,同为族属兄弟,不忍有奴。上之失孔子之圣制,下之愧光武、林肯之仁心。故免奴之制,他国即不行,而中国当先行者也,中国今而不行,可为大耻也。

今以中国之奴制考之,自古战争,俘掠人口,于是用以为奴隶;又有鬻卖人口者,收为奴婢以供富贵者之用。然三代皆有井田以授民,人人有百亩之田,安有为奴者。孔子手定《六经》,灭去奴隶,其于人类,有天子、诸侯、大夫、士、庶民之等,无有为奴者也。故《六经》无"奴隶"字,《论语》"箕子为奴",盖攻纣之暴以叔父为奴用耳,非真奴也。战国及秦、汉之争,多虏掠人口,而又有髡钳为奴之罚,故复有奴。刘歆伪为《周官》,以汉制饰之,乃托为罪隶、闽隶、蛮隶、夷隶、貉隶诸名,以为周公之制。然光武尊用儒术,特举大典,累下诏书,免奴婢为良人。今以《后汉书·光武本纪》按之:建武六年十一月丁卯,"诏王莽时吏人没入为奴婢不应旧法者,皆免为庶人"。建武十三年平蜀,十二月,"诏益州民自八年以来被略为奴婢者,皆一切免为庶民,或依托为人下妻欲去者悉听之;敢拘留者,以略人法从事"。建武十四年十二月癸卯,"诏益凉二州奴婢,自八年以来自讼在所官,一切免为庶民,卖者无还直"。嗟乎,孔教之行,免奴之制,中国先创二千年矣,真于大地最光哉!

其后蒙古以兵力灭服各国,虏其人民以为奴隶。盖胡狄之俗专以强力,故以奴为常,人臣庶民之家能虏人者,即以为奴,而人主亦以群臣为奴,而中国实无是也。不幸有刘歆伪《周官》之制,故人忘孔子之大义,以为周公所有,故明世复盛行之。粮税日重,人皆投大户以求免税,故近世奴隶虽不多而不能绝焉。然十八行省中,惟广东、江、浙略有之,余省亦殆无奴矣。至八旗之制既以奴才为称,而旗户之下复有包衣;又干罪罚者,有"发黑龙江披甲为奴"之制,此皆为蒙古之遗风,而复秦、汉虏掠人口为奴、髡钳为奴之制,是退化也,违公理而失孔子之圣制甚矣。吾先祖连州公(讳赞修)

尝为连州训导,有子弟自安南买得奴还,皆放之;又在连州得奴,还其券而遣之,谓"岂可以数十金抑人累世乎"! 仁哉! 今中国之奴不多,即有之,皆以名分抑之,但供祠墓洒扫之役,非一私人所役使者也。有之,于人民之所益无几,免之,于人民之所损无几,盖举国皆用雇役久矣。广东大姓之奴隶多有千数百人,亦自力田服贾,除以岁时供祠墓之役,皆与主人无关,近多有出洋致富者矣。虽谓购奴有费,而用之数世,偿之已多。今宜发明公理,用孔子之义,引光武之制,将所有奴籍悉予除免,尽为良人,悉听于原地杂居,庶黄帝子孙同尽平等,而才杰之民得以奋兴,既免有奴之耻,又得多民之益,一举而三善备,孰有过于此乎! 夫人为天所生,民为国所有,非一家一民所能私也。免奴之制固所宜然,而购奴之费究有自来,骤出令免之,有奴之家必生怨心,宜有以分别处之。

一、奴之已有子孙者及已聚族众者,其服役已久,足偿所费,以仁人之心,岂宜沿恶俗而多求,是宜概行豁免,不许苛责。惟奴于本主及其祖宗究有恩义,宜常报效,可各捐银十圆或五圆以酬原主,许其分年摊交以代扫除祠墓之费,则其原主可无怨矣。

一、新买之奴改为雇仆,不论买价多少,以十年为例,摊算扣除。其年限满者准其免工,未满者准照年限捐赎,无力捐赎者再从工役,如其年限。其奴之名义先为除免,婢亦同此,改为雇役,免除婢名。皆以年限扣除,准其以银捐赎。其有主人加以烙灼苛暴者,许其告所在有司,立予免除,不扣年限。

一、自定除免奴婢例后,不许买卖人口。盖人者天之所生,民者国之所有,买者侵人自主独立之权,卖者失己自主独立之权,皆不可也。其有犯者罪之。

一、疍户、乐户、丐户之别异流品,不过以其执业过贱而抑之耳。然疍户操舟，与为农工何异。乐户执篿，尤为雅业，何贱之有！丐户则宜编于恤贫院，督以作工而教诲之，岂可永远黜弃，摈出平民，俾其世代子孙贱不得伸焉。若夫优倡、皂隶并斥流外，原其执业太贱而身近官人，恐其转瞬变化，即服官在上，以浊流杂清流，以贱人凌贵人耳。此在君权独私之世，故虑防宜深，若宪法既立，清议盈途，报纸溢国，岂易私一下流而授以官哉！若夫优者实为乐人，古之贤者所托而今各国学校之所学，风俗教化恒必由之，今中外贵人亦多戏友，此更无待于摈斥矣。皂隶虽役于官，然力抑其进上之途，则彼愈无发扬之望。夫人必有希望之心，乃有进上之志，今既绝之于进上之途，则彼不丛恶而包羞，作奸而犯法，将何为矣，是迫之使为恶，甚不然也。立法者将导人以上达，则人争向上而为义，将抑人以下达，则人争向下流而为恶，夫何事导人为恶哉！今中国皂隶之无耻而为恶至矣，民受其害甚矣，为良吏者开口辄言严胥差，盖由习俗之深而先以恶人待之也。夫皂隶既不能免，则岂可使环官之左右者皆恶人，而待官之一人严之乎！此亦立法者之过也。古之府史胥徒，皆为庶人在官，汉之吏役，并与登进，各国同之。然则摈黜皂隶，乃近世不平之法也。人权之自立既明，男女绝无怨旷之苦，时无倡家，可不须禁，然则向来所有疍户、乐户、丐户、优倡、皂隶，皆多为品流，有害平等之义，有损生民之用，宜予蠲除，概为平民，一变至道，近于太平矣。

印度种族阶级之制最害，故其众多种族，贵之若婆罗门、刹帝利、吠舍、戍陀罗，贱之若首陀中之配哈、撼麻、巫士哈、拖卑、咩打、冬等名目族级，宜予淘汰删除，概为平等。先奖以通业，次导以通姻，化之既久，平等成风，然后大同可期也。埃及、突厥、波斯尚有奴俗，皆当一律铲除，以昭太平之化。各国奴风既扫，尽为平民，惟世爵未除，大僧尚尊，皇族尚在。数百年后，民权日盛，各国之为民主日多，必从美国之例，世爵亦除而禁之，视为叛逆矣。天演之哲学日明，耶、佛、回教日少日弱，新教日出，大僧日少而日衰，久必化为平等矣。各国既尽改为民主统领，亦无帝王，亦无君主，自无皇族，不待平而已平，男女之权又已独立。至于是时也，全世界人类尽为平等，则太平之效渐著矣。

同种国既合一矣，既大同矣，而民族之混同为难。然其教化相等，面目相等，既经混一之同教同养，即无自分其民族之高下，则平等相亲，固自易易。若欧洲之罗马、条顿、斯拉夫族，本自全同，固易合一；即亚洲之华夏族、蒙古族、日本族，一被同等之教化，其智慧皆相类，面目亦相同，则亦至易合同而化矣。所最难合同而化者，人种颜色绝殊异者也。今世界中有白色种者，有黄色种者，有棕色种者，有黑色种者，面色绝异，神气迥殊，如之何而能化之也？

于全世界中，银色之人种横绝地球，而金色之人种尤居多数，是黄白二物据有全世界。白种之强固居优胜，而黄种之多而且智，只有合同而化，亦万无可灭之理。吾见吾国人久游英、澳，或在国中而精选饮食，能采西法之良而养生者，颜如渥丹，与欧人同。凡日食用煎牛肉半生熟、血尚红滴者，行之数月，面即如涂脂矣。若多行太阳之中，挹受日光，游居通风之地，吸受空气，加以二三代合种之传，稍移南人于北地，更易山人于江滨，不过百年，黄种之人，皆渐为白色，加以通种，自能合化，故不待大同之成，黄人已尽变为白人矣。是二种者已合为一色，无自辨别，惟棕黑二种与白人远绝，真难为合者也。

棕色者，目光黯然，面色昧然，神疲气薾，性懒心愚，耗矣微哉，几与黑人近矣！然头尚端正，下颏不出，则脑质非极下也，但多近热带,发泄过多,或崎岖山谷,服食不良致然耳。欲补救之,一曰移地,二曰通种,先变为黄人,则再变为白人不难矣。移地之法,凡热带棕人皆移居冷带近海沿江之地,改其服食,易腥食者为热食,去其虫草之不宜于人胃者,改其宫室之太温而不通风透日者,则二三百年代为改良,可进化为黄色不难也。通种之法,则高悬赏令,凡有黄、白之女与棕人之男合婚者,则优赏而厚礼之,赠以仁人宝星,名曰"改良人种",若是则进为黄种人尤易易也,经大同后三数百年可矣。

惟黑种之人,铁面银牙,目光晈晈,上额向后,上颏向前,至蠢极愚,望之可憎可畏;其与白人、黄人资格之相远也,有若天仙之与地狱之鬼也,岂止西施、南威之与无盐、嫫母哉!印度尚可,非洲尤甚,几无妙药可以改良矣。盖生当热带之极,积百千世传种之所成,故其黑如漆,热气发泄,传种既愚,愈传而愈甚,诚非一日之可变易也,此真圣医之所束手矣。虽欲易种,而谁与易之,黄、白二色人岂肯与通婚哉,虽重赏无济矣。伦敦昔开人种会,有学问之女与非洲黑人交者,此偶试之耳,必无多人愿之矣。美国人言平等,而不肯举黑人入仕,不许黑人入客店,不许黑人坐头等车,同席有黑人者,虽宦学必不齿焉,即有贤总统力扶之而无补也,实色不同也。然则如之何?然而转移之亦非绝不可也,但多需岁月耳。以吾观英人之久居印度二三世者,面即黄蓝,华人亦然,则皆以土地移人面色而已。以英人之白而易变退化若此,则黑人之进化改良者,当亦以移地而得之矣。拟空全球热带之地,不以居产妇、婴儿,但供农工商牧之用。其现居热带之黑人皆移居美洲、加拿大中及瑞典、挪威之北,以实空虚,改其服食,去其食生虫、毒草之胀腹而害体者,经二三百年,传四五世后,颜色必可变为棕色。更悬重赏,令棕人之妇女与之合婚，其赏仁人宝星亦曰"改良人种"，经数百年必可大改色矣。

大抵由非洲奇黑之人数百年可进为印度之黑人，由印度之黑人数百年可进为棕人，不二三百年可进为黄人，不百数十年可变为白人。由是推之，速则七百年，迟则千年，黑人亦可尽为白人矣。服食既美，教化既同，形貌亦改，头目自殊。虎入海而股化为翅，鱼入洞而目渐即盲，积世积年，移之以渐。故经大同后，行化千年，全地人种，颜色同一，状貌同一，长短同一，灵明同一，是为人种大同。合同而化，其在千年乎！其在千年乎！当是时也，全世界人皆美好，由今观之，望若神仙矣。

丁部　去种界同人类

　　人之恒言曰"天下国家"。凡有小界者,皆最妨害大界者也。小界之立愈多,则进于大界之害愈大。故有家界以保人,国界以保民,而于大同太平之发达愈难。若吾中国,省、府、州、县、局、乡、姓、房之界既立,而私其某省、某府、某州、某县、某局、某乡、某姓、某房以仇敌异省、异府、异县、异局、异乡、异姓、异房者至矣。故人道以大同为至乐,而人道之始则以多分异为自保,皆无如何之势也。今如家界去矣,国界去矣,而尚有一非常大界以妨害大同太平之道者,则种族之界其最难者也。

　　今全地之大,人类各自生发,种族无量,而以优胜劣败之理先后倾覆,以迄于今,存者则欧洲之白种,亚洲之黄种,非洲之黑种,太平洋、南洋各岛之棕色种焉。是数者,虽于今有强弱,而亦最宜于其地者也。就优胜劣败天演之理论之,则我中国之南,旧为三苗之地,而为我黄帝种神明之裔所辟除;今之匿于湘、粤、滇、黔之苗、瑶[*]、侗、僮、黎、仲、狑等类,乃太古土著之民也,而今遁处深山,种类零落,几于尽矣。美洲烟剪之土人,今皆为白人所驱,所余不及百万;澳洲之土人,百年前数凡百万,今仅万数;檀香山之岛人,今亦零落余数万;即印度数千年前之土民,亦为亚利安族所夷灭。以

_____

112

此而推，今若非洲之黑人虽有万万，千数百年后皆为白人所夷灭，否则白黑交种，同化于白人，此天演之无可逃者也。方今列国并争，必千数百年后乃渐入大同之域，而诸黑、棕种人，经此千数百年强弱之淘汰，耗矣哀哉，恐其不能遗种于大同之新世矣，即有遗种乎，存者无几矣。印度人种皆黑色，貌狞恶，以其地热；英人居者传种，皆变为黄蓝之色，故亦畏居之。印人贫者居宅卑狭秽臭，故每岁疫死者辄数十万，是岂能繁其类乎！经千数百年，英人之居者日繁，印种殆亦零落渐少。故至大同之世，只有白种、黄种之存，其黑人、棕种殆皆扫地尽矣，惟印度人略有存者，亦多迁之四方而稍变其种色矣。

夫大同太平之世，人类平等，人类大同，此固公理也。然物之不齐，物之情也。凡言平等者，必其物之才性、知识、形状、体格有可以平等者，乃可以平等行之。非然者，虽强以国律，迫以君势，率以公理，亦有不能行者焉。夫见犬马而拜者，人必狂之，食鸡豕者无科以偿命之律，物之不平也久矣。惟人亦然。故放黑奴之高义，林肯能糜兵流血以为之；而至今美国之人，不肯与黑人齿，不许黑人同席而食，同席而坐，不许黑人入头等之舟车，不许黑人入客店。黑人之被选举为小吏者，美国人犹共挤之，黑人之有学行者，总统礼之，美国人犹非笑之。然黑人之身腥不可闻，则种界之难平，不独学识才能下者不能平等，即学识才能绝出，而以形色不同，犹共挤之。故大同之世，白人、黄人才能、形状相去不远，可以平等。其黑人之形状也，铁面银牙，斜颔若猪，直视若牛，满胸长毛，手足深黑，蠢若羊豕，望之生畏。此而欲窈窕白女与之相亲，同等同食，盖亦难矣。然则欲人类之平等大同，何可得哉！

夫欲合人类于平等大同，必自人类之形状、体格相同始，苟形状、体格既不同，则礼节、事业、亲爱自不能同。夫欲合形状、体格绝不同而变之使同，舍男女交合之法，无能变之者矣。以白女之都丽与黑人之怪丑，而欲交合以变种，此人情所万不愿者也。今美中间有之，然未几而同化于白人矣；然则欲化黑人之形状、体格与白人同，殆无由也。变形无由，淘汰不尽，则世界终无由至于大同也。

夫人之形色、体格，有出于人种，有出于地宜，有出于天时，有出于饮食、起居、宫室、运动，相错相合而后成。加拿大有一华人，入山采金，迷道而依于烟剪人，随之食生鱼树叶，而变为喉音，皆作卡渠忌之声，其后遂如哑矣，面形亦变矣，而能作中国字，自称中国人。又有入亚齐诸岛深林中，见人形而满身皆长毛作绿色者，亦能写中国字，自称中国人，误入深山不能出，采树叶果实及鸟肉为食，遂变身形。以此推云南野人山之毛人，皆由不火食之故，故生毛耳，若改火食，毛即脱落。当太古未知火化以前，吾人类之先殆皆毛人耳。而加拿大与美之烟剪人，待吾华人甚亲，传闻其酋长之先尚藏有中国文字，谓昔华人泛海飘泊而至美洲，遂流落于今加拿大，长其子孙，尚有地名李陵台焉。墨西哥文亦方密类吾古文，考美洲土人实自鲜卑移种，自甘查甲至亚拉士加避寒，遵海而南，得墨西哥而居；其蓊蟠郁架丹故宫，皆类北方庙宇，文亦方密。鲜卑与中国通，故相类也。或者谓日本渔人飘泊流落者也，以食树叶生鱼，故音容尽变，灵性亦蠢矣。若粤之生瑶、生黎，台湾之生番，面形横阔而肉红黑，悍气如野兽；有买其少女归而育之，长大则渐娟好如常人。而华人乡曲之童子，十二龄往加拿大，入于一白人家，至十七八岁，则红白肥壮如白人焉。盖欧美人日必肉食，其牛羊之肉必全用脔，不洗其血，不碎切而走其血，肉必烧煎而后食之，故面色多红，盖血盛也。中华人久为西食者皆然。又血色得于日光，而体健在于运动。今白人自入童学，每日即有体操，皆习兵以强筋骨，暮皆出游以迎风日，屋旁必有花木以吸养气，屋窗多用玻璃以透日光，兴居有时，作工有节，加以食肉烧煎，故体强魄壮，色红肉腴。日本人颇讲体操而不知肉食，又无烧煎，故不能变。中国人本多肉食，调和最良，异日用全窬烧煎之食，又幼稚先行体操运动之法，长大加游吸风日之益，而花木玻窗并行多置，则百年之后，肉色、面貌必与欧美相近，无复有黄腻菜色者矣。况他日内地杂居之后，必多杂婚，两种男女之交，更足为形貌、体格之变。大同之世在千数百年后，至于此时，黄种人之色状体格必与欧美无分，其为大同，殆甚易易。若夫粤人之居于江、浙者，亦复稍增红润，而归粤即复黄瘦。粤人之来星架坡，肥壮红白者即变为黄黑枯瘦。而英人之久居南洋者皆变黑，一二代居印度者皆变黄蓝，中国人童子之产于欧美者亦皆红白。以此而知印度、巫来由、亚非利加人种之黑，皆由热地所蒸，积世日甚，故传成黑种，其初亦非然也。故人类之色状、体格视乎饮食、起居、运动，而以传种为甚。而传种之故，因于地宜，积于天时之气候者也。故近热带之人必黑，近冷带之人必白。今欧人之白者，以其居在五十度上下，而又服食起居得宜故也。蒙古、西伯利及烟剪人，虽居五六十度而不白者，以近大陆之沙漠，日光蒸晒太烈。故蒙古人之黑色有与印度同者，盖不如欧人之近北海、地中海，日光为海气摩荡，天气和融故也。即以欧人论之，意大利、西班牙、葡萄牙人色即黄而不红，与中国同，盖处温带之地故也。欧洲之突厥人，面貌秀白与吾江、浙人同，亦其温带之度近同也。惟波罗的海、北海最北，人乃最白耳。故人类所居之地海陆相均者，冷带之人白，温带之人黄，热带之人黑，其愈近赤道者愈黑;若在冷带而为大陆者形黄,为沙漠者形亦黑;温带之多海者黄而近白,温带之多陆者黄而近黑;热带之近海者棕黄,热带纯陆而沙漠者纯黑;此其大略也。人种者,由地宜天时积成,则亦可迁地而移其形色也。若以棕黑之人迁之四五十度近海之地或三四十度陆地,积世易种,形色必变为黄人。如速变乎?则童婴尤易矣。惟黄人又多与棕黑人交,形色、体格必日变而进上,如谓棕、黑人丑怪,黄、白人必不愿与之交,则不然也。以吾所见,檀香山人、巫来由人皆棕黑者也,印度人则黑如鬼者也,皆怪丑者也。而欧人华人多娶其妇,美之英人多娶烟剪女者。盖凡人久居其地,则心目移易,视为固然,虽有恶者不知为恶也,吾尝问一娶檀山女、印度女者皆云然。故知他日黄、白人之与棕、黑人杂婚而化其种者,不可胜数也。故欲致诸种人于大同,首在迁地而居之,次在杂婚而化之,末在饮食运动以养之,三者行而种人不化,种界不除,大同不致者,未之有也。当千数百年,黄人既与白人化为一矣,棕黑人之淘汰变化,余亦无多。如大同之世,行沙汰恶种之方,奖励迁地杂婚之法,则致大同亦易易也。

迁地之法　凡印度、非洲中央、南洋近赤道之地,皆不设人本院、慈幼院、诸学院,皆俟成人而后来居之,以绝其热地传黑种之源。其旧有黑人,皆移致之加拿大、南美、巴西之南三四十度者,一以实空虚,一以变形色;或徙其良于波罗的海、地中海、黑海四五六十度之间,务以大同公政府之力迁徙之。其富而能迁者奖励之,其贫不能迁者代迁之,务使无世守其热地以世传其恶种。

杂婚之法　地既迁矣,则与黄人、白人杂居,于是创奖励杂婚之格。凡有男子能与棕、黑人女子交,女子能与棕、黑人男子交者,予以仁人徽章,异其礼貌,则杂婚者众而人种易变矣。徽章名曰

"改良人种"。

或曰：以优种人与劣种人交，不几令优种复变为劣种乎？曰：无伤也。计千数百年后，棕、黑人之遗种无多，遍大地皆黄白人之种耳。以亿万黄、白之美种与一二棕、黑之恶种杂婚，则一二之劣种少，而旋即以亿万之美种补救弥缝之。

当大同之世，起居服食之精，忧患之少，医术卫生之妙，万不能以今日欧美比之，则其变化甚速，何忧人种之堕落欤！

改食之法 野人之食，不解火化，多用生食，不知择有益于胃、易化于胃之物，但见可食者即食之。其昆虫异草与胃不宜者，若误食之，胃不消化，胸腹肿胀，面色黄瘦，体气腥膻，皆以所食成之，传世久而化之矣。若改易其食，加以火化，去其昆虫异草与胃腹不宜者，则形色必变，所举加拿大、亚齐之华人既有然矣。然则变棕、黑人之饮食与黄、白人同者，久之必亦为黄、白人矣。或曰：美国之黑人，服食与美人同矣，而身中腥臭之气至今不除，故白人皆畏厌恶贱之。应之曰：是其变也亦不过数十年、一二世耳，以千万世臭秽腥臊之传种而欲以数十年、一二世尽去之，固不如是其易也。然若假以岁年，多历传世，若十数世、千数百年焉，熏香美食与黄、白人同，可决其腥臭必尽而体气皆香也。凡物皆久而后化，麝食香久则香，蜜采花久则甜，此芝室鲍肆之异习而渐化耳。若虑黑人凝久不化，非所惧也。

沙汰之法 其棕、黑人有性情太恶、状貌太恶或有疾者，医者饮以断嗣之药以绝其传种。当千数百年后，大地患在人满，区区黑人之恶种者，诚不必使乱我美种而致退化。以此沙汰，则遗传无多，而迁地杂婚以外，有起居服食以致其养，有学校教育以致其才，何患黑人之不变，进而为大同耶！

人类进化表

据乱世	升平世	太平世
人类多分级。	人类少级。	人类齐同无级。
有帝，有王，有君长，有言去君为叛逆。	无帝王、君长，改为民主统领，有言立帝王、君长为叛逆。	无帝王、君长，亦无统领，但有民举议员以为行政，罢还后为民，有言立统领者以为叛逆。
以世爵、贵族执政，有去名分爵级者，以为谬论。	无贵族执政，虽间存世爵、华族，不过空名，无政权，与齐民等。	无贵族、贱族之别，人人平等，世爵尽废，有言立贵族、世爵者，以为叛逆。
有爵，有官，殊异于平民。	无爵，有官，少异于平民，而罢官后为民。	民举为司事之人，满任后为民，不名为官。
官之等级极多。	官级稍少。	官级极少。
有天子、诸卿、大夫、士。	有统领、大夫、士三等。	只有大夫、士二等。
有皇族，极贵而执权。	皇族虽未废而仅有空名，不执权。	无皇族。
有大僧，为法王、法师、法官。	削法王，犹为法师、法官、议员。	无大僧。
族分贵贱多级，仕宦有限制，贱族或不得仕宦。	虽有贵贱之族而渐平等，皆得仕宦。	无贵贱之族，皆为平民。

续表

族分贵贱,职业各有限制,业不相通。	虽有贵贱之族,而职业无限,得相通。	职业平等,各视其才。
女子依于其夫,为其夫之私属,不得为平人。	女子虽不为夫之私属而无独立权,不得为公民、官吏,仍依于其夫。	女子有独立权,一切与男子无异。
一夫多妻,以男为主,一切听男子所为。	一夫一妻,仍以男为主而妻从之。	男女平等,各有独立,以情好相合,而立和约,有期限,不名夫妇。
族分贵贱,多级数,不通婚姻。	族虽有贵贱而少级,婚姻渐通。	无贵贱之族,婚姻交通皆平等。
种有黄、白、棕、黑贵贱之殊。	棕、黑之种渐少,或化为黄,只有黄、白,略有贵贱而不甚殊异。	黄、白交合化而为一,无有贵贱。
黄、白、棕、黑之种,有智愚迥别之殊。	棕、黑之种渐少,或化为黄,只有黄、白,略有智愚而不甚悬绝。	诸种合一,并无智愚。
黄、白、棕、黑之体格、长短、强弱、美恶迥殊。	棕黑之种渐少,或化为黄,只有黄、白,虽有长短、强弱、美恶而不甚悬绝。	诸种体格合一,皆长,皆强,皆美,平等不甚殊。

白、黄、棕、黑之种不通婚姻。	棕、黑之种甚少,各种互通婚姻。	诸种合一无异,互通婚姻。
主国与属部人民贵贱迥殊。	主国与属部人民渐平等,不殊贵贱。	无主国属部,人民平等。
有买卖奴婢。	放免奴婢为良人,只有仆。	人民平等,无奴婢,亦无雇仆。

戊部　去形界保独立

第一章　妇女之苦总论

妇女　天下不公不平之事,不过偏抑一二人,偏重一二人,则为之讼者、助者纷纭矣。若偏抑千万人,则古今讼者、助者不可言矣。若夫经历万数千年,鸠合全地万国无量数不可思议之人,同为人之形体,同为人之聪明,且人人皆有至亲至爱之人,而忍心害理,抑之制之、愚之闭之、囚之系之,使不得自立,不得任公事,不得为仕宦,不得为国民,不得预议会,甚且不得事学问,不得发言论,不得达名字,不得通交接,不得预享宴,不得出观游,不得出室门,甚且斫束其腰,蒙盖其面,刖削其足,雕刻其身,遍屈无辜,遍刑无罪,斯尤无道之至甚者矣!而举大地古今数千年号称仁人、义士,熟视坐睹,以为当然,无为之讼直者,无为之援救者,此天下最奇骇、不公、不平之事,不可解之理矣!吾今有一事为过去无量数女子呼弥天之冤,吾今有一大愿为同时八万万女子拯沉溺之苦,吾今有一大欲为未来无量数不可思议女子致之平等大同自立之乐焉。夫以物理之有奇偶阴阳,即有雌雄牝牡,至于人则有男女,此固天理之必至而物形所不可少者也。既得为人,其聪明睿哲同,其性情气质同,其德义嗜欲同,其身首手足同,其耳目口鼻同,其能行坐执持同,其能视听语默同,其能饮食衣服同,其能游观作止同,其能执事穷理同,女子未有异于男子也,男子未有异于女子也。是故以女子执农工商贾之业,其胜任与男子同。今乡曲之农妇无不助耕,各国之工商既多用女子矣。以女子为文学仕宦之业,其胜任亦与男子同。今著作文词之事,中国之闺秀既多,若夫任职治事,明决果敏,见于史传者不可胜数矣。故以公理言之,女子当与男子一切同之;以实效征之,女子当与男子一切同之。此为天理之至公,人道之至平,通宇宙而莫易,质鬼神而无疑,亿万世以待圣人而不惑,亿万劫以待众议而难偏。男子虽有至辨之才,至私之心,不能诪张之、抑扬之者也。

今大地之内,古今以来所以待女子者,则可惊,可骇,可嗟,可泣,不平谓何!吾不能为过去无量数善男子解矣。

第一,不得仕宦 万国卿相尽是男儿,举朝职官未见女子,考廿四朝之史文,选举不闻巾帼,披九万里之地志,考职不睹裙钗。夫使男子尽是禹、皋而女子皆同犬马,则其义可也。然若敬姜之德行,岂不胜于世禄之季孟而足备卿士;班昭之才学,岂不胜于纨袴之梁不疑而足备尹长;洗夫人、秦良玉之威镇百蛮,岂不胜于骄蹇之庄贾赵括而足任将帅;辛宪英之清职,岂不胜于昏愚之曹爽而足参谋议;宋若宪之经学,岂不胜于阉宦之鱼朝恩而足任师儒;李易安之记诵词章,岂不胜于没字碑之窦参而足为文学侍从。推之各国女才,当亦有同,罗兰、苏菲亚、懦厄其著也。夫任官以治事,受事以择才,遍考孔子经义,无禁妇女为吏之义。才能称职,则女子与男子何择焉!乃身男子也,则虽庸呆愚稚可为公卿;身女子也,则虽圣神文武不得仕宦。匪独秉钧开藩不得蒙大任,乃至胥徒府史不得备奔走岂无量数之女子无一人胜府史之任耶!昔人禁世官，讥世卿，以伸寒畯而致之平等。左思曰："郁郁涧底松，离离山上苗，以彼径寸茎，荫此百尺条，世胄蹑高位，英俊沉下僚。"长言太息。于是士人以才高位下，叹老嗟卑，自伤不遇，侘傺无聊。屈原以之投江，贾谊以之怀沙，而后人为之痛伤惋惜，嗟叹流连，乃至于千年后，诛椒、兰而骂绛、灌。蔽贤则以为不祥，抑才则以为窃位，惟于千万年、千万国、京、垓、秭、壤、沟、涧、正、载、极无量数之女子，其中才贤若敬姜、辛宪英、罗兰、苏菲亚之流何啻亿万，而未尝充一末秩，不闻一好贤之士为之惋叹沉滞，振拔蔽抑，有蔽抑不祥之叹，是则何欤？夫国家旁求俊乂，握发吐哺以求才，而蔽贤抑才至于千万国、千万年、正、载、极无量数之人才，其不祥孰有大于是欤？其为大不祥，蔽塞天地，灾沴万物，孰有大于是欤？以为无才欤，则欧洲国统，无子传女，多以女为帝王者，如近世班之以列沙伯之开新美洲，俄之喀林辟中亚细亚，英之以列沙伯、维多利亚之强盛英国，尤著矣。即中国宋之宣仁，明之慈圣，皆以女主临朝而致承平，若后汉之临朝六后，有若定例，即至淫篡之吕、武，至为无道，而其才术控制天下，有若缚鸡弄丸，若使平世顺流，以任宰执藩镇，其才岂减于李德裕、张居正哉！夫大任莫如帝王，反许为之，小官莫如吏士，则不许为，岂能为帝王而不能为吏士耶，是又何说欤？汉、六朝时，女子尚有封君侯者，如戛羹侯、宣文君是也。后世不独实官不任，并虚爵亦从而夺之，男子则襁褓可袭侯封，女子则丰功不膺爵赏，是又何义也？而女子虽抱治才，积学行，未闻求仕为东方朔之自荐，未闻以怀才不用，侘傺自伤，怀沙而投汨罗者，义虽忧国，不过漆室投梭而已。盖国律所定，风俗久成，自知不得，不复为非分之望，如奴隶，如蝼蚁，卑微愚贱，摈在人外矣。既摈在人外，则亦卑贱自安，不复讲求政事，探研文学，不复穷理蓄德以求进。

过去未来之种种勿论，即在今日，用男弃女，是使八万万之人才，聪明俊伟皆湮没郁伊以终也，暴殄天物之罪，岂有伦哉！方今立国之强弱，视人才之多寡，吾有人民而先自绝弃其半，其愚无策，何可量焉。西人谓商务无女子，则其国商务不兴，今美国渐有用女子为医电各职，近有拔为审判官者，余官则仍不得充焉。然兹皆一技一能之任，岂足尽女子之才哉！其与各国偏抑女子之弊，亦五十步百步之比耳，其为弃甲而走则同矣。蔽贤不祥，背天心而逆公理者一。

第二，不得科举　兴学选才，设科拔秀，惟能是与，岂在形骸。汉世创之，有孝廉、秀才、贤良、有道诸科，隋、唐以降有进士、明经之目，然登科只有男子，应考并无女人。夫以孝而论，孰若救父之缇萦；以廉而论，孰若挥金之柳氏母；以秀才而论，孰若邓后、班昭、谢道蕴；以贤良有道而论，孰若仪法钟、郝；以进士而论，诗词孰若李易安；以明经而论，经学孰若宋若荀。其视男子之"举秀才不读书，举孝廉父别居"者，人才不相去天壤耶！乃幸现男子身，则逆贪愚陋，苟窃高科，不幸现女子身，则虽至德通才，不许预试，不平孰甚焉！以言野无遗贤，则所遗无量，以言取士必得，则所得仅半，以言兴贤求才，则不兴不求，颠倒多矣。若黄崇嘏之为蜀状元，则假男子身而后成，盖女子一出而魁多士矣，岂得谓女子无才哉！况人才以奖励而愈振，以荣名而愈修，区区科第之虚名，何不假借彤管之有炜。而乃塞畦绝径，令窈窕含光不克登其徽音，秀媛蕴才不克扬其文采，固失育才美俗之道，亦非文明开化之宜。昔孔子之立学造士以创科举也，原为世卿不平等而特矫之，譬如在印度会首陀齐婆罗门创义之时，原为骇世之举动。乃今也拔擢男子之寒畯而全遗女子之秀彦，是于矫俗升平之义，知二五而不知十也。《诗》称"釐尔女士"，夫女而称"士"，然则《王制》学校中之进士、选士、秀士、俊士岂有别焉。夫国家旧禁,优倡皂隶乃不许试,清贵女士,丽兹彤管,岂倡隶之是比而并摈之欤,且学校作人,凡人皆作,女子亦人也,岂鸟兽不可与同群哉! 乃汉成三千,贞观万室,不闻女士得列横经,何听其落英隐秀,摈不与人相齿耶! 今欧美各国,女得入学,然得与博士、文学士之选者落落晨星,或且一国无有,得非选用之不及,激拔之不盛,风厉学官之道未至,故女士不多耶! 抑人才而塞文明,其背天心而逆公理,二也。

第三,不得充议员 人者天所生也,有是身体即有其权利,侵权者谓之侵天权,让权者谓之失天职。男与女虽异形,其为天民而共受天权一也;人之男身,既知天与人权所在而求与闻国政,亦何抑女子攘其权哉,女子亦何得听男子独擅其权而不任其天职哉! 若谓女子无才识耶,则如罗兰夫人实为法国党魁,驱率群议员而受命矣,岂不能胜一议员之任耶! 其他各国女才,着书言国政,助夫任大事者,无待缕数矣,而各国举大统领、宰相者未闻,乃至并数百之议员,不闻举一女子参预其列。夫国之有代议员者,原取诸民,一以明公共平等之义,一以选才识通达之人。夫以才识论,则数万万之女子,夫岂无人;以公共平等论,则君与民且平,况男子之与女子乎! 贵女且为帝王,过于贱男子多矣,岂能为帝王而不能为议员欤! 甚怪欧美日言平等而乃不平若是也! 男子既以同形党而力抑女子,已为可怪;女子亦自安于异形党,退谢而不求,尤为可奇。吾昔入加拿大总议院,其下议院长诸女陪吾观焉。吾谓:"卿等具有才学,何不求为议员?"议长诸女胡卢大笑,谓"吾为女子,例不得预",目吾为狂。此外频与欧美女子言之,皆笑吾之狂愚也。盖遏抑既久,受为固然,逡退安分,反目人权为谬妄矣,是失天职而不知,谢天权而不任也。美国女子间有求之,则为众男形党所抑,郁而不伸，不独不得为议员，抑且不得为举议员之人。澳洲女子，今得有举议员之权以为国民矣，美国亦有数州得选举权者，比之各国稍为升平矣，然其未能任议员、不能太平则均也。窃谓女之与男既同为人体，同为天民，亦同为国民。同为天民，则有天权而不可侵之，同为国民，则有民权而不可攘之。女子亦同受天职而不可失，同任国职而不可让焉。凡举代议员，惟问才识，不论形体。今女子之不被举者，非无人才也，盖男子自私其同形党而不举之，女子又不得为公民而无举议员之权，故女子不得为议员，遂常绝于宇宙间也。此其侵天界而夺人权，不公不平莫甚矣。窃以谓女子之有才识者，当一律选举之，以大昭公道，以无失人才焉，此为太平世之大义也。

第四，不得为公民 国者合人民以为国，人民者无间于男女者也。国之存亡、强弱、盛衰，男子受其休戚，岂女子独能外焉！漆室投梭，爱国同情。即在大地统一之世，尚有天赋人权之义，女子亦当在天民之列，平等并立，以其才选共预公议，岂况国乎！乃今各国之制，不独不得为议员，且不得为国民。上不得预选举之权，则国事无关，下不得厕公民之列，则人身有损，其义何欤？谓女子不能供赋税，任国事，则今女子之为工商而纳重税于国者固已多矣。谓女子不能有才识，明事理，则女子之有学问者又更多矣。女子所短者，独为兵一事。此非女子不能任也，木兰从军，何尝不策勋十二转，但国家以其体短力弱不为选之，是非女子之罪也。况为兵固与为公民异义也，为兵犹为官也，不必人人而为之；公民则天职也，无所逃于天地之间。且为兵仗力，为民仗德行学识，女子不出力，未尝不能有德行学识也。而独见摈，是不以人民待之也；女子坐听其摈，是不以人民自待也。同为天民，同为国民，与女子为公民，又于男子无损也，何事摈之而侵天界乎，女子亦何可让天职，舍国责，而甘受摈哉！故天下为公之世，凡属人身，皆为公民，而有国合众，女子亦在众民之列。若行有玷缺而才不能供国事者，则无论男女皆不得为公民。否则以女子为公民，可骤添国民之一半，既顺公理，又得厚力，何事背天心而夺人权哉！将欲为太平世欤，以女子为公民，太平之第一义也。

第五，不得预公事　中国抑女之风，不独不得仕宦科第也。夫公事之任，惟才是与，凡人得知。乃若都邑会馆、乡曲公所，人人有分，得以议事，自道路坛庙、水旱饥荒、祭祀会同，凡民得与焉。传签而集众，公举以任事，本无贵贱，凡百平等，然虽有贵妇才女，不得与列焉。其有乡曲族姓之事或讼，则老者判之，而老女又不得与，虽有才智皆无所施。吾见穷乡小族，其父老壮丁相与议事于祠庙，妄愚乖谬，备极可笑；而有才女嫁于其族绅家而孀居者，论断其事，最为明识，而曾不得与议，致成大误。才女既自叹女身不与议，吾尤咨嗟于"贵胄蹑高位，英俊沉下僚"，族有高才，坐成废弃，终身不用，而令盲人指挥，可恨孰甚！季氏柄国，孔子闲居，"勿谓秦无人，吾谋适不用"，以形体之异，故坐成永弃，颠倒人才以误大事，是何义欤？岂尊贤使能之公理哉！岂惟中国，今欧美亦莫不皆然。凡百会所，任事皆男子，预议皆男子，贵妇才女虽得预会，陪列而已，意女子岂尽无才以任此欤，无乃积男党既多，积男权既久，尽夺而取之欤！窃以为此既不关国事，但出人民之公义，妇女亦人也，何可摈之！乃至乡曲族党之间，亦复一切摈斥，不得预事，则一现女身，纵天地予以奇才，无复有发愤展布之日，仅为一家一姓育子女、主中馈而已，非徒抑塞人才，遏夺人权，亦暴殄天地之精英甚矣。火齐、木难、水晶之珍，人犹宝之，乃天产无数量不可思议之精英,可以平地成天与男子同数平等者,而以形体微异,一切排斥,此与印度之斥首陀贱族为尤过之,不公无理,孰有过此!

第六,不得为学者 天之生人,予以耳目心思之灵,即皆予以通力合作之任。学问者,所以广人才识,增人见闻,内以养身,外以用世,人人不可缺者也。妇女之需学,比男子为尤甚;盖生人之始本于胎教,成于母训为多。女不知学,则性情不能陶冶,胸襟不能开拓,以故嫉妒褊隘,乖戾愚蠢,钟于性情,扇于风俗,成于教训,而欲人种改良,太平可致,犹却行而求及前也。且人求独立,非学不成。无专门之学,何以自营而养生;无普通之学,何以通力而济众;无与男子平等之学,何以成名誉而合大群,何以充职业而任师长。故为人类自立计,女不可无学;为人种改良计,女尤不可不学。今中国旧俗,妇女皆禁为学。一则贱女之风,以女子仅为一家之私人,故以无才为德;一则男女既别,不能出于学校以求师。相习成风,故举国女子殆皆不学。甚至士夫世家,礼法森然,文采有曜,而叩其女学,则花貌蓬心,曾无所识,盖皆以候补奴隶,无事深求也。故一家之中,男子则文学彬彬,妇女则鹿豕蠢蠢,虽被服相近,有同异类。夫人之爱其女子及其姊妹,情亲已甚,岂可骨肉之间坐为异类哉!而习俗既成,竟不之怪。夫强异类者以同居,以此而日言齐家,岂非怪谬!苟非严威,即为强忍;故无论如何学道之人,名士之家,一及家庭,即有难言之隐及不可处之事,岂非妇女不学,强集异类,有以致然哉!《诗》言妻子好合,如鼓瑟琴,兄弟既翕,和乐且耽,父母其顺矣乎,鄙意此为空言则有之,若其实事,普天之下,孝友之家,必无此境。其外无诟谇者,皆张公艺之百忍耳,安有合无数不学之人于一室,各用其褊隘嫉妒之私而能和乐者哉!中国名士之家,间有习礼明诗者,然吟风弄月,何足言学。若其湛深经史,通达专门,闺秀之中,古今罕闻,是率二万万人有用之才而置之无用之地,弥天憾事,孰有过此! 况当世界竞争优胜劣败之时,岂可坐弃人才哉! 况妇女之中,奇才甚夥,且性静质沉,尤善深思;以之为专门之业,制器尚象,利用前民,其功大矣。今欧美升平,女子虽得入学,然皆达于笄年,即已辍业。且女自寻常小学以外,富贵家女,亦不过学法国语,学琴,学画,即可见贵。其日握一卷者,率皆小说游戏之书,无关大道者。其女子中以著书自立,专学致精者,实罕闻焉。则女智尚未开,女学尚未成也,盖皆女权不足故也,足则女学必兴矣。

第七,不得自立　凡人皆天生,不论男女,人人皆有天与之体,即有自立之权,上隶于天,人尽平等,无形体之异也。其有交合,亦皆平等,如两国之交,若有一强一弱,或附属之,或统摄之,即失自立之权,或如半主之国,或如藩属之闻,奴隶之人矣。女子与男子,同为天民,同隶于天,其有亲交好合,不过若朋友之平交者尔;虽极欢爱,而其各为一身,各有自立自主自由之人权则一也。乃因太古挟强凌弱之余孽,女子体少短弱,托庇于强男之字下,或因强暴抢掠,劫挟其相从,于是积而成俗,女子常托于男子之家,遂失其自立之人权:一曰不得立门户,二曰不得存姓名,三曰不得顾私亲。何谓不得立门户也? 其与男子之牉合也,则曰"适",曰"归",曰"嫁",创其义曰"夫为妻纲",女子乃至以一身从之,名其义曰"出嫁从夫",以为至德,失自立之人权,悖平等之公理甚矣! 今美国号称平等,而女子从夫之俗如故。一嫁则永归夫家,惟夫所之焉,夫贵则从而贵,夫贱则从而贱,盖为官为长皆无妇人,故不得不从男子也,谚所谓"嫁鸡从鸡,嫁狗从狗"焉。何谓不得存姓名也? 中国虽为抑女,犹得存其姓名,尚存自立自主之义。欧美则妇女一嫁,即改姓从夫，本身之姓名永不得自立于大地之上，与强国灭人国土而自有之无异。夫名与身孰大乎？人所以光耀于千万年，震动于千万里，皆以名存故也，故志士舍身而殉名，以名重于身也。齐景为国君而名不称，伯夷饿死而百世称之，孔子曰"疾没世而名不称"，今乃夺人姓名，其悖公理而争天权，尤莫甚焉！此惟唐宋君主专制之威，乃间有夺人之宗而赐姓者，而欧美之男子，乃人人尽夺妇女之姓字，——今世所诵称之罗兰，实其夫姓名也。——此其与君主之专制间有夺姓者尤过之。孔子之著《春秋》也，于鲁女曰伯姬，曰季姬，于夫人曰成风，曰齐姜，明著其姓字，何尝如欧美从夫之姓，亦何有以夫姓冠其本姓，如近世之陈女配李姓即称为李陈氏者哉！此孔子立女子之平等自立之大义也，而何可背之哉！若从夫之后，几不得自为人，甚至夫得而笞掠之，得而鬻责之，几若一嫁之后几与奴同。即以奴论，美国犹因卖奴而倾国大战以争之，乃以男女平等之故而屈抑之，至不得与美之奴等，何其悖哉！何谓不得顾私亲也？自为人妇之后，舍己之祖父母而专事夫之祖父母，舍己之祭祀而专奉夫之祭祀。父母有病，夫之父母有病，则不得视父母之病焉；时节己当祭祀父母，夫当祭祀祖父母，则祭祀夫之祖父母而己之父母不得祭焉；己身有父母之丧，夫有父母之丧，则己之父母之丧不得事而事夫之父母之丧焉；己身有兄弟伯叔之疾与丧，夫有兄弟伯叔之疾与丧，则舍己之兄弟伯叔之疾与丧而视夫之兄弟伯叔之疾与丧焉；凡此抑慈舍痛，舍己为人，皆夺自立之人权，悖平等之公理者也。其甚者乃至立"夫死从子"义。夫幼而从父，则少之时养育之劬劳，教训之义方，不得不然也；若子者，乃其所生，以尊言则过之，以恩言则育之，何事从之哉？不过以形体微异，一律扬彼而抑此耳。何罪何辜，以形体之微异而终身屈抑，服从于

人，乃至垂老无自由之一日，是尤何义耶！其夺人自立之权，未有
过此。《礼运》记孔子之立大同制也，曰"女有归"。"归"者，岿然
独立之象，所以存其自立之权也。

第八，不得自由　人人有天授之体，即人人有天授自由之权。
故凡为人者，学问可以自学，言语可以自发，游观可以自如，宴飨可
以自乐，出入可以自行，交合可以自主，此人人公有之权利也。禁
人者，谓之夺人权，背天理矣。今欧美女子于学问言语、宴会观游、
择嫁离异略可以自由矣，其他尚不列也。若亚洲诸国，则皆缚束而
禁制之，虽其程度有高下，而其为禁制则一也。

不得自由之事，莫过于强行胖合。夫夫妇为终身之好，其道至
难，少有不合，即为终身之憾，无可改悔。父母虽极爱子女，然形质
既殊，则爱恶亦异，故往往有父母所好而为子女所恶者，父母所恶
而为子女所好者。即以职业而论，高名则莫如士吏，好实业者则莫
如为农商，而子女与父母往往交异其性者。其他状貌文采、技艺事
为，皆人各有好，万不可强同。若使子女必与父母同，则天下之执
业者，一家一族必无异业，必无异情矣，而如其万无此理何！既非
所好而强合之，则将有终身抱恨者矣。况父母本自异性，或父好贵
而母好富，父好文而母好质，又孰从而定其深得子女之性乎！又况
少无父母而养于伯叔父、母、兄、嫂，或养于庶母、继母、舅母、从母
主之，如是者十居其三四也。其亲少远，则体贴之爱心亦微，或嫌
怨甚深而践踏之微意有在，则所适非夫，更有不可言者。吾见有卿
士之后误嫁一贼，至牵连而为乡人所不齿，女子遂因以自缢。又吾
从伯天民公，文采风流，倜傥俊杰，尝从左文襄军幕于新疆，官至知
府。遗孤女曰拾翠，遂养于中丞公家，聪明娴令，从予问学，通算明
诗。吾家当时簪笏相接，族叔父则"阿大中郎"，群从则"封胡羯

末"，盖习见裙屐之风。误适一乡曲富人，织机之子，不及数月，含恨而死。又见有贪利聘金而嫁与游美国者，夫未归而空嫁，乃至终身未见其夫而夫死者。若夫以良家女贪重金而卖为人妾，又误落无赖之手，展转鬻卖而堕落为妓，流离远方，无亲可依，饮鸩吞金而死或抱恨而死者，里巷相触，举目皆是，百千万亿不可胜道也。随令人人征之见闻，无不流涕者，但为一人作传奇，已可盈满卷帙，况中国之大，而又亚洲、印度、波斯、土耳其之众耶！女子既全无自主之权，又无文学、技艺、知识，一切听他人之播弄，其惨剧岂复可言哉！且其许嫁之道，更有异者。夫人才行、学艺乃至体貌，皆年已长成乃可考见，若在童幼，则虽王冲管辂亦难尽知。而吾粤定婚，多在童幼，甚至有两父相厚，悖国律而指腹为婚，苟年过十四五而不字，则父母恐无人娶之，更有不择而妄适人者矣。其为大害，不可尽言：一则人有幼年明慧孝谨而长大昏愚纵浪者，更有横逆颠狂之性幼少未露者，其或少有父母之教而粗知义方，后丧父兄而赌饮嫖吹任性荡产者。吾乡有日劫窃其妇之首饰，不得则威挟而力夺之，其终则卖其妻以供一博者矣。又有幼年美秀而长大丑恶，又有幼年强健而长大被疾，至肢体残缺或肺痨就死者，即吾伯姊亦以此终身长寡矣。又有幼年家富而长大中落者，甚至夫家田园皆尽，几于行乞，而女家贵富日盈，文采日盛，以此而嫁为卖菜佣乞丐妇者，不嫁则不义，嫁则何以为生，以此抱憾致死者又不知千万也。即吾乡族中，有富家女来嫁而夫家中落者，胼手胝足，茹苦含辛，一切自母家持馈而来，执薪手炭而自炊，其苦不堪，而其夫不肖，日事烟赌，簪钏拔尽，笞楚迫求，索母千金，夫应手立尽，卒乃以盗下狱，而妻恚愤致死，殊可惨焉。其所适得人，千百无一，而夫也不良，或家道中落，则家家皆是。触目可伤，削竹难尽，沉沉苦海，谁共百年，渺渺鏊缘,空劳双宿。愁思遍地,怨气冲天,父母虽爱不能救,才德虽美不能补,谁造恨天,贻此咎害! 若夫天年不遂,人事之常,而节义过激,莫不守贞,茹苦终身,独居毕世,有不往守者,人议鬼责,举世不容。夫夫妻之义,以胖合而定,未之成亲,未之见面,安得代守终身乎! 礼于嫁未庙见尚归葬女氏之党,况未嫁乎! 身背父母,而为不识之人终身服义,既背孔子之经,又苦生人之道。而迂儒不通人道生生之理,但悦其行义之高,相与辅翼激张之以成风俗,岂不谬哉! 吾乡又有"代清"之名,生平未尝字人,闻有某童死,亦未尝识之,愿以为死夫而为守终身,代事舅姑,此其背义非道,尤为怪矣。更有童养媳者,贫家多行之,欲省婚娶之费也。年仅数岁,即依他人,恶姑不慈,待如奴婢,酷不能忍,辄复自尽。若夫之不良,长大变异,前智后愚,前健后疾,前富后贫,此固与幼年字人者相同而尤惨矣。凡若此者,皆愚儒因男强女弱之旧俗而误缘饰美义,曰"烈女不事二夫"。考孔子之世亦多出妻,而韩非子称"太公老妇之出夫也",则古者夫妇不合,辄自离异,夫无河东狮吼之患,妻无中庭相哭之忧,得人道自立之宜,无终身相缠之苦。乃俗儒妄为陈义之高,至女子皆为终身之守,虽遇盗贼狂狡,既已误嫁,饮恨终天,无自援救。遂使夫也不良,得肆终风之暴,而女子怀恨,竟为终身之忧,救之无可救,哀之无可哀。于是谚所谓"嫁鸡随鸡,嫁狗随狗",今果然矣,岂不哀哉! 同是人也,岂可使万百亿千女子所适非人,抱痛衔恨如此! 然岂徒不得自立自由而已哉,更有为囚、为刑、为奴、为私、为玩具四者焉。

何谓为囚　欧美女子之于出入、交游、宴会皆不禁,近升平矣,中国尚不能也。缘古者男女大乱之俗,于是以正父子之故,不得不矫而禁之。于是礼始于谨夫妇,为宫室先在别内外,内言不出,外言不入，女子出门，必拥蔽其面，男女授受不亲。甚至姑姊妹本是同产，以古者无同姓为婚之禁，于是矫之，则已嫁而返，不与同坐同食。叔嫂亦出一家，以古者多有兄弟共妻者，故益严禁之，至于叔嫂不通问。若夫男女之间，非有行媒不相知名，所以大为之界、严为之防者至矣。不得见男子，故无外交，既无外交，自不得出，是故终身深居闺阃，不出中庭，号为阃范，以为礼防。既禁出入，亦禁游观，虽有良辰美景、赏心乐事，皆不得预；虽有名山大川、胜地名迹，禁不得赏；虽有大会盛事、奇人异物，禁不得见；虽有名师硕学、专门绝业，禁不得从。学问无由进，识见无由开，一步不可行，一物不得见，从者谓能修礼防，谓之贤媛；不能从者谓之无廉耻，以为荡人。夫荡人之恶名，谁能受之，故自少受母教，已自缚束；长依妇道，更当闭闲。故中国女子，自非贸丝之妇，倚门之倡，无有交接游观者，凡有此者辄为不齿。若夫印度之抑女尤甚，虽极贫贱，必有红布数尺以蔽其首面，出行则以手持之，目仅见足，曳踵圈豚，盖目为布蔽，不见前面也。间有操作，一见男子，辄复蔽面，故终日以右手执操作之物，左手牵蔽面之布。尤甚焉者，全身全面皆有布掩，仅露双目，而眉间布缝以小锁扃之，夫持其钥，惟夫命乃开；身有穷裤，扃锁亦同，皆惟夫持钥。此则狱吏之待重囚不若是矣。印中妇既孀守寡，则独处高楼，去其下梯，绳缒饮食，如此终身，此则欧美杀人之罪终身监禁者不过此矣。印度富贵家女，有看演剧者，以布帷之，时穿小孔，仅露双目，外人不得见焉。凡此相待，非幽闪而何！以太平世人视今欧美女子之不得议政任官，哂为异事，怒其刻薄；若以欧美女人视中国女人，觉其深居简出；若以中国女人视印度、突厥，又觉中国人尚能得视行从容，游观自在，而印度、突厥之幽囚尤甚矣。虽然，既禁出入，其为囚一也。惟有罪人乃加监禁，女子何罪而妄加监禁乎？夫不从贤师良友，不见名人硕士，则无由成就学术；不见高山大川、胜地名迹，则无由开拓心胸；不游美景良辰，吹风受日，则无由强健。夫妇女为生人之始，传种所自，而不健则弱无血色，无学则蠢若鹿豕，不开拓则无生人意趣，大损大众之传种；而一为男子守，以苦无量数之妇人，坏不可思议之人种，其害何可数哉！

何谓为刑　古于有罪者刻伤肌肤，故作墨、劓、刖、刵诸刑，然后世犹恶其不仁而改为笞、杖、流、徒，欧美则但用监禁，不忍行之。乃父母于子，偏设严刑，穿耳作孔，以挂垂环；夫天生之耳完好，孺子之身何罪，何事以饰环之观美而加劓刵之重刑？巫来由及印度暨卫藏诸蛮，则不止穿耳而穿鼻，鼻或穿其两孔，甚或正穿其中枢，甚或雕额涂金，而耳之累累若贯珠者无论矣。中国古制本无是俗，自蒙古入乱华俗乃有是风，于是无量数之女子无能免是刵刑者矣。欧美老妇，耳尚凿孔悬环，近则文明大开，少女多撤环。不复凿耳矣；然细腰之俗未改也。昔楚灵王好细腰，而宫人多饿死者，欧美之好细腰也，束以紧带，缚以丝绷，务令上下大而中小，以为美观，而女子则被缚束而不堪其刑矣。至于小足，是大地同尚；欧美女子，亦复缠以窅娘之帛，耸以跕躧之屣，以为美观，但不若中国之甚耳。数岁弱女，即为缠足，七尺之布，三寸之鞋，强为折屈以求纤小，使五指折卷而行地，足骨穹窿而指天，以六寸之肤圆，为掌上之掌握。日夕迫胁，痛彻心骨，呼号艰楚，夜不能寐。自五岁至十五岁，十年之中，每日一痛；及其长大，扶壁而后行，跪膝而后集。敝俗所化，穷贱勉从，以兹纤足，躬执井臼，或登梯而晒衣，或负重而行远，蹒跚跼蹐，颠覆伤生。至若兵燹仓皇，奔走不及，缢悬林木，颠倒沟壑，不可胜算。无道之敝俗，至斯已极。吾于群妹，目击其苦,心窃哀之,誓拯二万万女子之苦。故弱冠以还,即开不缠足会,其后同志渐集,舍弟广仁主持尤力,大开斯会于粤与沪上,从者如云,斯风遂少变。戊戌曾奏请禁缠足,虽不施行,而天下移风矣。夫天然之足,光致完好,即欲观美,何待矫揉以害女子哉!盖自宋至今,千年相继,人生三十年为一世,以祸害夭亡统算之,实通算不过二十年耳;二十年中,女子受害者二万万人,上推千载,凡五十倍,则为百万万女子被其毒害矣。古今大地之毒害,孰有如此事者哉!且中国号称教化之国,而大贤世出,不加禁止,致为人笑,尤可耻矣。其他恶手指之大而以铁钳夹之,及一切指环、手钏,状类枷锁,或有入而难出,火烙致伤,是亦刑之比也。若夫新妇初来之夕,集宾客,聚宗族,入洞房,索妇物,多者千百数十金,少亦十数,终夕勒索,丑言恶气,妇若不应,扯其衣饰,焚以炮爆,甚或以热水火钳烫其手足,至于面损足伤,以为欢笑。此与狱吏之迫索囚徒财物何异!妇女何罪,新婚燕尔,方为兄弟之好,洞房窈窕,乃为狱囚之迫!中国号称教化礼义之国而乃出此,岂不悖欤!吾妹之嫁,坐蒙斯辱,吾为大愤,然既作人妇,在人檐下,岂得不勉强赔饷哉!呜呼,此殆太古野蛮旧俗之遗而扫除未尽者欤!

何谓为奴 奴非有他,供服役、扫除、烹庖之事,谓之奴云尔。吾乡娶妇者,虽贵宦之家,才秀之媛,必当入厨治馔具;闽中尤盛,虽有婢妪,不得假手焉。苏秦之游说不得意而归,则嫂不为炊,唐人诗曰:"三日入厨下,洗手作羹汤,末谙姑食性,先遣小姑尝。"盖自周迄唐已然。虽欧美之俗,室内亦皆由妇女治之,盖亦"在中馈","惟酒食是议"者也。若夫日本、印度、波斯、南洋,其妇女莫不以司庖烹饪为事。吾国号称礼法之家,则翁姑而外,夫与兄弟姊妹食,莫不立旁侍膳而进食,撤食乃馂其余者。若夫破柴汲水,洗涤食器，是非奴而何？其他扫除门庭，缝纫衣服，乃至洗沐、按摩、盥衣，甚至供食，又皆随意役使，有同隶役，夫皆坐受，是非奴而何！夫舅姑虽尊，然不过推夫之爱以爱及之耳，非有恩义也；推爱及之，则事之如《内则》之每日三朝，馨膳洁羞，捧席捧衽，纫针补衣，燂汤请浴，皆问所欲可也。在先圣之制礼，不过虑妇非己生，故重其礼以相与为亲。而世俗误会，几若纳妇之金等于买奴，既得为姑，肆其凌虐。不独任意役使，有同奴婢，乃至呼叱詈骂，刻薄贱恶，过于奴婢者矣，虽遇贵女才媛，不得不以名分忍受而至丧身自尽焉。自妇之初来也，或以明慎始之义，张严威以临之；或以重家法之名，行苛礼以苦之。始具榛栗枣脩以见姑也，跪拜而下，则严陈约法，问其允否；其强之见族人也，则自小叔、女妹、犹子、侄孙无不献茶行礼，日至四五。其献尊长必行拜礼，甚至于姑之婢妪亦强跪拜，而平等之叔伯强行四拜之礼无论矣；乃至宾客在席，亦跪地献酒而皆坐而受之，此非奴而何！夫孔子特明亲迎之礼，亲迎御轮，以明男先于女之义，故墨子以为祇裯若仆，其于慎始何如！故夫妻则合卺，同食于舅姑则亲飨妇致醴，故孔子斥俟堂俟箸之非，发冕而亲迎之义，曰："妻者齐也，妻与夫齐也。"又曰："将以合二姓之好，继先祖之后，敢不敬乎！"故曰："敬身为大，敬妻为大。"故明相敬如宾之义，未有发相待如奴之义也。吾广东有拜姑婢之礼，致令贵媛因此与姑相恶。又有顺德富家麦姓，娶缙绅金家女，其礼，日当献茶五次。有所谓上床茶者，其舅食阿芙蓉者五更乃寝，妇待至四更不及而寝。其舅怒其失礼，诬其不贞，强子出之。金家不服，大讼十八年，致家室仳离，费金巨万，岂不异哉！故为新妇者，未明而起，夜分不寝，盛饰而朝，备食而献，执衽而供，具物以奉，无小无大，莫不致敬尽礼以待之，自晓至夜无须臾之顷得息焉。不敢食夫家之食，而又不得自买食，必待母家来供，而不呈于姑，不分于叔妹，则加谯让。少有不如礼，则加詈骂，谥以不敬，号为无耻。盖新妇之奇苦大难，虽孝子之事父，义仆之事主，不能堪其劳者，大贤之束身，法吏之治狱，不能比其严者，此岂人情所能为哉！岂徒事舅姑而已，乃若小叔、女妹，一切供役，自理发浴身、进膳献茶、浣衣濯足，一若固然。少不如意，即加诃骂，恶口交加，迫于忍受，更有持镜几以相掷，执火钳以相烙者。母家不忍，与之兴讼，女妹服礼，然夫妇遂仳离焉。或有在厨与婢妪共食而不得与夫及姑妹共食者焉。又见小叔亦多立侍不坐，而尊长无论矣。小叔以男子之故，尤为专肆，至子女既长，随意骂詈，嫂惟吞声而已。大约小叔、女妹之凭借母势，役使其嫂，有同奴婢，视为固然，少有不应，非面加诟骂，则诉母斥之。中家以下，殆无不然。至于兄妡女妡，则益尊重其体势，奉事与舅姑无异，不待言矣。其或舅老姑没，只有继姑、庶姑。继者则子非所生，无爱子之心，更无爱妇之情；庶姑则出身婢女，卑贱而不识礼体，挟恃姑势，横逆妄加，或恶其嫡而自私，或谮于舅而诬罪。始则自衣服饮食之微，横加抑掠，继而施强夺诬告之事，加以楚毒，甚且迫以自尽，强行鬻卖，虽有夫爱，亦无所补。其孀寡之苦，更无论矣，此则昼夜呼天，饮泣茹痛而无可如何者矣。中国妇女以此自尽者，不知万亿，此则比南洋猪仔之奴，终身因苦，输以身命，殆有过之。且即以称呼言之，吾粤之呼舅姑，皆曰"老爷"，曰"奶奶"，呼小叔、女妹，皆曰"相公"，曰"姑娘"，其余群从诸侄，不曰"少爷"，则曰"几官"。凡此皆奴隶之称，然敝俗相沿，女体久贱，则虽贵家才媛不能不俯首从之，否则终身厌恶，夫妇仳离焉，其悖谬尤奇矣。夫孔子之为婚礼也，曰"嗣为兄弟"，故夫妻之父皆称曰"舅"，夫妻之母皆称曰"姑"，夫弟曰"叔"，夫妹曰"妹"，盖兄弟之义也。夫男女本为兄弟,且婚媾之好多出至交,乃婿于妻家则视如上宾,妻于夫家则降为皂隶,虽有至亲通家,平日则以兄、弟、叔、伯为称,既嫁则以"少爷""相公"为称,上背圣经,下违公理,颠倒无义,岂不异哉!又非奴而何?然此皆就都会士家言之,若夫山野僻县,除贫家农业,夫妇并出,通力合作外,中家以上妇女,莫不跣足入山,斩柴艾草,负薪于田,而其夫则高卧室中,清谈以受供养。故多添一妇,实为多添一隶,故乡民买妾实为买奴而已。大概愈山野则抑女愈甚,稍近士夫则抑女稍少,其世家贵阀则或得从容读书游览,不下厨执役。此以知人道稍文明则男女稍平等,人道愈野蛮则妇女愈遏抑,亦足为证据矣。然中家以上,男受珍食而女仅常餐,或夫有午食而妻仅朝夕,吾粤下四府之田家,则男能食饭而女仅煮粥,男女之间一切皆降等相待,此亦待奴之一比也。

何谓为私　女子为天生之人,即当同担荷天下之事者也;性分所固有者,分于天之仁智,当施于人人,职分所当为者,既有人之心思,当任其事业。乃一为女子,既嫁某氏,即竭其才而为某氏之家,若私为某氏之人而与天下及国无与者。事夫、畜子以尽其业,胼手、胝足以为其家,守节、从一以终其身,茹苦、含辛、怀贞、守独以终其年。虽有学问,不能出以教人;虽有才智,不能出以任事。爱则惟夫一人爱之,用则惟夫一家用之,甚至卖鬻亦惟夫卖鬻之,私为一人之有,若产业器用者,故非洲多有鬻女之市,然其悖天理而损人权甚矣。即使借夫富贵,坐受繁华,然天之生人,予以耳目手足、心智百体,即当各效其劳,各分其职,通力合作以济公益,安有一人坐食者耶!今欧美妇女不许为官,而借男子之供养,终日宴食,游谈嬉戏,不事学业,无益公众,有损生民,是天生无数人而得半以为用也,其于公理亦大悖矣。盖既从夫姓,即坐受夫供,其为不平等则一也。

何谓为玩具 男子之视女子，皆无人权天民之心，但问其美否以为爱玩。是故为之衣裙五采以绚之，为之金玉珠石以饰之，为之步摇花朵以丽之，为之涂脂抹粉以艳之，日本则齿黑，印度则穿鼻以为饰，殆又甚焉。女子不知自重，又复为堕马之妆，踽齿点额，细腰小足，以媚男子，虽欧美升平之俗未能免焉。夫囚以重室，锁以细腰小足，枷以金珠玉石，虽极美丽，其与笼能言之画眉鹦鹉，槛剪裁之玫瑰牡丹，岂有异乎！夫鬊鸟栽花者，非不极致爱宠，然不过视为花鸟而已。故唐人有以妾换马者，其贱人道于禽兽，无道至此！即白居易亦有鬻骆马、放杨枝之歌，以马与妾并称，皆以为玩于人之故也。夫凡人之生，皆出于天，故人无贵贱，莫非天民，各为独立，安有视为玩具者哉！其敢于玩人，实玩天也。且男子既有玩具之心，故问美否，既有美否之心，则其淫心恶念即从而起，争夺倾杀即由是生。晋孙秀之夺绿珠，唐明皇之夺玉环，亦因玩具之情而致。若使知天民人权之理，人人独立，人人相敬，岂得起此淫夺之事哉！

第二章　论妇女之苦古今无救者

夫以男女皆为人类，同属天生，而压制女子，使不得仕宦，不得科举，不得为议员，不得为公民，不得为学者，乃至不得自立，不得自由，甚至不得出入交接、宴会游观，又甚至为囚，为刑，为奴，为私，为玩，不平至此，耗矣哀哉！损人权，轻天民，悖公理，失公益，于义不顺，于事不宜。吾自少至长，游行里巷，每见妇女之事，念妇女之苦,恻然痛心,怒焉不安。甚不解偶现男身,则自私至此,虽有至亲之令妻、寿母、姑姊妹、女子子,抑之若是。甚怪大地之内,于千万年贤豪接踵,圣哲比肩,立法如云,创说如雨,而不加恤察,偏谬相承,尽此千万年圣哲所经营,仁悯者不过人类之一半而已,其一半者向隅而泣,受难无穷。彼非人欤,何不蒙怜拯若是!佛号慈悲而女子不蒙其慈,耶称救世而女子不得其救,若婆罗门、摩诃末重男轻女之教,则教猱升木,如涂涂附,益不足论。就此而谈.则大地从上之教主皆不得辞其责矣。推所以然,则旧俗之压力相承,一由习而不知,一由时之未可也。

夫以强力凌暴弱质,乃野蛮之举动,岂公理所能许哉!而积习生常,视为当然,仁人义士不垂拯恤,致使数千年无量数之女子永罹囚奴之辱,不齿于人,此亦君子所不忍安也。

第三章　女子最有功于人道

尝原人类得存之功,男子之力为大,而人道文明之事,借女子之功最多。盖自男女相依以来,女任室中之事。男子猎兽而归,则女为之脔切,既司中馈,则火化熟食之事,必自女子创之。至于调味和羹,酱齐珍饵,次第增长,皆由中馈之事,亦必皆创自女子。既须火化熟食,则必当范金合土以为盛器。男子日出猎兽,出林所产,皆有定数,既不易得,自无暇为制器之事。妇女家居暇豫,心思静逸,踵事增华,日思益进,然则范金合土,亦必自女子创之。织缝之事,至今犹为女子专司。况在太古原人,男子之躁益甚,其章身之具,寒带惟有衣兽皮以为服,热地惟有集茭荷以为衣。皮服卉

服,《尧典》尚然;今冰海人之衣皮,非洲人之编树叶,尚有然者;若
其由编叶缠藤进而摭山麻而抽野葛,此必女子之事。盖以其岩居
无事,闲擘树枝;见有麻葛,愈擘愈纤,愈纤愈韧,系之于身,觉其细
滑过于他木,于是始则搜拔,继而试植,渐益推广,遂为衣裳。首寒
则艺麻为冕,足寒则纠葛为屦,皆次第所增。见其色恶,以水沤之,
辄复渐白,与目适宜,于是麻衣缟服成矣。已而接叶得汁,异色染
衣,遂悟练染之法,乃有五色之章,然后玄黄交错,黼黻成文。凡此
皆由其闲静之姿,故有逢原之制。若夫蚕桑,亦归女业。《诗》曰,
"妇无公事,休其蚕织",故后世后妃亦尚亲蚕,盖亦必妇女所创,故
专归妇女之业。盖蜎蜎者蠋,时游于桑,男子逐兽心粗,岂暇揣摩。
女子则宅旁井边,从容顾望,见彼吐丝之异,乃为豢养之谋。因彼
眠起桑中,食之如扫,知其所嗜,采以养之,而蚕乃吐丝无穷,因与
箔而令织,于是蚕桑之利,衣被无穷。若夫折柳以为樊圃,树竹以
为篱落,亦必岩边栖息,思阻猛兽,偶思捍格,故成藩篱,然则藩篱
亦必女子所创也。男子求食,逐兽远游,女子登树为巢,削枝编叶,
及后筑之平地,移巢形以为堂构,亦必自女子为之。今非洲之人,
室多圆形,以泥和草编成,高广不过数尺,是尚为有巢氏之遗也。
男子逐兽,岂有定居,太古初民,实同游牧。然则编巢野处,随地移
徙,男子安有余日为之,非女子所制造而何? 居室闲暇,则更编草
为席,削木为几,合土为盂,窒土为杯,以坐,以卧,以饮,以食,日益
高洁,此亦非逐兽转徙之男子所能为也。然则一切什器,皆制自女
子为多矣。即论文字创自结绳,而画圆画方,谐声尚象,亦必居室
暇逸者乃能创之,非逐兽于畎,血溢不止者所能为也。至于记数出
于手指,渐加千万,更为乘除,亦非逐兽无暇者所能,亦必女子创为
之也。其他黄枰土鼓,渐进而截竹裁桐,编丝穿孔,分析音节,更非

逐兽奔走之人所能创造，亦必居室闲逸有静性者乃能创之。又若图写禽兽，模造草木，描象人物，模范山水，亦皆性静情逸，乃能生趣盎然以为摹写，必非逐兽血涌之人所能创造。是故文字算数、音乐图画，凡诸美术，大率皆女子所创为；今古史所述，类皆男子，而女子无人。则男子后起之秀，渐丁文明之时，既在农耕、熟食、室居之后，不待逐兽，亦有静暇，乃取女子创造种种之事为器物，大推广之。既为女子之主，遂攘窃其名，此犹大匠作室，而大书于梁栋者必曰某官，巧冶铸钟，而铭刻于筍簴者必曰某父，其实皆非男子所能为也。盖太古男子逐兽求食以存人类，譬之开国之有武臣。汉之韩、彭、黥、英，明之徐、常、汤、沐，当开国时，仗铖、揳筊、勒钟、铭鼎者，非皆屠伯、武夫、纬萧、屠狗之流哉，彼只能拔剑击柱、醉酒骂坐而已，岂能制作乎！而女子居室司馈，闲暇制作，譬之承平之文吏。叔孙通制礼，然后汉高知天子之贵，董仲舒明经义，然后武帝有文章之治。建三代之制，行大射之礼，奏六代之乐，建日月之旗，立《五经》于学官，见圜桥之冠带，必于干戈载戢，然后黼黻承平。凡号称文明之制作，必皆文士为之，无有武臣为之者也。归故乡而歌《大风》，预朝宴而分竞病者，古今以为美谈，虎贲脱剑，《敕勒》作歌，皆异事而非常例也。知文明之制作，在立庙秉笔之文士而不在原野执戈之武夫，则知创造文明之具，在居守司馈之女子而不在逐兽于田之男子也。又观游牧之匈奴、突厥、蒙古，其武力能吞灭中华、印度、波斯、阿剌伯，席卷亚洲，为地球第一大国，而制作无闻，数千年不能脱野蛮之风。若六朝、南宋之偏安，频岁受兵，讫于削灭，其势至弱，而词章理学之盛，其文明独盛传于后世。故逐兽求食之男子，譬之游牧纵横之蒙古、匈奴，强则强矣；居守司馈之女子，譬之偏安削灭称臣之六朝、南宋，弱则弱矣，而文明之事，终在弱国而不在强邦。盖游牧则必强,而得食既难,日月迁徙,必无暇制作故也。若谓文明之具为男子所创,则是匈奴、蒙古能制作也。以此推之,一切事为器用皆出于女子,可断断矣。今世界进化,日趋文明,凡吾人类所享受以为安乐利赖,而大别于禽兽及野蛮者,非火化熟食、调味和齐之食乎,非范金合土、编草削木之器乎,非织麻蚕丝、文章五采之服乎,非堂构樊圃之园庭宫室乎,非记事计数之文字书算乎,其尤为美术令人魂欢魄和者,非音乐、图画乎!凡此皆世化至要之需,人道至文之具,而其创始皆自女子为之,此则女子之功德孰有量哉,岂有涯哉!乃不念殊功之尤,徒循强力之轨,大势长往而不反,美名久假而不归,是可忍也孰不可忍!

第四章 论男女贵贱不在身体脑度

或谓全地女子之身皆短于男子,多或逾尺,少亦数寸,欧美女子短于男子尤多。形质之高卑,天生已定。高者自尊,卑者自贱,所谓"卑高已陈,贵贱位矣",故男尊女卑,乃肖天道,非人所能强为之也。岂知人之尊卑,在乎才智,不在身体。故晏婴身不满五尺而为齐相,公孙吕身长三尺而为郑相,桑维翰身长四尺而为晋相,皆功名显于后世。若必以身体长短论之,则长狄侨如兄弟尊同天帝,而巨无霸亦当贵为帝王,曹交当为上官而成汤宜屈下僚矣,晏婴、公孙吕、桑维翰不得齿于人矣。夫身有长短者,在男子中所不能免者也,而未闻以此分贵贱,何独于男女而以此辨之!且日本人以矮特闻,而今者变法而强,与强英联镳;若印度之高人,则徒供英人服役。然则人之贵贱,在才智之高下,不在形体之长短明矣,而独以短体抑女,岂公理所许乎！当初民之始,女子短体弱力,受制男子,造成原因则有之,若以此故永远抑女,则非人心所安也。

或谓女子脑小于男,男子脑度大而重,女子脑度小而轻。日本东京大学医科所剖验,男脑四百二十一,女脑一百七十六,男女质同,惟男脑重百五十杜廉。又或谓男子之脑愈用愈智,貌愈文秀,女子之脑多用即竭,貌愈丑恶。此说纷纭,各有是非,考验未尽善,不必信为定论。但女子既有月经,每月流血甚多,精力自当逊于男子,此为人传种,少受缺陷,实为无可如何。故以任兵事,诚非所宜,若人道平等与否,则不在此。夫以男子之中,脑度之高下,才智之灵蠢,精力之强弱,固有相去天渊者。周子之兄不辨菽麦,晋惠帝闻蛙鸣而问为公为私,见饥死者而问何不食肉糜,其蠢几与禽兽等,而何尝失公子、帝者之贵。且以孔子之圣而为陪臣,颜子之哲终身陋巷,若哀公之愚,则为君以临之;管辂、郭璞术穷天人而终于下位。董卓、王敦梼杌穷奇而执国命,然则人之贵贱,岂在脑度之高下哉！以一人之体格犹如此,况于无量女子,其才智绝伦,学识超妙,过于寻常男子殆不可道里计,此不待繁征而尽人易见也。故即以脑度之高下言之,若李易安之过目能记,检书若某书、某卷、某页、某行不差一字,其与山僧诵《法华经》三年不能记忆者相去岂不远哉,山僧岂非男子,李易安岂非女子乎,岂得谓女子脑度不及男子乎！山僧诵经时,夏竦一诵即记,欧阳修再诵乃记,及世所传萧颖士一遍,陆畅二遍,李华三遍。即男子之强记者亦自有等,物之不齐,物之情也。女子若李易安之流不知凡几,但以无文学则不传,遂不得与张安世诵亡《书》、王粲覆围棋并称耳。或谓女子灵悟无异男子,而以血少难于深思,是亦或然。然扬雄、张衡、哥白尼、奈端之流,男子中号能深思创作者,古今大地曾有几人;若使女子平等就学,岂遂无人,安得以数人稍能深思创作之故,遂拔茅连茹,贵其不辨菽麦之同类而贱其聪慧明敏之女子哉!连类而贵及其无量数之男党,则虽麟趾公姓并为王侯,未有若是之滥赏者也;连类而贱及无量数之女党,则虽十族株连并加因逮,未有若是之溢刑者也。以是之故而抑女,至摈不得为仕宦科举,禁不得为议员公民,乃至绝其往来交接、宴会游观,囚刑奴私,殆不然也,不独背乎天理,亦不协乎人理也。使普地为仕宦科举、议员公民之男子,才智皆胜于全地无量数之女子则可也,而试核其实,又公考其才,恐女子之胜于男子者乃无量数,即不得界划鸿沟,剖半为数,必不止十得三四也。然则强抑女子,一切摈斥,仕宦、公民不准预列,科举、议员不准预选,徒凭强势而背公理,徒失人才而遂私心,甚无义也。

第五章　原女子被屈之由,本于繁衍人类之不得已

尝原女子被抑之故,全在男子挟强凌弱之势,故以女子为奴而不为人;其继在男子专房据有之私,故以女子为一家之私人而不为一国之公民。其造端致远,在千万年尚力劫制之时,其积久成风,为千万年礼俗教化之顺。浸之既久,抑之既深,礼俗既成,教化既定,则无论抑人与被抑者皆忘其故,而几误以为义理之当然,于是无量年、无量数之女子,永沉苦海而不之救矣。夫既为奴之人,岂可与主人并为仕宦科举,并为议员国民,并行交接宴会乎;既为一家私有之人,又岂许其为乡国之吏员,议乡国之事,交接宴会乡国之人乎!后世道化日开,文明日进,圣哲日出,以扶弱抑强,矫变旧弊,凡天下以强凌弱之风亦少弭矣。故倡"妻者齐也"之义以体与

夫齐,故居官受封,制皆视夫,为贵贱之等,享用亦与夫同,而劫掠鬻卖之风亦日少,盖奴风少去焉。然以男谱相传,子姓为重,男女不别则父子不亲;既欲父子之可决定而无疑,必当严女子之防而无乱,女贞克守,则父子自真。盖小康之家,其所通无多,故其为仁不大,无可如何。因势利导,故以笃父子为一切义理之本,故以族制聚众,以宗法治人,以世袭为官,以立家为教,纲本如此,其条目自不得不随之,而所以成其族制、宗法、世爵者则全在家人也。夫夫妇平等,亦固人理之宜而先圣之所愿也,然如无夫妇平等,则各纵其欲,复归于太古野蛮之世。男朝拥一女,暮又易一女,女朝拥一男,暮又易一男,从何而能成家人,从何而定父子,从何而有族制,从何而有宗法,从何而成治道,从何而立教化?是使人皆鹿豕,世复狉榛也,必不可也。又生人属于女子,女子交合既杂,生人不多,生子亦弱,养子艰难,无人相助,求食不给,成人亦难,人类不繁,且无从与禽兽敌矣。既为保全人种、繁衍人类之大敌,且当上古文明之物一切未备,势不能行男女平等之事。必有所忍,乃能有济,必有小抑,乃有大伸,故不能不偏有所屈,实势之无可如何也。则试屈男而伸女乎,于时草昧未开,禽兽逼人,部落既众,日寻干戈;女子弱而男子强,凡执干戈以从事者皆男子也,既尚力矣,凡登坛场而执政者皆男子也,自万无屈男子之理,于是不能不少所偏忍而听女子之受屈矣。况女子久为男子所掠役,受屈既久,视为固然,无待强为乎!且在昔人类之初,固尚母姓,人皆以女系为传姓矣。故“姓”之为文从“女生”,如姬、姜、妫、姞,莫不从女,故至今野番之俗多有从母姓者,则太古各国之旧俗可推矣。今以四海传母姓者考之:马达加斯加之人民但传爵位于女族,代代相传,而男子不得袭之;亚非利加之高川之风俗,世世传君位于女族,欲血统之接续也；希古忒至近代亦传君位于女族，大洋洲之亲友岛、顿加岛，其官位传于女族，故母非出于贵族，其子即不得为贵族；非地岛亦然；加罗连岛、马置仙岛亦传爵位于女族。皆因婚姻未定，不知谁实为父，故从母姓也。马来人各部落之风俗，其遗财皆传之女族之子孙；亚美利加之其尼路人，其财产皆传于女族之子孙；哥仑布之烟剪人，财产亦传女族之子孙。即古昔文明之国，若埃及、日耳曼之上世，亦有此风，因以女俗为主，男子死则无后，故以其姊妹之子为至亲，而爵位财产，皆传与之。故基尼亚之富人死，除军器外，其余财产尽传于姊妹之子，超拉巴之般他尔人死，不传其财于子而传于姊妹之子。马拉巴路之俗各地不同，至以财产传于女族之亲，各地皆同。印度之尼也儿人，子不知父，父不知子，故以财产让与姊妹之子。罗安高之土酋四人，皆国王姊妹之子，其王子不能继位。亚非利加之俗，王位常出于一姓，但以母姓为主，子不能继父位，皆以国王之姊妹之子嗣之，盖恐混其血统也。班衣人之酋死，其子不能继而以姊妹之子继嗣；亚非利加之北部巴路揸尔人及非洲东北部诸民种皆同。故日耳曼之古俗，姨舅之爱其甥，犹父之爱其子，以人为质之时，不要其子而要其姊妹之子可见。盖上古之人，教化未行，婚姻不定，朝暮异夫，谁知所出，野合任意，难辨所生。《国语》述鲁桓公之言曰："同非吾子，齐侯之子也。"故婚姻不定，则父子难信，故不如从母姓之确也。且母生有凭，父生难识，观阿里那可之烟剪人，生双子则以为奸淫矣。夫阴阳交媾，其理甚微，今草木之生，雄蕊与雌蕊之交合，博学者犹难知之，况野人知识无多，故知有母而不知有父也。然人人不识父，则无父子之传；凡生男子皆为无用，不能纠结无量男子以为亲，则无由而得强力，一也。生当部落争乱之时，女子日为人所掠，朝属一夫，暮归一士，姊妹不能聚处，则无由结合而成族,二也。不能纠合强力,不能结合多人,则于人道合群之道无益,于人类自存之法有损;故母姓之俗皆甥舅相亲,君主传位亦多传于甥者,然舅甥之爱结,终不如父子之情深,爱不深则结力不厚而保类不固,三也。传母姓则有母无父,仅得一人之保养,其爱力薄,其生事难,其强健难,其繁衍难,四也。故女姓之效,非所以保人类而繁人种,其害如此。大地皆已经行之,共知其不可,而后改而行男姓。行父姓则父母并亲,有二人以抚养其子,母尽字育之勤,父尽教养之任,通力合作,其子易于成人。男子强而自立,父子世世相传,故能久远;群从以亲结合,故能广大;用能以宗法族制立国,如日本然。人种之得以保全,人类之得以强大,职男姓之由。夫男子既以强力而役女,又自狩猎而易为耕农,聚处一室,独耕一地,妇不杂婚,子知所出,于是父子相识而男强女弱,故以男姓传宗。强力者为天授之性,传宗者为人事之宜。天性人事皆男子占优,虽圣哲仁人欲悯女子而矫之,然屈男伸女,既于人道不宜,又于事势未可;将行平等乎,又复返狂榛,更有不可。故不得不因循旧俗,难于大更,惟发明昏礼下达,男先下女,特著亲迎御轮之义,又发明"妻者齐也,与己齐体",相敬如宾之义,夫先下者矫之也,齐者平等之谓也。故后学守其遗义,樊英病卧,为榻下之拜,梁鸿举案,有齐眉之敬,盖以除旧俗奴役之弊而明平等之风,先圣之心苦矣。

第六章　女为男私属,于是伸男抑女

夫男子既以强力役女,又以男姓传宗,则男子遂纯为人道之主而女为其从，男子纯为人道之君而女为其臣。大势所压，旧俗所积，于是女子遂全失独立之人权而纯为男子之私属，男子亦据为一人之私有而不许女子之公开。既私属而私有之，则名虽为齐，实几与奴隶、什器、产业等矣，故于夫曰"归"曰"嫁"，其义曰"事"曰"从"。夫之于妻既私属而私有之，故舍其姓而使从己姓，舍其宗而使事己宗。夫之于妻既私属而私有之，故畜养之，玩弄之，役使之，管束之，甚且骂詈随其意，鞭笞从其手，卖鬻从其心，生杀听其命。故以一家之中妻之于夫，比于一国之中臣之于君，以为纲，以为统，而妻当俯首听命焉。国法之仁刻周疏不同，要之旧教旧法皆以为是一家之私，人、国不必干预焉。其后仁者乃渐申人权，于夫之杀妻则绞之，夫之笞妻则杖而离之，则极后起者；虽有明律，而旧俗相沿已久，亦何能行焉。夫所谓夫者，不过十余龄之男子，未必被教化、知礼义者也，又得兼有数女者也，而授以生杀卖鬻、鞭笞骂詈其妻之权，予以役使、管束之尊，其不能得当而偏抑冤惨于弱女令无所告诉者，不待言也。夫以普天下人皆为男女，即皆为夫妇，是使普天下人惨状稽天、冤气遍地也。其所为抑女之大因，据以为义所自出者，则以为夫妇不别则父子不亲，父子不亲则宗族不成，故欲亲父子，先谨夫妇。故据乱世之制，为礼始于谨夫妇，为宫室必别内外，而男子强力而为主，自无制之之理，女子微弱而从人，自为被制之类。于是以内属女，以外属男，外者极天地而无穷，内者域一室而有限，故为"内言不出、外言不入"之礼。又为"男女非有行媒不相知名，非受币不交不亲"之义；其甚至于"姑姊妹女子子已嫁而返，男子不与同席而坐"，则以古者同姓通婚之故而预防之；又曰"嫂叔不通问"，则以古俗兄弟同妻之故而预绝之；于是男女之别，其严极矣。印度、波斯、埃及、突厥尤为加严。印则妇女以布蔽面，埃及则以锁加眉中，突厥则以白纱蔽面，波斯则以布笼身首如一亭然，仅露其目，盖亦同意。于是所谓"内"者，实囚之而已，推其所以然，皆因防淫乱之故也。故旧教之国皆以淫为极恶，故其礼俗皆以防淫为大闲。法、意、瑞士旧俗，女子下体有铁梐加锁，夫掌其匙焉。其女子有再嫁者，不齿于人类，不收于父兄宗族，不理于邻里乡党；其妇女有犯奸之事，则不论和强，不论一再，国家特许本夫得杀之；其虽无实事，但偶涉不检而见疑者，或鞭笞，或骂詈，或逼缢，官皆不问也，人皆以为宜然也。若男子乎，君主则宫女万千，富人亦侍妾数十，乃至穷巷之氓亦皆兼备数妾，缘广嗣续，皆以为礼义宜然。若其狎娼挟妓，唐宋以来，名士贤德亦为寻常；今时虽禁于国律，欧美亦干犯清议，然男子之为此者固无少伤也。若妇女之稍有不贞者，虽欧美之俗亦得听本夫自杀之，而女子必不见齿于世，则犹然也。夫均是人也，均是淫也，以非常严酷之刑待女子，而以非常纵肆之欲待男子，其相反可谓极矣，有外夫则以为奸而许杀之，有内妾则以为礼而公行之，其不公可谓至矣。在立法之意，则以为男子之得有妾，以为广嗣也，其听外淫，以为无损也。若女子之有外遇，则是乱宗也，又无以折宗族之奸，则以不贞。夫乱宗，则于男姓之传，族制之成，诚为大碍矣，不可许矣；既以男姓为主，以族制为义，则此法虽奇偏极酷，亦不可以已矣。若夫宗族之奸，则罪尤加等，然则不为乱宗也，而重于防淫也。夫所以防淫若是其重刑者，实为一人之私属而私有之也。夫一人之私，何预于国，而国法特深许其私有而以偏酷而助为严防者，诚以防淫乱之原也。夫所以防其原者，虑因淫而乱，因乱而争杀也；然男子亦固纵淫矣，而妾既有名分，则未闻因此而争乱也，妓亦各有所主，各出自本人所愿，亦未闻因此而争杀也。女淫所以致乱启争者，以既有本夫，则夫得禁之；他人及外夫义所不可，法所得禁；然而上犯国家之法，下侵本夫之分，故致争乱而相杀。假令一切纵之若男子，或各有名分，或各听情愿，则亦何争乱相杀之与有！故法律云者，皆上承男主女从之旧俗，即礼义云者，亦上沿男强女弱、男姓女附之遗风耳，非公理也。夫男子既私属而私有之，彼为一姓计，自不欲女子之乱其宗，为一身计，自不欲女子之兼从乎人。夫独为己之宗与杂以他人之宗孰善？专事己之身与兼事他人之身孰得？此不待再计而无人愿之矣；必若非己所得而私属私有，则无如何。既上承千万年之旧俗，中经数千年之礼教，下获偏酷之国法，外得无量数有强力之男党共守此私有独得至乐之良法，惟有协力维持，日筑之使高，凿之使深，加之使酷而已。故古者妇人夫死而嫁，未闻议之，后则加以"从一而终"之义。始则称"烈女不事二夫"，是惟烈女乃然；继则加以"饿死事小、失节事大"之义，于是孀守之寡妇遍地矣。中国之中，吾粤女义尤严，吾乡族触目所见，皆寡妻也，里巷皆是。贫而无依，老而无告，有子而不能养，无子而为人所欺，藁砧独守，灯织自怜，冬寒而衣被皆无，年丰而半菽不饱。吾乡居夜归，闻机杼铿然，五更未已，举巷相应，皆寡妇也。然犹茹粥而抚童孙，解衣而衣弱子，终身贫冷，呼天而无可诉之人。其或力抚遗孤，艰难医疾，而中道殇殂，则终无可依矣。即抚孤有成而贤否未知，然不肖者多，或博弈饮酒而不顾尸饔，或自私妻子而时行忤逆。又或远游不反，空对弱媳；又或夭折，徒遗孤孙；又或勤劬抚孙而长大又夭，终至绝嗣；又或旁继他子而本非生母，弃而不顾。以吾所见，有执刀而索继母之财者。又见妯娌二人皆为孀寡，同继一子，淫赌破家；犯疾而死，遗妻及子，合力抚孙，既长而盲，犹冀传宗，为之娶妇，既娶而夭，两枝皆绝，孀亦老矣，年垂七十，白发盈头，子媳则妻妾在旁，孙媳则女儿并侍,饥寒交迫,茕独可怜,谁实为之,贻斯惨状!以天行之无定,而以人理之有定限之,其为无量之苦必矣。若印度之俗,夫死且当殉之,烈火然柴,投身其上,以为美节。否亦当高楼闭处,绝其下梯,以终身焉。英人未得印度之先,一岁之中,寡妇死者不可量数,苦形惨状,尤不可言,皆男子私属而私有女子之贻害也。夫不事二夫者,乃烈女非常之节,借以镇止淫风,非不可敬;此犹佛之舍家苦行及明世补锅丐者之为国尽忠,自有足以耸流俗而生景行者。然若使大地之内,人人皆为佛之出家,则五十年中人类立绝,而遍地皆为禽兽矣;遇有国变,人人皆为补锅丐者之尽节,则中国靡有遗黎,而茫茫神州久为异种殖民地矣;此岂可行者哉!宋儒好为高义,求加于圣人之上,致使亿万京垓寡妇,穷巷惨凄,寒饿交迫,幽怨弥天,而以为美俗。夫善为治教者,在使民乐其乐而利其利,养其欲而给其求。《诗》之言治曰,"内无怨女",岂有以幽怨弥天、寒饿遍地为至治哉!夫为治之义,亦有舍一人以为大众者,若牺牲国民以立其国,是则以国种为重,故民命为轻,于立国之义实不得已;然论天下之公理者,犹非其私。自此以外,一切政教,无非力求乐利生人之事;故化之进与退,治之文与野,所以别异皆在苦乐而已。其令民乐利者,化必进,治必文,其令民苦怨者,化必退,治必野,此天下之公言,亦已验之公理也。寡妇无数,怨苦弥天,于独人享受有无量之苦,于公众大化无丝毫之益。其为男子之独人计乎,抚子传孙,庶几少补;若无子女者,则于男子独人亦并无丝毫之益矣。若其为害,则有四焉:一、苦寡妇数十年之身,是为害人;二、绝女子天与生育之事,是为逆天;三、寡人类孳生之数,是为损公;四、增无数愁苦之气,是为伤和。夫以人权平等之义,则不当为男子苦守;以公众孳生之义,则不当以独人害公;以人道乐利之宜,

153

则不当令女子怨苦；仅有独男抚子之微益而有逆天伤人害公之大患，万不可行者也。又不肯已，加义日高，于是有未嫁之女守贞之事。夫夫妇以牉合而亲，未尝交合，何义之有！乃缘区区之聘，即为许以终身。以为然诺欤，又非女子所自许也，义何取焉！而以一言之故，非因知己，即终身孀守，茹苦食艰，上为事宗庙，侍舅姑，下为抚子孙，事叔伯，如斯高义，实天下古今所罕闻。而习俗既成，遂至尽人皆是，乃背二十年父母鞠育之恩，而殉一言之聘以苦父母之身，轻重不伦，无义已甚，然实为迫于风俗，并非出自人情。此固先圣所禁，国法不容，而愚儒归有光之流乃必从而张之，以为义不妨过高，情不妨过厚，则岂先圣所不知而待归有光为之发明哉！凡此流弊，此皆男子强力役人，父姓传宗，于是以女子为私有，积极使然，而不公不平，冤魂愁气，遂至弥天塞地矣。

第七章　抑女有害于立国传种，宜解禁变法，升同男子，乃合公理而益人种

夫男子既以私属私有女子之故，虽嫁而富贵，亦等幽囚，严禁出入游观，更禁交接宴会，推其法意皆为防淫。男女既不得接见，则偶一见之，属目必甚，淫念必兴。以中国礼教遏淫之严，清议之重，而中人以下，遇有剧场、道路每见妇女，评头品足，肆口妄言，其尤下者，则探手摩挲，淫言撩拨，不可听闻，非独相鼠贻讥，实亦狂且可恶。而观欧美之俗，男女会坐，握手并肩，即艳质丽人，衣香满座，虽忘形尔汝，莫不修礼自持，鲜有注目凝视，更无妄言品评者。至于如狂且之淫言，若野蛮之探手，更绝于观听矣。夫欧美岂无狡

童狂夫,亦皆有粗人下走,其教化尚不如中国之严也,然能修礼防者,实司空见惯使然也。夫人情于前所罕见之物,未有不骇然耸动;若所罕见者为珍贵美丽之物,未有不欣然惊喜。如乡曲人初至都会城市,一切诧为异观,如贱隶之初见王公贵人,必耸然变动颜色,如穷子之入珠宝市肆,必睸然四顾徬徨。若都士富人、世家爵主,生长其中,则但习与相忘,顺受其正,岂有惊耸之事,令人失笑者哉!若谓交接宴会易于通淫,不若严以防之,然中国桑间濮上之风,自郑、齐、吴、楚莫不极盛,何能禁阻,而况穷边哉!以言防则不能防之,而徒有虚名,致遏阏人权,违逆天理。举数万万女子而幽囚之:一则令其不能广学识,二则令其无从拓心胸,三则令其不能健身体,四则令其不能资世用。夫以大地交通、国种并争之日,而令幽囚之人传种与游学之人传种相比较,其必不美而败绩失据,不待言也。夫少成为性,长学则难,而人生童幼,全在母教;母既蠢愚不学,是使全国之民失童幼数年之教也。人之国,男女并得其用,己国多人,仅得半数,有女子数万万而必弃之,以此而求富强,犹却行而求及前也。故言天理则不平,言人道则不仁,言国势则大损,言传种则大败,而为男子之私行其防淫之制,又不已也。有此四害、四不可,何必禁女子之交接宴会、出入游观乎!近者自由之义,实为太平之基,然施之中国今日,未为尽宜;然以救女子乎,实为今日第一要药。今若听妇女之自由出入游观、交接宴会,无抑女之事,于公理既顺,除幽囚之苦,于人道既仁。妇女得以亲师取友,日闻天下之事理,以阅历而学识益深,日扩山川品物之大观,以开拓而心思益扩;人才骤增其半而公用亦骤增其半;化坐食闲处而为公望公才,士农工商皆增其半;天下之大效孰有过此!若其教子有方,则全国之民坐受童幼数年之教;传种多美,则全国之民永得人种文明之益；其为无上之大效，无极之美利，皆普天之事莫与京者。昔在据乱之时，以序人伦而成族制，故不得已忍心害理而抑之；今际升平之时，以进全人类而成文明，故必当变之。乱世平世，如冬夏之相反，即裘葛之各宜。《易》曰："穷则变，变则通，通则久。"今当事穷之时，以天理、人心、国势、地运皆当变通之日，猥以形体少异之故，乃为因奴无限之刑，此亦仁人所宜尽心拯救者耶！今当力矫旧弊，大挽颓风，男子当革世爵之贵，无倚势以凌人；救女当如救奴之风，同发兵以拯溺。治分三世，次第救援：因奴者，刑禁者，先行解放，此为据乱；禁交接宴会、出入游观者，解同欧美之风，是谓升平；禁仕宦选举、议员公民者，许依男子之例，是谓太平。此孔子之垂教，实千圣之同心，以扫除千万年女子之害，置之平等，底之大同，然后无量年、无量数之女身者庶得免焉。科条如下。

第八章　女子升平独立之制

一、今未能骤至太平，宜先设女学，章程皆与男子学校同。其女子卒业大学及专门学校者，皆得赐出身荣衔，如中国举人、进士，外国学士、博士之例，终身带之。

一、学问有成，许选举应考，为官为师，但问才能，不加禁限。其有举大统领之国，亦许选举为之，与男子无别。

一、女子中有愿充公民、负荷国务者，听其充补。其才能、学识足为议员者，听其选举。一切公议之事，皆听充会员，预公议，与男子无别。

一、法律上应许女子为独立人之资格，所有从夫限禁，悉为删除。

一、欧美风俗从夫姓者，悉加禁改，还本人之姓名。

一、婚姻皆听女子自由，自行择配，不须父母尊亲代为择婿。惟仍限二十学问有成以后乃许自由，二十以前，仍须父母约束。

一、国家当设媒氏之官，选秀才年老者充之，兼司教事。其男女婚姻，皆告媒氏，自具愿书，领取凭照。惟须限年二十始能领照，其早婚未及年者，悉当禁断。

一、女子有出入交接、游观宴会，皆许自由，惟仍须限二十学问有成之后乃得此权。二十以前，仍归父母或尊亲约束；但游观、交接、宴会关于养身增识，其无关损害德义者，父母不必严为禁限。所有据乱世防闲出入内外之礼，悉予蠲除。

一、女子既为独立之人，其旧俗有缠足、细腰、穿耳鼻唇以挂首饰者，及以长布掩面、蔽身，加锁于眉中、印堂者，悉当严禁，科以削减名誉之罚，或罚赎锾。其袒肩、裸体与男子相抱跳舞者，出自野蛮，徒起淫心，皆加严禁。

一、女子既与男子各自独立，凡行坐宴会，皆问爵德年业，不必拘左右前后；或以一女间配一男之例，皆过存畛域，易启轻贱及淫乱之心，宜行变改。

一、女子与男子衣服装饰当同。今全地古今，男女异服，一以别异形体以为防禁之计，一以别异章服以供玩乐之具。夫男女无别，则防淫难。古者以女子为男子私有之物，务在防淫，故不能不别其衣服也。凡乐人必别其衣服，虽施以五采，但供玩乐，故男子之为倡优者亦必美服涂脂。女子既为男子私有之物，但供男子玩弄，故穿耳裹足、细腰黑齿、剃眉敷黛、施脂抹粉、诡髻步摇，不惜损坏身体以供男子一日之娱，况于衣服，其安得不别有体制以供其玩

弄耶！故男子尚素朴而女子尚华采,皆以著玩弄之义。夫人道既
当大同,少有歧异,即生畛域。若古今君主之国,贵贱皆有章服以
别异之;美国则民主与百姓服色从同,未闻不便于治道,益以昭其
平等。君臣犹可,况男女乎！宜定服装之制,女子男子服同一律。
太平之世,独立自由,衣服瑰异,无损公益,一切听人之所为,其男
女如何为衣,仍服故衣亦可;惟当公会礼服,男女皆从同制,不得异
色,以归大同。既无形色之分,自无体制之异,如是而后女子之为
师为长,为吏为君,执职任事,乃不异视。

第九章　男女听立交好之约,量定限期,不得为夫妇

一、男女婚姻,皆由本人自择,情志相合,乃立合约,名曰交好
之约,不得有夫妇旧名。盖男女既皆平等独立,则其好约如两国之
和约,无轻重高下之殊。若稍有高下,即为半主,即为附庸,不得以
合约名矣;既违天赋人权平等独立之义,将渐趋于尊男抑女之风,
政府当严禁之,但当如两友之交而已。

一,男女合约当有期限,不得为终身之约。盖凡名曰人,性必
不同,金刚水柔,阴阳异毗,仁贪各具,甘辛殊好,智愚殊等,进退异
科,即极欢好者断无有全同之理,一有不合,便生乖暌。故无论何
人,但可暂合,断难久持,若必强之,势必反目。或相见不语,或终
身异居,或相恶离异、或隐谋毒害,盖因强合终身之故而至终身茹
苦或丧生命者,天下古今盖无量数。欲绝交则伤名害义,无情失
欢,欲不绝则坐视此狂夫酷妇乖僻险横,一息难安,况忍终古。故
虽禀资贤圣,断无久处能相合相乐之理者也。又凡人之情,见异思

迁,历久生厌,惟新是图,惟美是好。如昔时合约,已得佳人,既而见有才学尤高,色相尤美,性情尤和,资业尤富者,则必生爱慕,必思改交。已而又有所见,岁月不同,所好之人更为殊尤,则必徇其情志,舍旧谋新。昔时旧俗,以女从夫,贵贱既同,故能勉强久处。其亚洲旧俗,一男得兼数女,而女子被制于男,故虽极苦而勉强守之;然于人道自由、人权天赋之义,已逆背而不乐矣。今男女平等,各得独立,有始为士卒而后为君相,有始为士商而后为农工,执业迥殊,贵贱迥异,强其久合,其事甚难,一也。又男女平等,各自独立,虽复合约,不过为欢。至其财产各不相蒙,或因理财而他迁,或因避地而远去,必令弃其所业,远以相随,而人各有交,或难相负,此时随迁则难于弃业,恋职则不能随迁,而令永久仳离,既非人道之情,又损自由之分,其难二也。又旧俗据乱之时,夫妇之义专以传子姓,此为一男子之私意,故不得不强合以终身,夫妇永定,然后父子得亲。今世至太平,男女平等,各自独立,生人既养自公家,不得为一姓之私人而为世界之天民矣。男女之事,但以徇人情之欢好,非以正父子之宗传,又安取强合终身以苦难人性乎! 即使强合,亦为无义。假令果有永远欢合者,原听其频频续约,相守终身;但必当因乎人情,听其自由耳,故不可不定期限之约,俾易于遵守,而不致强其苦难,致有乖违也。约限不许过长,则易于遵守,即有新欢,不难少待;约限不得过短,则人种不杂,即使多欲,亦不毒身。两人永好,固可终身;若有新交,听其更订;旧欢重续,亦可寻盟;一切自由,乃顺人性而合天理。

夫古者有弃妇之文,孔氏犹三世出妻;又有出夫之义,韩非子称"太公者老妇之出夫也"。义合则留,不合则去,不强人情之不乐,甚得人道之宜。故今欧美之制皆有弃妇出夫之义,法国近者每岁夫妇离异之案万数，即中国法律亦有离异之文。然大地风俗，夫妇皆定于终身，其有离异，即犯清议；不訾其薄行寡恩，即议其择人不慎，否则议其治家无法，否亦以为异事笑谈。于是乡里私贬其轻薄，公府亦訾议其行谊，报纸加以讥诮，知识传为笑言，种种责备，令人不堪，故虽私恨甚深，不得不弥缝隐忍。夫夫妇者所以极静好之欢，得乐耽之实，乃人道之宜也。至于强为隐忍，则其苦难有不可言。太平之世，人皆独立，即人得自由，人得平等；若强苦难之，损失自由多矣，既不如乱世之俗立夫妇以正父子之亲，则何不顺乎人情，听其交欢，任立期限，由其离合；相得者既可续约而永好，异趋者许其别约而改图，爱慕之私可遂，则欢者益欢，厌恶之意已生，则去者即去。法律所许，道德无讥，人人皆同，日月常见，乡里无所用其讥评，公府无所用其论议，报纸无暇以道及，知识不以为笑谈。凡人既无隐忍强合之心，即全世界并无离异告绝之事，人人各得所欲，各得所求，各遂所欢，各从所好，此乃真"如鼓瑟琴，和乐且耽"也。或今日虽不续约，而可重订后期，异时再为盟约，譬若故友重逢，亦如胶漆，岂若旧俗一有离异，以为覆水难收，即若仇雠相视哉！既得人权自由之义，尤得人道私合之宜，不特无怨女旷夫之叹，更可无淫情奸案之事。夫奸淫之案，遍于大地，溢于古今，虽有圣王贤吏万百亿千，治道化成，化行俗美，而终无术以弭之者也，盖人情有所不能禁故也。然因欲奸不得，谋诈并兴，暴力交作，或伤害人命，或破产倾家，或邻里相窃，或强弱相凌，或兄弟相残，或父子相争，其至酿祸株连，蒙以甲兵，被于邦国。淫祸之烈，自古为昭，故往哲畏之，以为大戒。然筑堤愈高而水涨愈甚，蚁穴不塞，卒于溃决。故防淫愈严而淫风愈盛，不若去堤与水，自无涨溃之虞。今世既大同，人人各得所欲，苟两相爱恋，即两订约盟，既遂其欲，复何所奸！若非本愿，则为强奸，乱世平世，刑兹无赦。然是时人得所欲，其事至易，人皆知学，其欲亦澹，亦何为冒犯刑诛为此强奸之事哉！故曰，行期约之事，则奸淫永绝也。

一、婚姻限期，久者不许过一年，短者必满一月，欢好者许其续约。

一、立媒氏之官。凡男女合婚者，随所在地至媒氏官领收印凭，订约写券，于限期之内誓相欢好。

一、女子未入学及学问未成不能领卒业凭照者，不能自立须仰夫养者，不用此权。

此非大同人权自立之制也，以未至大同，姑立此制。盖今旧俗尚多，骤改必多不便，或女子终身受夫男之养而忽弃之，则于报礼不公；或男子疑女子而弃之，亦于生育之事未安。且女子所以能自立者，亦以其学问才识备足公民之人格，故许享有独立之权；若其未能备足公民之人格，则暂依附于夫以得养赡，亦人情也。且使女子欲求得独立之权，益务向学，则人才日增，岂不美哉！

从上所论，专为将来进化计。若今女学未成，人格未具，而妄引妇女独立之例以纵其背夫淫欲之情，是大乱之道也。夏葛冬裘，各有时宜，未至其时，不得谬援比例。作者不愿败乱风俗，不欲自任其咎也。

己部　去家界为天民

第一章　总论

　　原父母与子之爱理　夫大地之内,自太古以至于今,未有能离乎父子之道者也。夫父母与子之爱,天性也,人之本也,非人所强为也。今观乎鸟之养其雏也,衔枝而先为之巢,啄虫而亲为之哺,雌雄殷勤,拔来报往;其有羽毛,则教之飞,雌则巢内,雄则巢外;其有人至,则嗷然偕逃;若取其子觚,则旁徨焉,鸣号焉,蹢躅焉,其声哀厉而弥长。至于猫犬羊豕,则抱子而乳之,连群咸从其母也;其有强者口衔而手缚其母或子,则跳跃呼号,奋厉啮啄而翼救之。乃至至无知之腊鱼,则亦有母子之亲焉。是鱼也,生于北美加拿大之海滨,腹大如鲤,生子百数十,群从其母出而游泳焉,既则复入母腹而宿焉。昔吾从者尝猎得狨之母子,群狨列树而长号;及将烹其子也,其母号哭甚哀,啮从者之手而俱死焉,吾欲放之而不及也。且夫鸟兽之爱其子也,未闻其子之有以报之也。彼未尝望其子之报也,又未尝计及其子之报也,又非有师学以教其慈爱也,又非有清议律法以迫令爱之也。然而殷勤育子,绸缪切至,其有患难则舍身救之、鸣号哀之者,发于天性之自然,至诚之迫切,真非有所为而为也。此天性也,仁之本也,爱其生也,爱其类也,万物所以能繁衍孳长其类而不灭绝者，赖此性也。若物类无此爱质，则人物之生不育而万类灭绝久矣；故生生之道，爱类之理，乃一切人物之祖也。夫以鸟兽之爱其子、慕其母犹如此，而况于人乎！

原父子所以立　夫人者，知识尤灵而天性尤厚者也。当生民之始，未立夫妇也；其生子也则亦惟母自育之，盖父之传精难识而母之孕体易明。既自分体而生之，其必因类而爱之，故腹育顾复备极劬劳，其爱子也根于天性也，非有教训、清议、法律以迫之也，非望报而施之也。然人道之生难，其养而至于成尤难，须养数年而后能成，其难过于万物远甚矣。且人道之始，求养甚难，保护甚难，母既以一人之力抱抚其子，既须自养，又须养子，实无余力以兼管之；且大兽强人之相逼掠，危患多矣，则不得不借男子之力。于是男子佐女以营养之，护卫之，女则坐哺，男则力作。其子得食既足，护卫有恃，身体益健，比之一母之抱养兼事者，其强弱、寿天、智愚相去远矣。行之既效，人皆知男女合力，养子易成，展转相师，遂成风俗。至于后古立制，尚有同居继父之丧服至三年，乃至今制及诸方蛮俗，抚育人子备有慈爱者多矣。由此推之，父之于子，不必问其为亲生与否，凡其所爱之妇之所生，则亦推所爱以爱之，推所养以养之，此实太古初民以来之公识公俗也，然实父子之道所以立者也。

太古初民有母无父　夫兽之知有母而不知有父也，以其牝牡相乱，述匹无定也。昔鲁文姜通于齐襄公而生鲁庄公，鲁桓公曰："同非吾子，齐侯之子也。"盖夫妇未定，不能确知为吾子，不能确信为吾子，则无所用其爱也。初民之始，男女野合，述匹无定，或以情好，或以势迫，旋合旋离，不日不月；既离复合，既合复离，风水相遭，无有常者；当此时而怀妊也，无有能知其为谁氏子者也，与犬狸之牝牡交乱无以异出。太古草昧，人之生也，惟母育之，虽人亦知有母而不知有父者也。当时固不知有姓氏，若其有也，世世相传，其必以母之氏为氏也。若周室之先，后稷知有姜嫄而不知其父，则以足迹之姬为姓；商家之始，契知有娀而不知有父，则以燕之子为姓；自稷契以上，有母无父之世胄不知历几千年所也。后世虽渐定夫妇，然或当女子稍少之地，一妻而拥多夫，或数人共娶一女，或数兄弟共娶一女，犹以母为主也，是仍有母无父之世胄也。

定夫妇而后家制族制生　男女杂合既久，则有情好尤笃者两不愿离，又有武力尤大者以强勇独据之；交久则弥深，据独则弥专，于是夫妇之道立矣。夫男女者，人之大欲也；当草昧武力之世，以男女无定之人，因争女而相杀者，不知日凡几矣。后圣有作，患人之争，因人之情，制礼以崇之，凡两家判合者以俪皮通其仪，为酒食召其亲友而号告之，高张其事以定其名分，为使人勿乱之也，于是夫妇之义成矣。

夫妇既定，则所生之子，深信其为吾子也，则慈爱之、保养之弥笃矣。及诸子并生，虽有男女先后，皆为一父之子也，号为兄弟；同育于一室，同居于百年，同食同嬉，同歌同悲，父母同爱之而诸子同依之，父子、夫妇、兄弟立而家道成矣。

兄弟复结夫妇而生子则为孙，子孙各有夫妇再生则为曾玄，群从各有夫妇而生子则为族属，于是族制成矣，然其本皆自一父母为之。然夫妇不定则父子不亲，故有夫妇而后有父子，夫妇立而后父子亲。故族属万亿，皆自父子来，实皆自夫妇来也。

论人禽爱力之别即强弱之别　夫夫妇、父子、兄弟既出于天之自然，非出于人为之好事，虽禽兽且然。但人之知识多，能推广其爱力而固结之，禽兽之知识少，不能推广其爱力以为固结，甚且久而将固有之亲爱而并忘之，人禽之所异在此也。故人能由父子、兄弟而推立宗族，禽兽久且并母子而不识之，人因爱家族而推爱及国种，故愈强愈大，禽兽并父母兄弟而不识，故愈独愈弱，人禽之强弱在此也。其推爱力愈广，其固结愈远。由此推之，故合群愈大，孳种愈繁者，其知识最大者也；其推爱力不甚广，固结不甚远，则合群不甚大，孳种不甚繁者，其知识不大者也。

论万国有人伦而族制莫如中国之盛，故人类最繁 凡大地各国，无论文明野蛮，皆有夫妇、父子、兄弟之伦，然或仅知有父子、兄弟，或仅知祖、父、子、孙、伯、叔父、再从兄弟。即欧美文明，亦率知至曾祖以下而止。印度宗教至古，知高祖矣，然无祠庙以合族尊祖。人既无祠庙，其坟墓也于子祭，于孙止，子迁他所则祭亦止，故问高祖以上之族属则亦不知矣，问高祖以上历代之名字亦不知矣。举地球万国之政教，其能敬宗合族，上数者至知百数十代之世传，旁通者至能合亿万千之族众，其崇祭千数百年之祠墓而以尊祖合群，其聚处一姓有万数千人以敬宗收族。故一族姓之中有谱以纪之，如国史；有族长、房长、宗子以统之，如君长官吏；合族各房有公产祖尝，则公举人管理之；有养士兴学之典，有恤孤寡贫老病丧之举；其远游异国或异地，必相收恤。若新宁陈、李、余、黄，则在美国且有会馆焉，其自治自收之法如小国然。盖大地族制之来至远，而至文、至备、至久且大，莫如吾中国矣。故中国人数四五万万，倍于欧洲，冠于万国，得大地人数三分之一，皆由夫妇、父子族制来也。此皆孔子之为据乱制者也；善于繁衍其种族，固结其种类，无以过之，此孔子之大功也。故欧美人以所游为家，而中国人久游异国，莫不思归于其乡，诚以其祠墓宗族之法有足系人思者，不如各国人之所至无亲，故随地卜居，无合群之道，无相收之理也。盖就天合夫妇、父子、兄弟之道而推至其极,必若中国之法而后为伦类合群之至也。

论因族制而生分疏之害　虽然,有所偏亲者即有所不亲,有所偏爱者即有所不爱。中国人以族姓之固结,故同姓则亲之,异姓则疏之;同姓则相收,异姓则不恤。于是两姓相斗,两姓相仇,习于一统之旧,则不知有国而惟知有姓,乃至群徙数万里之外若美国者,而分姓不相恤而相殴杀者比比也。盖于一国之中分万姓则如万国,即有富且仁者捐祖尝、义田、义庄以恤贫兴学,亦只荫其宗族而他族不得被泽焉,于国人更无与也。其他或分乡、分县、分省以为亲,同乡、同县、同省则亲之,异乡、异县、异省则疏之。故自宗族而外,捐舍之举,为一县者寡矣,为一省者尤寡矣,至于捐巨金以为一国之学院、医院、贫病院、孤老院者无闻焉;故其流弊,以一国而分为千万亿国,反由大合而为微分焉。故四万万人手足不能相助,至以大地第一大国而至于寡弱,此既大地万国之所无,推其原因,亦由族姓土著积分之流弊也。

论中西有无族制之得失　夫中国祠墓之重,尊祖追远之义至美矣,其不祭祠墓者,是为忘本,至不孝矣,而大地各文明国咸无之。印度则焚其先骸而无墓焉,欧人之于墓,于子礼,于孙止,子他徙则亦止,若祠庙则万国所无也。中国敬宗收族之事至美,族人之所赖矣,然亦万国之所无也;而欧美之以文明称,以强大称,且过于中国也。欧美之捐千百万金钱,以为学院、医院、恤贫、养老院以泽被一国者,不可数也。就收族之道,则西不如中,就博遍之广,则中不如西。是二道者果孰愈乎?夫行仁者,小不如大,狭不如广;以是决之,则中国长于自殖其种,自亲其亲,然于行仁狭矣,不如欧美之广大矣。仁道既因族制而狭,至于家制则亦然。

论有家为人类相保之良法　夫家者,合夫妇、父子而名者也。大地之上,虽无国无身而未有无家者也。不独其为天合不可解也,人道之身体赖以生育抚养,赖以长成,患难赖以保护,贫乏赖以存救,疾病赖以扶持,死丧赖以葬送,魂魄赖以安妥,故自养生送死,舍夫妇、父子无依也。

朋友有至好者,饮食安乐,相从而嬉,以为可寄托矣;至于有死亡、患难、贫苦而相弃矣,甚者或下石焉。若夫妇、父子之亲,则虽遇死亡、患难、贫苦而得相收焉。盖天性既亲,结合既固,相依既深,故休戚共之;富贵则封荫及焉,贫贱则同其糟糠藜藿,刑戮则前古有及于三族者,产业则传之于子孙;故虽欲相弃,乌得而相弃,虽欲不相收,乌得而不相收也!

论无父母之苦　不见夫弃婴乎!无父母顾复则转死于沟壑矣;即有哀而收养者,不过以为奴婢耳;其在文明之国,有育婴堂以收养之,犹可以成人;然稍长即自谋其生,无所怙恃,贱辱甚矣。不见夫孤子乎!依于近亲,艰食鲜食,衣服单寒,执业劳苦而不得一饱,欲学业而不得遂,病无所依;其近亲之忠厚者尚收恤之,苟遇凉薄之人,坐视不恤,则且有转沟壑而为奴婢者比比也。以吾所见,孤女则褴褛零丁,饥寒困苦,鬻为婢妾,终身贱苦;孤子窥学堂而目荧荧,倚门巷而涕零零者无数;虽有仁人,哀兹无告,然实无术以遍周之也。

论父母育子之劬劳　有父母之子女,衣食温饱,起居安闲,学业得遂,疾病得依,煦咻爱抚,食息得时,以乐以嬉。其富者勿论矣,即极贫之人,劳作茹苦以养其子,操作而襁褓,负戴而含哺,典鬻以医药,辛勤而教学,故其子得以成人,得以知学。且夫人之生也,尤难在婴幼之时,肢体不能以运动,手足不能以行持,饥寒不识,便溺不知,衣食不能以自致,疾病不知所以调医,惟呱呱而哀啼,从何而得成岐嶷。此惟父母之爱,抚养顾复,提携育鞠,出于天而不知,啼笑则乐,疾病则悲,穷夜摩抱,卧起劳疲,哺乳引戏,察寒审饥,故得致长大而成人道,备聪明而强体肢。尝观育子之劬劳,盖叹成人之艰难,故父母之恩与昊天而罔极,而立孝报德实为人道之本基也。至矣,极矣,孝之义矣!

论有父子之道人类乃强盛 夫以育婴之劬劳如此,成人之艰难如彼,而人之能长大与否不可知也。殇者固多矣,及其长大,其贤而能报与否不可知矣,不肖而辱累其亲固多焉。以据乱世言之,成人少而殇子多,孝子少而不肖多。即几于成人,又获贤孝,而远游宦学,或牵车服贾,其得事亲之日少矣;或父母忽没,亦不得收其报焉。夫人之情也计报而后施,算之理也必偿而后予,然果如是,则地球十余万万之人类立绝矣。盖母之于子亲腹焉,父之于子传精焉,以其传我类我,故有天然之爱而甘辛勤以育之,未尝计及其报也,虽望其报而皆不必其偿而后予也。子又不多,故人各爱之私之而乃育之,故大地之有此十数万万人,皆由父母有此爱类之私性,辛勤之极功也,不然则人道真绝也。故夫妇父子之道,人类所以传种之至道也,父子之爱,人类所由繁挈之极理也,父子之私,人体所以长成之妙义也。不爱不私则人类绝,极爱极私则人类昌,故普大地而有人物,皆由父子之道,至矣,极矣,父子之道蔑以加矣!

论孝为报德宜重 故父母之劳,恩莫大焉,身由其生也,体由其育也,勤劳顾复,子乃熟也;无父母则无由生,无为育则不能成熟;少丧父母,则饥寒困苦,终身贱辱;普天之下,计恩论德,岂有比哉!夫礼与律皆尚往来,借人一钱者必当偿之,受人一饭者必当报之;借钱不偿,则法有刑,受饭不报,则俗有议。汉高祖入关之约法曰"杀人者死,伤人及盗抵罪",言其报也;谚云"杀人填命,欠债还钱",言其报也;佛法无量劫世所负皆当报之,盖普人世之义,皆以为报也;报者公理之至矣,无以易之者也。受恩之重大莫过于父母,故酬报之重大当责之于人子矣。《诗》曰"欲报之德,昊天罔极",孔子之重孝,以为报而已矣;若不孝者,其律可依欠债不还,科而罪之。

论欧美人子之薄报　然今欧美号称文明者也,其父母之养子教子,劬劳辛勤,无以异于中国也。子自六七岁出就外傅,尚嬉游于膝下;至于十岁后,则就学于远方万数千里之高等学大学,从此长于学堂;至于冠岁,皆与父母远矣,父母间两三岁或四五岁至学一省视之;及既出学,则自谋业,自娶妻,与父母不相见焉。其娶妇必别居室,无有与父母同居者。其就业移居千万里外者无论矣,即同处城乡,亦多相去数里,隔日月而一见,有庆会疾病然后诣问。其父母至子妇之室视之,致茶请安,要不过与良朋同耳。至于父老母寡,亦绝无同居迎养之事,无问寝视膳之仪,无疾痛疴痒之义。其子而富贵也,则日赴燕会游戏,仅偕其妇,无有如中国之奉养侍游者。凡群官宴会,人士雅集,无论茶食酒宴、琴歌戏舞之会,其子居官而父母在邻者,其朋游知识日夕延客,皆延其子妇,亦绝无延其老父寡母者。吾亲与一英官邻,彼其有父母也,亲见之如此,而无人议其不孝者。是父母有生育之劳而子无酬报之事,幸而得子之富贵,而宴游欢乐皆不与焉;衰老戚戚,坐视子妇之富贵,欢游宴乐而一切见摈,茕茕寡欢。况鳏寡孤居,无人慰藉,疾病独处,无人抚摩,所见惟灯火,所对惟仆隶,与死为邻,无生人趣;有施无报,亦何赖有子哉!其女生长,不营生业,学成而返,未嫁之时尚依父母;故欧美人之庐,多有及笄之女,而绝少当冠之男。其女既嫁,间或有寡母依以同居，依以为养者，若子则一娶妇后，永无事父母之日矣。一英妇有男无女，尝问我曰："中国爱女乎，抑爱男乎？吾意则欲得女而不欲得男。盖男既长则游，既娶则绝，无同居侍奉之道，无迎养欢娱之日，尚不若女。"云云，盖以欧美之俗论之，男诚不若女之亲也。美总统麦坚尼，东定古巴，西定吕宋，可谓伟人矣，其死之遗嘱也，以其遗财二十余万磅尽与其妻，仅以千磅赠其母，此在中土绝无之事，而在欧美之伟人亦如此，盖其俗然矣。且观麦坚尼，一切大会皆与其妻同之，不闻其母与焉。然则生子而作总统，人生之幸事也，然亦何益。若其贫也，亦仅与妻同居而养其妻，其父母虽贫，不之养也。寄食三日则作色，七日则止，否则逐矣。不行则索食费，但推荐假以去之。母之来依尚可去女仆，而令母充女仆；若父则并不能充男仆，故不养也。间或赠以金钱，已为罕睹；虽国律有父母极贫，当分工金之三分致养之，否则国家可代扣之，然罕有行之者也。尝见一英人，父老贫甚，而子妇不养者；又有其父母极贫无聊，依于子妇，父充柴工，母供扫除，子妇自奉华侈，食于上室，而令老父杂仆隶食于下室者。其有令父母登堂馂余，则为孝子矣。故子之富贵，不得从乐，父母贫困，不得迎养，有施无报。然则十年抚养，十年就学，生育备极劬劳，身后与以遗产，殷勤厚施，何为也哉！及其死也，不过送以花圈，其同地也，时省其墓而止矣，然亦于子视，于孙止，至于曾孙则未闻有视墓者矣。欧美人营业逐利，无远不届，既少子孙常住，又多岁月即迁，无宗族之同居，无祠庙之追远，盖视墓亦不数十年而置之，仅悬遗像以寄相思，亦不过与良朋等耳。此后无春秋之祭，无忌日之思，无孙、曾、云、来之贻，以视中国世传数十，祠墓常修，祭祀常洁，思慕常感者，其去极远矣，其报太薄矣。一欧人闻吾言中国父子之道而极慕叹羡之；一美妇与吾论人伦，谓但须得富，不必子女，有子女无益，反增累耳。吾所识英星架坡两巡抚皆不娶妻；而近年法国妇女皆不愿产子，下胎无算，否则弃之于婴堂者不可胜数。故数十年来法国丁口日少，昔者在四千万外，与德战争时民数过德，方今德人几增半而法人不加，今反不及四千万焉。法美妇人尝语吾已有一子，不再须矣，皆以多子为不可。其薄父子之效可见矣。盖妇女生子，至艰至苦，稍有所误，身命殉之，而收益甚薄，人岂肯舍身命之重而殉收益之薄哉！即父之养子，所费不赀，而有施无报，亦岂情愿哉。故欧美人之死也，多以遗产舍之公。日本昔崇儒重孝，近亦变矣；吾见有名士，母死数日，即去乡至城而为友奔走者，则报亦仅矣。

论欧美薄父母由于重夫妇　夫今欧美之治近于升平矣，然父子之道，何其有施而无报哉，何以知有夫妇而不知有父子如此哉，何以夫妇同乐，而致老父寡母茕茕寡欢，饥寒无养如此哉？推其立义，盖本于自由自立而来。人人既有自主之权，于是人子皆得纵其情好之欲，少则孺慕，长则好色，故父母可离而夫妇不可别也。故制夫妇终身同居之义，其有久离居而不归者，许其离异矣。且婚姻既听自由，男女皆出相悦，人人既有自主之权，妇女必不乐舅姑之压制而人子亦不得不强从，于是父子遂不同居矣。又二女难合，异姓难亲，妇姑勃谿，家多离索，不如佇霜露而相思，隔日月而相见，反能永好，不致伤恩也，故国制亦复听之。然因是之故，乃至父母贫病而不见侍养，人子富贵而不预欢游。父子既不同居，祖孙更同陌路；吾与欧美人游，寡见有抚其孙者，况曾玄乎！乃至老父寡母，茕独寡欢，穷困无养而亦听之，律以欠借不还之道，义既不完，理亦不公，盖徇夫妇之欲而忘父母之恩，违谬甚矣！

论孝报欧美不如中国，耶教不如孔教　夫人之为道，凡有所施,必计其报之厚薄而后行其恩,凡有所营谋,必计其利之多寡而后出其本,虽父子之爱出于天性,然计人之殷勤育子,盖亦未始不出于望报者焉。睹乎垂老之无依,而有子孙之养者则饱暖得安,无子孙之养者则困穷无告也;睹夫疾病之无聊,而有子孙侍奉者则医药抚摩,无子孙侍奉者则孤苦无聊也;睹夫有子孙富贵者则迎养尊荣,人同敬畏,而无子者则俯无所望也,身后无寄也;睹夫子孙众多,则绕膝满阶,人不敢陵,而无子者则茕独无依,为人所欺也;睹夫子孙传嗣,则祠墓威丽,祭祀久远,而无子者则葬殓无人,祭祀永绝也。故孔子立孝以重报,其亲老不养,亲疾不事,生不尊事,死不祭祀者,则以为不孝,人共摈之。故老父有所依,寡母有所望,贫穷有所养,疾病有所事,富贵得其尊荣,孙曾得其推奉,丧葬赖以送埋,魂魄赖其祭祀,故人咸愿劬劳辛勤,敏于育子;故中国人口甲于大地,惟立孝之故也。今欧美人之养子,亦赖其国律有养子之责,故不得已而养之;假无国律,必皆如法之妇人,无有愿出力以养子者矣。盖养子者三年顾复,十年抚育,十年就学,所费不赀,无其报而为非常之施,无其利而出非常之本,非人情也。故欧美富人之死,多以其千百万之藏施于公家之学堂医院,盖以子亦不亲,既已费无利之大本,岂再甘以一生之资本尽与之哉,盖亦人情之自然也。夫父子天性,岂待国律责之哉!凡律者,皆不得已强人之情而为之者也;中国无此律,而爱子尤挚,育子尤多,而一生所得功业尽遗其子,盖报与不报之异也。或谓人为天生,非父母所得而私也,人为国民,非父母所得而有也。耶教尊天而轻父母,斯巴达重国而合国民,故其报父母亦甚轻也。然报施者天理也,子而为天养育,为国养育,不须父母之抚养,则不报可也;既已藉父母而后能育能成,已受父母莫大无穷之恩矣,而无锱铢之报,非道也。故人子而经父母之顾复、抚育、教学者,宜立孝以报其德,吾取中国也,吾从孔子也。

论中国人孝为空义,罕有力行者　虽然,中国之言孝,亦以名焉耳,安见其能报哉!人之有是四肢五官也,有是体即有是体之欲,此中西人之所同也;有目则好美色,有耳则好听淫声,有口则好美食,有身则好美服,体则好逸,神则好游,弱则好弄,长则好淫。魄有嗜好,魂为所牵,憧憧往来,朋从尔思,稍有金银,日为欲耗,其有不纵耳目体魄之欲而能顾父母之养者寡矣。吾但见纵欲累父母者矣,寡见养父母者也,一身之累,所供养如是之众且多也。故少之时为身累甚矣,安能养父母!及其壮有室也,少艾可爱,则供其欢心,子女日多,则营其衣食。其或妻妾繁多,子女林立者,则养之益艰矣;以一人而养无穷之大众,安得赢余以奉穷老之双亲!且中国人营业之艰,亦良苦矣。耕农所入,则常有水旱之忧,其举家饥寒,欲养而无以为养多矣。工资所入,北方率二三金,南省之工则间有四五金者,至才工上品,则十金八金为至极矣。士人就馆,月多三四金者,其举人秀才,多至十数金亦已至矣。若通籍而仕宦京朝,或候补而听差各省,俸薪所入,月仅十数,其有优差,多不过数十金,而舆马、仆从、服食、应酬、租赁所费不赀,自非膴仕优差,大商素封,其能竭其劳力可资孝养者,盖亦无几矣。夫以所入如是之极戋戋薄微也,以如欧美之例,仅养夫妇,然犹不足,即如僧人仅养一身,犹为未丰。然而奉一身之耳、目、口、体嗜欲如此其多,养一家之妻、妾、子、女人口如此其夥,盖欲养而不得为养者比比矣。夫古人之分田制禄及欧美之操工执事,皆量人口之多寡,度支之分量,使其足而后用之,故古人得以仰事俯畜,从容有余,而欧美人足以糊口养家,逍遥自足,然后报恩为乐,强体怡神,所以有生人之趣也。今中国之农、工、商贾既不开利源之路，而执事作工复极得手业之难，虽极力营得之，而工资微薄，致无以厚一人之生，况能责其仰事俯畜哉！故丰年而儿号寒，有业而妻啼饥，寡母倚门而黄馘，老翁曝日而无衣，孝子捧糜啜粥为嬉。以吾所闻，以阳朔之富乡，而五十余家得食饭者只二十余家而已，人道如此，焉得不悲！若其无工可作，无田可耕，闲民游手好赌，而复佚游无度，醉乐而荒，都邑相望，市衢相属，饿莩载道，不可纪录，若是者甚多甚多，岂复能望其孝养哉！以吾乡所见，养父者千不得一，养母而丰泽安乐者百不得一，分其数金之入，令老母安坐而食、饱暖无营者十不得一，其能以一金半金养母，而母复操作助之者，二不得一。而不孝子之穷侈纵欲，不养其亲，或仅私妻子而不养其亲，或困穷无聊不能养亲，或疾病无依致累其亲，或蠢愚无用待养于亲，或妻子林立待养于亲，或妄作非为陷于刑狱，致害其亲，或纵欲负债，鬻田卖屋，致累其亲，若是者举目盈耳，几于十居其七八也。极贫之人或尚少，中人之家则累累皆是矣。试游于都会，入于闾井，听乡谣，比户可忧焉。老妇隆冬无被，乃典衣而疗子孙之疾，老翁白首无裤，乃力作而偿子孙之负；其有子孙众多，壮夫环立，而游手无食，仰于一老，乃至年七八十奔走远方，或为人隶，仰人鼻息，归而哺食其所生息者，盖比比也。呜呼！几见有竭力能报其父母哉！

论慈孝之难易由于意见　吾尝见人之爱育子女，殷殷摩抚，勤勤教养，不假圣贤之教，不待诗书之训，不须风俗之化，不用旁人之劝，不识一字，不行一步，乃至悍妇戾人，生番瑶蛮，无不能爱养其子者。至于仰事父母，则经无量圣贤之教育，有无量典籍之言，经许多乡党父兄之责，有无限天堂地狱之劝，而孝子不数见，逆子尚无数，是何故哉？然则人之情，于慈为顺德，于孝为逆德故耶？观人之体，俯首甚易，仰首甚难，岂亦所谓俯畜易而仰事难耶？然则孝乃逆德，非顺德也。尝原天理之至，父母乃施恩于我者，我非父母不得而生，子女乃我所施恩者，非有恩于我者；人情易于报恩而难于先施，宜人皆易孝而难于慈，何以人难于事父母而易于抚儿女乎？此不可解者也。尝推其由，人之于子女，既为所生，则分己身而来，既以爱己身者爱之，此爱之始也。人之情，好玩能动少知之物，故猫犬之驯者人多豢之，至有与同卧起者，况于人乎！人当婴孩童幼，笑啼游戏皆有天然之生趣，比于猫犬又为同形，故尤为可爱。近美国有一赁儿会，凡自数月以上至数岁之婴儿，可论日计二三金而赁之；夫无儿可弄，犹日出数金赁而弄之，况于所生之子乎！此皆以之自娱，绝无望报之心者，况于既为同类分身之亲，又有将来酬报之望，宜其乐于抚育也。欧美之报少，故人望子亦不切，中国之报多，故望子尤切，此其等差也。若父母，义虽宜报，人亦未始不知也，然以其尊长于己，事当仰体，而形体既分，游学自异，则意见迥多不同。夫天下之至大者莫如意见矣，强东意见而从西意见，既已相反，即难相从；不从则极逆，从之则极苦。虽以生身之恩，然其极反终有不可从者，于是不和生矣，其与儿女之可以教训约束，可以惟意，再不听则怒詈鞭笞之必令从己迥异，一也。又养父母之身尚易也，而父母有诸子女，则必兼爱之，兼爱则必取有余而济不足，则是兼养数人矣；子力薄不能养志者，或难免有吝心，其与养儿之一儿即一儿更无他及者异矣，二也。又养母者尚多焉，以母一身而寡欲；父则或有后妻诸妾，更或他欲，则难供给之矣。欧美人则子须养妻，乃并父母而皆不供养。女则尚有养母者，以同形相抚，则可同室同居，子则并母而不能养，此欧美人所以望女过于子也。然母之养于女而依于婿也，则备极柔和，助其执事，父则有盛气而不能同居;然则其养母也,亦以柔和易制与小儿同耳。即如子之童幼则爱之,至于长大,或有媳妇则父母爱子之心已不如幼少;即孝且才者,已不免疑问横生,甚至家庭决裂矣,其不孝不才不肖者更不具论。人之苦痛莫若生逆子,以绝之则不忍,容之则不可。以唐太宗手定天下,才兼文武,可谓绝特不世之英矣;而以魏王承乾故,乃至自投于床,以刃自刺,何尝必于爱哉! 合比而观,孝难慈易,皆因意见之故耳。不能同意见者则不能同处,能同意见者则易处耳。盖处者,处其意见也,非处其身体也。夫妇似以身体同处矣,而中国则限于风俗,欧美则限于法律,不得已为之耳。今法国夫妇之离异者岁月日多,岂非意同则合,意异则离耶!

论家人强合之苦　　其在富贵者,或备膳洁瀡,板舆迎养,袍笏戏彩,兰玉盈阶,是近于孝养矣,然如是者亿万不得一人。且亦外观之美者耳,其妇姑同居之不相悦,因细故而积嫌交恶者,殆无有能免者也。夫人性不同,金刚水柔,弦急韦缓,甘辛异嗜,白黑殊好,既不同性,则虽钟郝同居,多不相得,贤者千不得一,而不肖者十居其九,故子妇未必孝,翁姑未必慈。或子妇之不能承欢视色而拂戾悍逆者有之,或因其姑之责备过甚而严酷毒厉者有之,或因女妷叔妹积久生嫌,而母偏听其女,或因甥侄待之未周而老人笃爱其童孙,因此而恶其子妇有之,或因父母有所偏爱袒助,而兄弟娣姒以生嫌妒者有之,或因子妇财物有所私蓄不献,兄弟娣姒隐据自取而生嫌恶者有之,或因子妇各私其子女,分待不均而生嫌者有之,或兄弟贫富不同而不能分多润寡,则父母爱怜贫贱而生嫌者有之,或嫡庶交争,父母所偏爱而生嫌恶者有之,或女贫子富,母欲养济其女而子妇妒吝者有之,或兄弟一荣一悴,或孤寡可怜,或多财多男而相倾争而怒其父母者有之,或有内外孤孙,而子妇不知体慈意怜爱以触其怨怒者有之。凡此皆因缘同居，隙于薄物，米盐琐碎，鸡虫得失，或一言失体，或一事失检，而彼此疑猜，不能情恕，不能理遣，小则色于面，大则发于声，始则诟谇，继则阋墙，甚则操杖，极则下毒。或兄弟相讼，或嫡庶相绝，或嫂叔相詈，或叔侄相怨，或娣姒相倾，甚至妇姑不相闻者比比也，以此丧命自尽者不可数也。昔张公艺九世同居，千古号为美谈，然其道不过百忍；夫至于忍则已含无量怨怒于中矣，不过不发耳。然蓄药者久必炸，积水者久必泻，未有能遏之者也，至于药炸水发则不堪问矣。张公艺之美化犹如是，况其不及张家之化者哉！故凡中国之人，上自簪缨诗礼之世家，下至里巷蚩氓之众庶，视其门外，太和蒸蒸，叩其门内，怨气盈溢，盖凡有家焉无能免者。虽以万石之家规，柳氏之世范，其孝友之名愈著，则其闺阃之怨愈甚。盖国有太平之时而家无太平之日，其口舌甚于兵戈，其怨毒过于水火，名为兄弟娣姒而过于敌国，名为妇姑叔嫂而怨于路人。贤者皆以为骨肉，极力隐忍，弥缝不言，故人不知之，目为德门；愚不肖者则激发而为家祸，延及累世矣。凡此皆源于薄物而酿为深怨者，盖无家无之。若夫兄弟、姊妹、娣姒之中，有性情贪戾、才智谲诈者，造谤兴谗，巧构疑似，致父母相离，兄弟相杀，吾见盖多矣。又有悍妇制姑而绝粒，恶姑凌妇而丧命，或继子不肖据产而弃其继母，后母阴毒私子而陷毒其前子女者，不可胜数。大约童媳弱妇死于悍姑，孤子幼女死于继母，及甥妇依诸父诸舅而凌虐鬻卖者至多矣。都中国四万万之人，万里之地，家人之事，惨状遍地，怨气冲天。虽以数口之家，灶下之婢述其曲折，皆成国史，写其细微，可盈四库，史迁之笔不能达其冤愤，道子之画不能绘其形相，累圣哲经子语录格言而不能救，备天堂地狱变相惨乐而不能化。盖以尧而有丹朱之不肖，舜而有父、母、弟之顽嚚,文王、周公而有管叔、蔡叔,汉惠帝、太子贤而有吕、武之忍酷,既以天合,无可决绝。他若冯敬通之有悍妻,周伯仁之有傲弟,聚群不同姓之女与群不同性之人而必以同居限之,则又室小如斗,房禁如囚;必以同爨限之,则贫富既殊,嗜味皆异,顾此失彼,顺甲忤乙。必使四万万人皆孔、颜为父子,闵、曾为兄弟,任、姒为妇姑,钟、郝为娣姒,或庶可乎!若有一不然,则其怨毒决裂,有不可思议者矣。夫天下安得有孔、颜为父子,闵、曾为兄弟,任、姒为妇姑,钟、郝为娣姒者乎!则是家人无一之能和,亲者无一而不相怨也。其富贵愈甚者,其不友孝愈甚,其礼法愈严者,其困苦愈深,其子孙妇女愈多者,其嫌怨愈多,其聚居同爨愈盛者,其怨毒愈盛。以吾居乡里之日殆三十年,所闻无非妇姑诟谇之声,嫂叔怨詈之语,兄弟斗阋之状;先圣格言,徒虚语耳,求为救度,更无术焉。印度男女之别尤严,父子之亲甚至,一家多室,莫不同居,其居法甚严,其含苦弥甚,宜以为五浊恶世也。婆罗门九十六道及于佛氏,无可如何,乃为出家之法,离绝六亲以求除烦恼。夫佛岂不知绝父母之恩、弃亲戚之好为过忍哉!然烦恼怨毒若此,徒斫丧其魂灵而又不能和其家室,是以决然舍去也,其忍之无可忍而出于此途者,诚以家累至甚而恶世难化也,不然,岂好为出家哉!且何苦倡为出家哉!

论立家之益即因立家而有害　夫圣人之立父子、夫妇、兄弟之道,乃因人理之相收,出于不得已也;亦知其相合之难,乃为是丁宁反复之训言以劝诱之,又设为刑赏祸福以随之,而终无一术可善其后也。非惟怨毒烦恼,无术以善其后而弥缝之,且其立家第一要因在于相收,而因一家相收之故殃遍天下,并其一家亦不得相安焉,其祖父、兄弟、子孙、妇姑、娣姒、嫂叔亦不得贤焉。以其不贤,故不能同处而生不可思议之怨毒苦恼焉；以其不贤，故谬种流传，展转结婚，而生人皆不得美质，风化皆不得美俗，世界遂无由至于太平，人类无由至于性善，其原因皆由于一家之相收也。

盖一家相收，则父私其子，祖私其孙而已。既私之，则养子孙而不养人之子孙，且但养一己之子孙而不养群从之子孙；既私之，则但教其子孙而不教人之子孙，且但教一己之子孙而不教群从之子孙。于是富贵之子孙得所教养者，身体强健，耳目聪明，神气王长，学识通达矣；贫贱者之子孙无所教养者，身体尫弱，耳目聋盲，神气颓败，学识暗愚；甚者或疾病无医，乞丐寒饿，不识文字，不辨菽麦矣。即有损学堂以教贫子，设医院以救病人，然人人皆当私其子孙，安得多有余财以博施济众乎！若此，则其医院、学堂必不美，即尽美善，其及于众也仅矣。故能捐义田、义庄以惠其族，尚未能及其乡，即能及其乡，不能及其邑，即能及其邑，不能及其州郡，即能及其州郡，不能及其国；即能及其乡族郡邑，不过救死亡耳，何能平等哉！夫以富贵贫贱之万有不齐，故其强弱智愚、仁暴勇怯亦万有不齐；然且富贵少而贫贱多，则有教养者少而无教养者多，强智、仁勇者少而愚弱、暴怯者多。然且大富贵贤哲能备足教养之格者亿万不得一，而极贫贱愚暗、疾病寒饿者十九也，则举国人之被教养之全格者盖极寡，而强智、仁勇之人亦极寡，而愚弱、暴怯者皆是也。且娶妻必于异姓，虽有富贵贤哲之家，能得所娶之必贤乎？其人而贤矣，其传种于父母者，得毋多有异质乎？此凡欧美有家之人所不能免也。若中国富贵之家多娶媵妾，媵犹可也，妾或出于卑贱，其父母之来因则多乞丐寒贱、疾病无医、不识文字、不辨菽麦者矣。夫以富贵贤哲之家而传此极不美之种，则即有强智、仁勇之世种亦将与愚弱、暴怯之种剂分两而化生，而不美之种复大播焉。故有父智而子愚，兄才而弟劣；若其贪吝、诈谲、诡戾之性分播于人人，故父子、兄弟、妇姑、姊妹、娣姒、叔嫂之间，人人异性，贤愚不齐，而恶者较多，几为什九。播种既然，则种桃李而得桃李，种荆棘而得荆棘，乃固然也；及长大后，乃欲稍施教以易之，岂可得哉，况多无教者哉！以此人性安得善，风俗安得美，而家人安得和，是以天下人人受其弊，无由至于太平；而专就一家言之，先受其害，无由至于和睦矣。

论有家则有私以害性害种 且一家相收，既亲爱之极至，则必思所以富其家而传其后；夫家人之多寡至无定，欲富之心亦至无极矣。多人之用无尽而所入之资有限，既欲富而不得，则诡谋交至，欺诈并生，甚且不顾廉耻而盗窃，不顾行谊而贿赂矣；又甚且杀人夺货，作奸犯科，憝不畏死，以为常业矣。夫贪诡、欺诈、盗窃、作奸、杀夺，恶之大者也，而其原因皆由欲富其家为之。既种贪诡、欺诈、盗窃、作奸、杀夺之根，种种相传，世世交缠，杂沓变化，不可思议，故贪诡、欺诈、盗窃、作奸、杀夺之性愈布愈大，愈结愈深，人性愈恶，人道愈坏，相熏相习，无有穷已。且人既有家，即无不欲富，既至亲相爱，责任所在，亦必思所以收养之。夫以一夫之力养一夫，其事易，以一夫之力养众人，其事难；又或境遇阻之，疾病阻之，才智不如，筋力不及，而妻若子女诸孙之饥饿待哺、疾病待医、隆寒待衣者环集也。子女林立，嫁娶逼人，连环迭代，追踵相因，娶媳生孙，膝下成群，人口日众，室屋当增，家人嗷嗷，待于一人。同此俸入，昔羡今贫，何以应之？仰屋而暨，鬻田卖宅，负债累累，烦恼盈前，忧能伤人。况复天灾无时，死亡相因，多哀多思，怀我六亲，丧葬祭祀，耗费无端，力作既穷，凤逼迫人。既馁其气，实伤其魂，困穷交迫，虽有志士，诈谋亦生，或毁廉而丧节，或负诟而忍心，于是苟贱无耻之事，贪污欺诞之行，亦不得已而强为之矣。既一为之后，不得已复再三试之，习之既熟，与性俱移，则为河间妇矣。吾见乡人家富巨万，有子十人，子妇亦十，子女孙二十余人，曾孙数人，然皆纨袴，仰食一老；少为教学，长为嫁娶，月添孙子，日闻医病，年置屋舍，岁哀死丧；田宅尽鬻，垂老佗傺，稍营奸邪，卒无少济，七十穷死，几无药葬。自乡间所见，如是者不可胜数，皆人羡其多男多寿而彼实为穷忧极苦者也。大率子女愈多者，家累愈重，忧病愈甚，郁苦愈深，改行营邪愈不得已；子女稍少者，家累稍轻，忧病稍少，郁苦稍浅，改行营邪亦可已则已。然都中国之人，四十以后不忧家累，不改行义者，盖亦寡矣；虽有志节之士，激昂于少年，无不易节于晚暮者。孔子曰"及其老也，戒之在得"，岂其所好哉？盖有家之故，不得已也。夫以忧郁烦苦之伤魂，则神明斫丧，贪奸欺诈之丧行，则风俗败坏，神明沮则术业不精，风俗败则人心日恶，将欲求太平性善之效，岂不远哉！若业种相缠，世世无已，俗恶业缠，陷溺日甚，从无始来侵渍已深，乃欲于其长大少施美言以教之，欲去无始甚深之性，恶俗浊世之风，是犹杯水而救燎原之火也，必无济矣。且以有家之故，有子安得不养之，有妻安得不收之，不养不仁，不收不义。然以一人而养众人，即竭力以供奉，必不能给者矣。虽有富者，多子则教学不精，饮食不美，医药不周；若贫者则并不能教学，糟糠不足，肌肤不掩，疾病不治，十而八九也。以故体皆羸瘠，面为菜色，身多残疾，耳目不聪明，血气不和平，目不知文字，手不知技艺；虽充人数，有类马牛，驱之奔走，寡有虑谋；甚且鬻为奴婢，鞭笞榜殴，终身苦役，得食无忧。以此传种，愚痴弱柔，若汰种而改良，几无可留，推其原因，皆由以一人养众之供养不周也。

　　大约都中国之人，托生士家，父母知方，长不饥寒，饮食得宜，衣裳适当，神明畅朗，身体健强，龆龀诵数，童幼入学，得闻圣贤之训，得知古今之事，得闻人道之宜，得操世业之技，此亦据乱世之人格哉，殆万人无一也，则以家之贫富贵贱不同故也。然则想望太平性善之世，岂不远哉！盖天下为公者乃能成其私，私者未有能成其私者也。

欧美今大发独人自立之说，然求至太平世之人格，实未能也，何也？以其有家也。有家则人各私其子，吾子则养之，他人之子则不养也，吾子则教之，他人之子则不教也。虽孤贫者有育婴慈幼之院以收之，虽人必入学，孤贫者公家教之，然所教养皆最粗者，又不数年而听就工矣。诸专门学之学费甚重，且非至大都会之大学就学亦不能成高才，贫家多望慕而不得，入小中学而就工矣。疾病虽有医院治之，然粗秽甚矣。伦教、苏格兰、阿尔兰尚多乞丐徒跣者，意、班、葡贫人尤甚，则其不能尽教成材，尽养无憾，亦可见矣。妇女但依夫为食，日读小说，游戏清谈为事，则其不具人格、徒供玩具可见矣。老贫而寡独者，子女不养之，况无子女乎！欧人少年纵欲，四十已衰，作工则筋力不逮，无人用之，嫁娶则面目老丑，无人许之，穷困凄凉，无人过问，形影相吊，疾病无倚，衣食无托，送死无人，则魂气衰微矣。

既已有家，则不能不为妻子之计；既无公养，则不能不为送老之计。且欧美之风，尤为贱贫而尚富。不幸而贫，则故人犹觌面不识，绝无车笠之谊；若其富也，则国主前席，握手为欢。夫欲富既为人之情，况风俗迫人之去贫而思富如此，则人之所以求富者无所不至矣。既无所不至，则凡诈欺、狡诡、诞伪、争夺、攻击、盗杀亦无所不为矣。英人之业磁商者请吾听戏，既至戏场，则反须吾请之；以美国政体之美，而以风俗尚富之故，乃至多为纳贿杀人之事，其每

"博洛"中之屋,众无赖居之,以日行剽劫棍骗为生,其他诈欺相杀之事不可胜数;意国尤甚,欧美多相若也。以此相传,人种之未善可知矣。夫富贵无常,人人可致,婚姻之结,展转相交。夫以贫下恶贱之种,加以诈欺、狡诡、诞伪、争夺、攻击、盗杀之性,恶种相传,递代无已,欲求大同之公,性善之德,其去亦绝远矣。

论有家之害大碍于太平　今将有家之害列下:

一、风俗不齐,教化不一,家自为俗,则传种多恶而人性不能善。

一、养生不一,疾病者多,则传种多弱而人体不健。

一、生人养人不能皆得良地,则气质偏狭而不得同进于广大高明。

一、自生至长不能有学校二十年齐同之教学,则人格不齐,人格不具。

一、人之终身非日日有良医诊视一次,则身体怀疾。

一、人人自生至长不皆驱之于学校,则为无化半教之民。盖人者杂质,须加镕铸冶斫,自始生而镕铸冶斫则易,长后而镕铸冶斫则难。故无家而全归学校以育人,太平之世也;有学有家以育人者,升平之世也;全由其家以育人者,据乱之世也。

一、入学而不舍家全入,则有杂化而不齐同。盖人自为教,家自为学,则杂隘已甚,未有能广大高明纯全者也。

一、因有家之故,必私其妻子而不能天下为公。

一、因有家之故,养累既多,心术必私,见识必狭,奸诈、盗伪、贪污之事必生。

一、有私狭、奸诈、盗伪、贪污之性相扇相传,人种必恶而性无由善。

一、人各私其家，则不能多得公费以多养医生，以求人之健康，而疾病者多，人种不善。

一、人各私其家，则无从以私产归公产，无从公养全世界之人而多贫穷困苦之人。

一、人各私其家，则不能多抽公费而办公益，以举行育婴、慈幼、养老、恤贫诸事。

一、人各私其家，则不能多得公费而治道路、桥梁、山川、宫室，以求人生居处之乐。

故家者，据乱世人道相扶必需之具，而太平世最阻碍相隔之大害也。

论欲至太平大同必在去家 夫欲人性皆善，人格皆齐，人体得养，人格皆具，人体皆健，人质皆和平广大，风俗道化皆美，所谓太平也；然欲致其道，舍去家无由。故家者，据乱世，升平世之要，而太平世最妨害之物也。以有家而欲至太平，是泛绝流断港而欲至于通津也。不宁唯是，欲至太平而有家，是犹负土而浚川，添薪以救火也，愈行而愈阻矣。故欲至太平独立性善之美，惟有去国而已，去家而已。

论出家为背恩灭类不可 婆罗门欲至太平独立性善之美，驱人出家，以离世缘而图清净。然当据乱世之始，人之有身，本之父母生育教养而来，又人之传后，必待男女交合而得。夫贷人财物，犹当偿之，况恩莫大于生育教养乎！受罔极之恩而未尝有分毫之报，忽乃逃而去之，以自谋清净，此与负万亿重债而分毫不偿，乃挟人财，逃之他方以夸豪富，其所以为享用富乐，则计诚得矣，试问可乎，国法能容之乎？吾于佛义之微妙广大，诚服而异之，而于其背父母而逃，不偿罔负而自图受用，则终以为未可也。且夫大地文明,实赖人类自张之;若人类稍少,则聪明同缩,复为野蛮,况于禁男女之交以绝人类之种!若如其道,则举大地十五万万人类之繁,不过五十年而人类尽绝;百年后则大地内繁盛之都会,壮美之宫室,交通之铁路电线,精奇之器用,皆废圮败坏,荒芜榛莽,而全地惟有灌木丛林,鸟兽昆虫,纵横旁午而已,是不独不可行之事,亦必无之理矣。夫以文明之世界,何必让之与鸟兽草木哉!虽有无递嬗,成坏相乘,他日大地亦必至此境,而今日文明之世胄,何事速速驱之入此破坏空虚之境哉!是预忧婴儿长成之烦恼而先坑之,预忧胎生出世之烦恼而先落之也。以此为仁,是或一道也,非天下大众公共所许也。

论去家有天下为公之良法　夫既欲去家而至太平,而又不忍绝父母夫妻以存人道,然则何道以至之?康有为曰:赴之有道,致之有渐,曲折以将之,次第以成之,可令人无出家之忍而有去家之乐也。

康有为曰:人非人能为,人皆天所生也,故人人皆直隶于天。而公立政府者,人人所共设也;公立政府当公养人而公教之,公恤之。

公养之如何　一曰人本院,凡妇女怀妊之后皆入焉,以端生人之本;胎教之院,吾欲名之曰人本院也,不必其夫赡养。

二曰公立育婴院,凡妇女生育之后,婴儿即拨入育婴院以育之,不必其母抚育。

三曰公立怀幼院,凡婴儿三岁之后,移入此院以鞠之,不必其父母怀抱。

公教之如何　四曰公立蒙学院,凡儿童六岁之后,入此院以教之。

五曰公立小学院，凡儿童十岁至十四岁，入此院以教之。

六曰公立中学院，凡人十五岁至十七岁，入此院以教之。

七曰公立大学院，凡人十八岁至二十岁，入此院以教之。

公恤之如何 八曰公立医疾院，凡人之有疾者入焉。

九曰公立养老院，凡人六十以后不能自养者入焉。

十曰公立恤贫院，凡人之贫而无依者入焉。

十一曰公立养病院，凡人之废疾者入焉。

十二曰公立化人院，凡人之死者入焉。

夫人道不外生育、教养、老病、苦死，其事皆归于公，盖自养生送死皆政府治之，而于一人之父母子女无预焉。父母之与子女，无鞠养顾复之劬，无教养糜费之事。且子女之与父母隔绝不多见，其迁徙远方也并且展转不相识，是不待出家而自然无家，未尝施恩受恩，自不为背恩，其行之甚顺，其得之甚安。

或曰：父母于子天性也，舍去非天理也。然今法、美、澳洲私生子多矣，日本岁亦八十万，孔融所谓"父母于子，为情欲来耳"；男女自由后，则私生子必多。即合天下计之，亦贫贱不能教养子者多，富贵能教养子者少，从多数决之，盖必愿明归公养者多，故必天下为公而后可至于太平大同也。

第二章　人本院

生人之本，皆在胚胎，人道之始，万化之原也。世之言治者，曰明其政刑，又曰修其法律，未尝教人，而多为法网以待其触，是以罟待兽，以网待鱼也；此真据乱世之治矣，孔子所谓"民免而无耻"也，其距性善之平世不可道里计矣。其进而言教者，知人道之治，风俗人心为先矣；则谆谆于教化，摩之以仁，渐之以义，示之以信，齐之以礼，劝善惩恶，崇节尚耻。若后汉之俗，束修激厉，志士相望，亦近于化行俗美矣，然其实数不过一二士大夫儒生之向上者耳。即贼畏贤人，鬼读书，其于国人分数不及万一，其去大同之世，人人性善，不待劝惩，不待激厉，其相去不可道里计矣。即汉宋盛时，讲学大兴，授以诗书，被以礼乐，人研义理，家守礼法，然皆负笈而从经师，闻风而赴讲会，皆在冠岁壮夫之时；至是受教，即使兴起，而未学之先，子张之为驵狯，子路之冠鸡豚，周处之断弛，戴渊之盗贼，其含根已多，发芽必甚；况其家庭之习惯，乡邑之风尚，国俗之濡染，浸渍已久，安能以一日之学而拔之哉！自非豪杰，罕见成德。即如曾子之日省，赵忭之夜夜焚香告天，如耶氏之早起夜卧必祈祷忏悔，佛耶之每食必祝，时时拂拭，勿使惹尘，然诚切省身实少，况有时决裂者哉！凡物质已坚壮，难于揉屈，故长大而后教，气质强盛，难以变化。故皇甫湜教子乃至啮肩，拔剑而逐苍蝇，着屦而踏鸡子，即薛煊居敬之笃，而二十年不能治一怒，谢上蔡之高明，而七年不能治一矜，朱晦庵之贤，而张南轩谓其气质褊隘，以兹大哲，熏以多贤，而气质难变如此，何况中人以下哉！故曰"少成若天性，习惯成自然"也。若今日欧美学堂，童幼被教，章程精密，然教艺而非育德也。且教之于有生之后，气质已成，见闻已入，知识已开，夫脑者，天下之至善居积者也，一有所感于外物，终生受之而不忘，遇事逢时，萌芽发扬。贾谊曰："习与正人居之不能毋正，犹生长于齐不能不齐言也；习与不正人居之不能毋不正，犹生长于楚之地不能不楚言也。"今生于恶浊乱世人相食之时，而童幼交于闻见，习为故常，种此恶核而欲果之良美，安可得也！以此而欲至太平性善之世,亦犹欲北而南其辙也,无至之日矣。昔之人孔子乎,渊渊深思,盖知之矣,故反本溯源,立胎教之义,教之于未成形质以前。令人人如此,普天如此,则受气之先,魂灵之始,已无从染恶浊矣,源既清矣,流自不浊。必如是乃可至性善,乃可至太平。惜时未至大同,不能人人遽行之也。今按《大戴礼记·保傅篇》曰:"古者胎教,王后腹之七月而就宴室,太史持铜而御户左,太宰持升而御户右。比及三月者,王后所求声音非礼乐,则太师缊瑟而称不习,所求滋味者非正味,则太宰倚升而言曰:'不敢以待王太子。'太子生而泣,太师吹铜曰,'声中某律',太宰曰,'滋味上某',然后卜名,上无取于天,下无取于墬,中无取于名山通谷,无拂于乡俗,是故君子名难知而易讳也,此所以养恩之道。古者年八岁而出就外舍,学小艺焉,履小节焉,束发而就大学,学大艺焉,履大节焉。居则习礼文,行则鸣佩玉,升车则闻和鸾之声,是以非僻之心无自入也。在衡为鸾,在轼为和,马动而鸾鸣,鸾鸣而和应,声曰和,和则敬,此御之节也。上车以和鸾为节,下车以佩玉为度,上有葱衡,下有双璜冲牙,玼珠以纳其间,琚瑀以杂之,行以《采茨》,趋以《肆夏》,步环中规,折还中矩,进则揖之,退则扬之,然后玉锵鸣也。古之为路车也,盖圆以象天,二十八撩以象列星,轸方以象地,三十辐以象月,故仰则观天文,俯则察地理,前视则睹鸾和之声,侧听则观四时之运,此巾车教之道也。周后妃妊成王于身,立而不跂,坐而不差,独处而不倨,虽怒而不詈,胎教之谓也。成王生,仁者养之,孝者襁之,四贤傍之;成王有知,而选太公为师,周公为傅,此前有与计而后有与虑也,是以封泰山而禅梁甫,朝诸侯而一天下。由此观之,王左右不可不练也。"

今人本院专为胎教以正生人之本,厚人道之原:

一、胎孕多感地气,故山谷崎岖深阻之地,其生人多瘿瘤突额,锐颐黄黢,无有丰颐广颡者;其人性褊狭,锐眼重性,深阻险僻,寡有光明广大者;水泽沮洳之地,其生人多柔质弱态,润色靡颜,鲜有劲骨雄魄者;其人性多委靡卑湿,曲折柔脆,寡有刚直贞固者;其他岩石荦确,原陵衍隰,皆可以此而推矣。故都邑之地,广原厚土,乃有丰颐广颡,白皙明秀者,此华土之大概也。若非洲人之黑面银牙,尖腮斜面,脑后颐前,固由传种,亦半由生长热地,居住山谷致之也。南洋诸岛,地近赤道,华人英人来此,居之岁月,皆为疲损,色变黄黑;又汗出太多,聪明亦减。若印度万里平原,多热少水,故人被日光,积成黑面,目多圆突;其英人久居于是,传至子孙,面变黄蓝;华人之杂婚传子于是者亦然;岂非地气使然哉!若加拿大地当五十度,落机雪山,日照于面,故华人生子多红白明秀;欧洲各国地近寒带,故多白;南意大利、葡萄牙、西班牙在三十余度,地在温带,故面色稍黄;是皆地气所感成。然则犀角端盈与顽邪穷固,皆地所关,而天下之人皆出于胎,胎生既误,施教无从。然则胎教之地,其为治者之第一要欤!

今欲定胎教之地皆立于温冷带间,以受寒气而得凝固,得红白而去蓝黑,以为人种改良之计。

环球热带,地方无数,妇女无数,岂可尽遣之冷带中,此岂可行之事哉?然此不过今日电学未精,道路未通,国土各限故耳。若在大同之世,国土同一,电汽极精,飞船满空,则自热带之初度至温带境不过五千里,以美国方今汽车一小时可行二百七十里,则一日已逾五千里;况千数百年后,五千里路不过一二时可至,如枕席上行,如门户之中游耳。且热带地之文明而广大者莫如印度,横北皆有雪山可移居;若澳洲近赤道之人皆移于雪梨、坤士兰、纽西兰之境;

非洲之人移出沙漠之南，或迁入欧洲之北；南洋诸岛，蓁然无几，亦自有高山可居；似须少待，以渐移徙，不能速成之耳。若惮于迁移，留此恶种，存此黑色，终为黄白人所不齿，是人类终不能平等，而进化必不能至大同也。兹事虽大且难，然必当决行之。故此热带之地，只可为耕牧之场，决不可为生育之地，并不可为学校之地，必使生平年逾二十，自谋生计，始许来游来居。此义关平等甚大，必决少弃此地，然后大同得行也。

一、院地当择平原广野、丘阜特出、水泉环绕之所，或岛屿广平、临海受风之所，或近海广平之地，次则远背山陵，前临溪水，又次则高山之顶及岭麓广平者。若不近海，亦必营之于江河原隰之地，远山而有土气，近水而无湿蒸。凡崎岖岩险、荦确崚嶒、壑谷褊隘、幽闭遮压、狭窄锐曲，皆所力戒而舍弃之。选择极奇，位置极精，务令多吸天气，多受海风，则生人乎必多丰颐广颡、隆准直面、河目海口者，尽为高加索人相矣；其性必能广大高明、和平中正、开张活泼，而少险诐反侧、悲愁妒隘者矣。

一、院数之多寡，量人数以随时酌增。

一、有司皆以妇女曾业医者充之，由众公举其仁慈智慧尤深者，其员数、俸数随时视人数多寡公议。

一、妇女有孕，皆应入院；其孕之月数多少乃入院，随时由医生公议。然世愈太平，则教养愈密；其始平世或六月乃入，其中平世则三月乃入，其极平世则有孕即入，略可因世之进化、养资之足否以定之。

一、有孕之妇入院后，自以高洁寡欲、学道养身为正谊，虽许其与诸男子往还，若其交合宜否，随时由医生考验。生产之道与交合之事碍否，及与一男之交合若众男之交合碍否，或定以月数，或限以人数，务令于胎元无损，乃许行之，否则应公议加以禁限，以保人元胎本。夫大同之道，虽以乐生为义，然人为天生，为公养，妇女代天生之，为公孕之，必当尽心以事天，尽力以报公，乃其责任。妇女有胎，则其身已属于公，故公养之，不可再纵私乐以负公任也；若纵私乐以负公任，与奉官而旷职受赃同科矣。

按妇女以生人为大任，故公政府尊崇之，敬养之；既有胎矣，则奉职之时，非行乐之时矣。奉职者在端悫奉公，欣喜欢爱，中正无邪，情欲之感无介于仪容，燕私之情不形于动静，无爱私愁感以乱其中，生子乃能和平中正。若有私交，则有爱私愁感、缠绵歌泣、死生忧患、得失变乱感动其中，则胎孕感之，必不能和平中正，而亦有爱私愁感、忧患得失乱之矣。即大同之时无此诸患，而死生、得失、变乱亦难尽泯，则其人德必不和，性未尽善，此事所关在人种，即与大同太平有碍，故万不能纵私乐以听之也，故以正义必当断其交合。然十月绝欲，人道所难，特恐因此无欢，纷纷堕胎，反为大害；稍徇其乐欲，许以他物代之；必不得已，则于怀胎可交合月内，不许易夫，以专笃其心志而不乱杂其情思。然若其夫有疾病、死丧、忧患，官应断其往还，并许易夫以节其忧感，盖万法有弊，斯亦不得已之道也乎！

一、孕妇代天生人，为公产人，盖众人之母也。况既无将来有子尊养之望，而有怀胎生子之苦，又须节欲谢交，乃一极苦难之事，公众宜为天尊之，为公敬之。故当立崇贵孕妇之礼，凡孕妇皆作为公职之员，故得禄养，贵于齐民。凡入院之孕妇，皆当号为众母，赠以宝星，所在礼貌，皆尊异于众焉。盖大同之世无他尊，惟为师、为长、为母耳。而师长无苦而母有苦，故尤宜尊崇其位，在大师大长之下而在寻常众师众长之上。至既生产后，则如官满闲散者，在小师小长之下，然犹在众人之上。于诸产妇之中，又以多孕者为上，每一孕得一宝星，可以众母宝星之多寡为位次之高下焉。但生后免职之宝星，其带较短小于在孕本职之时，以示别异。既有堕胎之严禁，又有产子之荣章，两者相辅，庶几人乐有子而人类得繁乎！

一、院中医者皆用妇女为之。

一、孕妇每日有二医者晨夕察视二次，务慎之于未疾之先，令有胎时无使小疾之侵，以弱其体而感其胎。除初入院被疾外，其后孕妇有遘疾者，则罚其医者。其察视次数多寡及医者罚之轻重，随时公议施行。

一、孕妇饮食，由医者选择食品之最能养胎健体而后给之，并各因其人之强弱、精粗、动静以定其多寡之数及消受之宜，每日开单，如给药然。孕妇悉当奉医之命，不得自行率意饮食，其有犯者可微罚之，随时由大医巡视其当否。

一、孕妇宫室，由医者考察其最宜，无有愆阳伏阴之虞，无有引湿闭风之患，无有藩溷秽污之迫。其室外游观之所，楼观高峻，林园广大，水池环绕，花木扶疏，皆务使与孕妇身体相宜，俾其强健。其室更预备产子之时，阴阳寒暑之所合，风日之所宜忌，及山海原隰之别异，务令生产相宜，婴孩相宜，随时由医生考察新理而精改之。

一、孕妇衣服冠履，随时由医生考察其最宜于孕妇身体者，辨其寒带温带之殊，山海原隰之异。若中华缠足，欧西细腰，雕琢人体，既为文明世所不许，而尤为孕妇之大忌。又若欧美行礼之时及跳舞之际，大宴之会，甚至来复日之夜食，大酒店之夜食，皆袒肩露臂，妇女勉强行之，多感冒致疾者，此等弊俗当亦大同世之所无；然若未尽除，尤孕妇产妇之所大忌，所当严禁者也。

一、孕妇既入院后，即离其所业。每日有女师讲人道之公理，仁爱慈惠之故事，高妙精微之新理，以涵养其仁心，使之厚益加厚，以发扬其智慧，使之明益加明。每来复日，又有女保医生讲全体之用，卫生之法，生产之宜忌，育子之良法，使之了然自解。则于未产时养生之道，当产时生产之法，既产后育养之方，皆能自得其宜，无所待于旁人，并不必专倚于医者，则其孕育必安，生产必易。今未至太平时，乡僻贫妇不知产学，而得医尤难，富妇亦自不解，而医者不能常侍，故孕育多失，生产极艰，人以为苦事，亦由此也。

一、孕妇为大地众母，为天下传种；种之佳否皆视其母，故当立一女傅教之监之。女傅亦自医出，公举为之，视孕妇多寡而立。一女傅随之出入，同其起居，以傅其德义，化其气质；令孕妇目不视恶色，耳不听恶声，口不道恶言，鼻不闻恶臭，身不近恶人，心不知恶事。使耳目之所染，心知之所遇，无非高妙、仁慈、广大、和平、安乐之事；其有异形、怪事、恶色、恶声、刑人、恶言，皆戒不得近人本院。其孕妇出入、游观、宴会，前警后跸；凡有异形、怪事、恶色、恶声、刑人、恶言皆走避，无使有丝毫入于孕妇之耳目以感动其魂知，此为胎教第一要义。尝见吾乡人生子有面分两色者，人皆骇异；究其所由，则以孕妇好看演剧，而剧场有涂面者，孕妇尤为赏心，一念所动，遂如影相之照，深入胎中，乃成着色。盖电气所传，并非异事，故感染之大，未有若胎孕之易者。昔孔子操琴，见猫捕鼠，而颜子惊其有杀心，伯牙志在高山流水而钟子期知之，盖物感于外，即情动于中，情志既动，血气从之，故周于肢体，达于营卫，铭于魂魄，发于梦寐。观童少耳目之所感，即为一生心思之所印，纵使一时不发，触物即生，虽至垂老，随事发现。观夫近世人或噩梦而醒，或死而复生，所见鬼神，多冕旒而黺，金甲而刀，道服白衣，红黑其面，或称阎罗、观音，或号关帝、吕祖，或见有地狱、净土，从未见一欧洲人者；盖说部之所演，庙像之所塑，佛典之所染，积久渐渍，遂为固然也。楚子玉梦河神问取琼弁玉缨，则以古者瘗玉祀神之故；后世以纸为元宝祀神，则鬼神亦索纸钱元宝而已。其他深信丧门神、三煞者，其人即有所遇，若不信者，亦复无之。有见说部猫犬仇者而畏之，后误杀猫犬，病果患猫犬仇之而死。盖梦魂知气之与胎，皆为气质所传，感入正同，故父母之性情，子女多肖之者。以晋太子遹之聪明，其母谢贵嫔为屠家子，于是太子遹亦好屠肉，宫中作市而自卖之，亲自论斤播两。尝见孕妇嗜烟，子生即食烟，止之即病，三月而烟瘾日重。又见族人妊子而毁改室墙，子生而死，额有毁改红迹。又见其孕母闻雷而惧者，其子闻雷及炮一切响声皆战栗。其他产蛇，产鳖，盖皆因感成孕，故古称履武吞卵而生子，亦非异事也。故胎妊之时，感入最易，其人之好杀者，盖亦其父母怀感杀心而成孕存胎有以致之。自馀一切贪心、淫心、诈心、怒心、畏心，其蓄之甚深，好之成僻者，亦皆由其父母怀感此心，传种入胎，浸渍使然。盖下种一误，此根遂生，身有生死，魂无变易，展转传染，无有已时。故传种养魂，母仪胎教，实为人道无上无始之义；不于胎妊时拔其根本，及质形既成，乃思矫易，欲有以教之，治必无当也。故母仪既教之学校之先，更敬慎之于既妊之后，不使物感情移而误其胎元也。

一、孕妇入院之后，必有所佩，佩皆作冲牙，相触成声，锵鸣协和，必中乐律，若古者行中《采荠》、趋中《肆夏》之义。若脑中须臾不和不乐，则佩声不谐，体中斯须不节不文，则佩声不谐。其有跳舞之事，弦歌之雅，登高临深，坐作进退，出入周旋，嬉游走舞，皆由医生体察，加以节度，务令四肢百体、血气心知，皆由顺正，皆由中和,则胎感所被,亦无非顺正中和者矣。

一、院中所读之书,所见之画,凡有异形怪事、恶色恶言及争杀贪诈、诡伪奸偷、邪说淫论,皆不得藏。故于群书之中,皆当别编,选其高明超妙、广大稍微、中和纯粹、仁慈慈惠、吉祥顺正以及嘉言懿行,足以蓄德理性、兴起仁心者,号为《胎教丛编》。至工艺学之中,若天文、乐律、图面,最为有益,其余凡与胎无损,乃许学习。其他用精太过或与胎不宜者,虽所素业,亦当禁断。院中所读所学,皆有禁限,不得逾越。盖孕妇如当官奉职,皆有职守,入院之后,以养胎为宗旨职业,其有碍此宗旨职业者,皆可不行也。

一、孕妇出游,女傅皆当监察,其有异形怪事、恶言恶声之地,皆不得往;及机器厂之震动,兵器厂之伤生,背不得往。

一、孕妇交游之人,女傅皆当讯察,其有不正之业,不正之人,其有恶言相闻,恶事相告,固禁之于院中相见之时,亦禁之于出游过往之日。甚者则女傅可暂断其交,俟产子后乃听往还,大同世实无恶声恶事,姑极言之。

一、人本院终日常有琴乐歌管,除早夕某某时停奏外,馀皆有乐人为之,亦听孕妇自为之。盖声音动荡,最能感人,其入魂尤易,故佛氏称清净在音闻。但取其最和平中正者,常以声乐养其耳,必能养性情而发神智。

按怀胎之事既人所不便,生子之苦尤人所难堪,禁欲节交固非人心之所愿,离乡入院亦非人情之所乐。既生之后,乳养之时,必须节欲戒行之苦,保抱携持,则有失眠湿坐之苦,种种为累,男子所难。在据乱、升平以笃父子之世,妇女待子而养,待子而荣,所以望于子者甚厚,则所以事于子者最苦,皆所愿乐而不敢辞。又足迹不出户庭，学问不通名理，耳无闻，目无见，则惟风俗之是从而不敢稍萌他念，以不容于众，故虽苦身禁欲，辛劳累年而不敢畏恶也。今欧美自由之风渐昌，平等之义渐出，女权日达，女学日明，美、法国且有为官吏学士者。以自由之故，女嫁既不事舅姑，而子娶必各树门户，子不得事父母，不养父母，欧美人又无坟墓之扫除，庙祠之祭祀，则所以望于子者甚薄而无所待；计自十岁出就外傅之后，多远游学于都会，至冠乃还，则又娶妇别居矣，则所以抚于子者甚疏而无所亲。子之于母既薄且疏，徒以国律所定，父母有养子之责任，故勉强抚养之，然苟无国律，则弃之者必众矣。又女之能学问、能为官者，足以自立于世，不待其子之养，不待其子之荣，而保抱携持之苦，实于为学有大损，故为学之女尤不愿有子，以自累其身体，自损其学问。夫凡人之茹苦冒难者，必计其利息而后为之。夫以无待无亲之物而有大累大损之事，而重以怀胎生子之苦，节欲禁行之难，保抱携持之艰，谁愿为之。故法国妇女多事堕胎，比十年来，英民增至千万，德国增至千五六百万，美国增二三千万，而法国民数且损至数百万。凡万国之民，虽野蛮之国，苟非乱亡，无有不岁增人数者，而法乃岁减，其事大反者，何哉？则以妇女多智，皆乐自由，不愿生子故也。今法国深畏民少，遂悬生子之赏，夫生子有赏，岂不异哉！夫以方今法女之知识，自由之风俗，其与千数百年后大同之世不及岂只千万计，然而今之法女已不愿生子矣。何况大同之世，男女平权，男女齐等，同事学问，同充师长，同得名誉，同操事权；彼男子则逍遥自由，纵欲极乐，无所累，无所苦矣，彼女子之学识、名业、仕宦皆同，岂肯甘受怀胎之累，生子之苦，节欲禁行之艰，保抱携持之难哉！故女权平等、自由大行之后，妇女惟有争事堕胎而已，于欢欲无损，于苦累不受，有超脱自由之乐而无生产保抱之艰，必不肯为十月之劳，任胎妊之重矣。若果如此，则未至大同之世，人种已绝，普地球又复为大草大木鸟兽狉榛之世，繁盛之都邑，壮丽之宫室，精妙之什器，皆废弃，芜没、毁坏、断烂，欲望野蛮之世亦不可得矣。故大同纵欲自由之乐，与佛氏、婆罗门戒淫不嫁娶之苦，其事相反至极点，而绝人种，芜地球，同归于狉榛草莽之世则不约而全同，若交线而合符也。乃知人道全在得中，凡义不能极，南北极地至相远相反，而为冰海则同，亦其理也。故据乱、升平之制，明知其有害而有不得已者。故古俗抑女而不平等，固出于强凌弱之余风，重子而待其尊养，固出于亲所生之顺势，然各国据乱之制皆因；义虽不公不乐，然实人类所由繁华，以胜于禽兽而立于天地之故，亦文明所由兴起，以胜于野蛮而成为大国之故，乃进化必经之道而不可已者也。若人食禽兽则极不仁，印度古教戒杀，印人最慈，虫蚁不践，然印人之岁食于猛兽者遂以万数矣。且人之聪明，多赖食肉以充其精气，故能日创新制以改文明，故食兽之暴与利民之仁，适相反而赖以相成，道无一致，体无一面。故立法者难矣哉！扶东则西倒，法立则弊生，故物方生方死，方盛方衰，竟无全理。凡圣人立制，皆顺势以因之，因病而补之而已。夫以同为天生之人，形体聪明之用皆同，而乃尊男抑女，至为不公，至为不平，而岂知尊男抑女之事效，人类赖以蕃繁，国土赖以文明，男女平权之事效，人种因以灭绝，地球因以芜没哉！即使人种不绝，而生人日少，则执业任事者不足，为学穷理者更寡，势必政事隳坏，学术断绝，机器缺乏,宫室败而不修,图书焚而不续。夫政事隳,学术断,书器坏,则人类复归于愚。一物不修,则众物牵连而不可行,如机器然,总机坏则群机不行,群机不行,久则生锈而不可用矣。至是则道路不通,不可越山海,则复分为部落之小国以相争战;人类无学,不能知古术,则复化为野蛮之风俗以受苦毒。夫智则必乐,愚则必苦,乃自然之理也。至是时也,强复凌弱,男子复抑制女子而禁其自由,亲其所生,女但望生子而待其尊养,经此部落野蛮之世,又不知经几千年,经几历劫,经几许仁人圣哲创制立法,肝脑涂地,而后渐为一统,渐为升平。不幸则有他星之来触,而地球已粉碎矣;或去日渐远,势力渐少,则生人之热力亦弱,聪明亦微,无复能制作之精美;是大地人类因男女平权之故,人类永无文明之迹、地球太平大同之乐矣,岂不大可畏哉!然若因此而抑女,禁平等自由,于理不公,于事失用,不独非仁人之心,亦非时势所宜也。故太平之世男女平权之后,怀胎产子,实为人种存亡继绝之第一大事,不可不极思良法以保卫之、禁制之也。

为全地人种之故而思保全之,则禁堕胎乃第一要义矣,当以为无上第一大禁,视之与杀生长之人尤加重焉,严著以为律,俾人知畏。昔周公之酒律曰:"群饮汝勿佚,尽执拘以归于周,予其杀!"饮酒之罪亦微矣,以杀刑施之亦过矣,然当时纣王沉湎之俗,实不得不然也。今大同之世,人皆性善,刑措不用,当废杀刑;然堕胎之禁应以为刑律第一重律。有犯此者,重则监禁终身,充当苦工,谥为不仁,剥削名誉,虽贵太上,罚之无赦;轻则以有胎之月数为监禁之年数,即出监禁,别异冠服,戴堕胎之章,人皆不齿,所有为师、为长尊荣之职皆不许充，所有合众、宴会、公议之事皆不得预。悬为重禁，庶几怀胎生子之苦小而监禁不齿之苦大，两相比较，虽无将来之望而深怀刑耻之恐，则堕胎之患庶几可息，而人种之传庶几不绝矣。又有医生日监视其举动，庶几可免。其医生密为堕胎之方，药肆密卖堕胎之药，皆为祸首，罪比杀人，并监禁终身，剥削名誉；或轻减年数，出监后异其冠服，仍戴堕胎之章，终身不齿，所有为师、为长尊荣之职皆不许充，合众、宴会、公议之事皆不得预，悬为厉禁，庶几少免。其药肆则有大医生随时察视，著为炯戒，防察周密。名耻相尚，以兹救平权自由之女，庶人种或可保全欤！

一、众母妊胎时，既日有二医视之，调养得宜，安胎、保胎、养胎自皆有日出新法以安之，令无痛苦，令人无所畏恶之。

一、众母将产时，诊而知之，告之大医生视察，预备产具众医日所诊视次数，随时议增。

一、本院医生专考求安胎、保胎、养胎及生子最易无苦之新法。其最得宜之法令孕妇怀胎生子绝无痛苦者，予以最荣高之宝星及厚赏。医者别孕妇之长短肥瘦、大小强弱而以方施之，务令孕妇绝无痛苦。考求之学既专，尊荣之赏既重，生理自易，令人无畏。

一、众母将产时，移置产室密静不虞风寒者，一切产儿养儿之物皆备，并设电话线以通大医生室，以随时问话。

一、众母移入产室后，女医看护人即常时看护，其饮食居处，皆女医节度，务合于生产最适宜者。

一、产室应有乐室、书画室及玻璃草木室，以为众母不出门之清娱。

一、接产选医生精于生理学者充之；其十全无缺者，经若干人加俸，再若干人赏荣衔。有不合法或不得成全者，俸金多者削名誉。

一、子生后即有女看护人专为抚视,凡剪脐、洗浴、穿衣皆女医每日亲为之。医者日视数次,随时酌议。其助乳之法或养育之宜,由医者随时考查良方为之。此为生人之始,尤当郑重。

一、本院医生专考求养子之法,壮健之宜,务令孺子壮健无疾。

一、众母除字子之外,皆有一女看护人为之抚视,众母仍可照常听乐、读书、看画。

一、众母产后气血大亏,应急补养;其饮食滋味,皆日有数医诊视,为之节度。

一、产室常有人鼓琴诵诗于将产已产之时,产母未能自由之日。其琴诗之作虽有时亦听众母之所欲;其琴诗旨义,皆仁爱慈祥、恺悌中正、和平安乐之音,不得有不类不祥、不仁不正之言入于其中,俾众母及孺子感入无闲,放于血气,畅于四肢。

一、子生由管院人报知人口吏,每七日人口吏来视新生子一次,院内群医众母抱子于户内,与官行礼,执事人皆集,奏乐诵吉词而为之名,重人之生也。人口吏乃上之本度地方总长。其父知者,听其省视预闻可也。

一、人生之姓,太古从母,以是时知有母未知有父也;后世从父,以父母可并亲,而父尊有力,成族姓也。然不论从母从父,皆因父母所养,其功最大,故当从之。升平之世,兼从父母,为复姓可也;然大同之世,人既皆养于公,父母无殊功焉,不必再从其姓以生畛域。泣父哭母,据乱也;兼从父母,升平世也;舍父母之姓,太平之至也。盖有姓即有亲,有亲即有私,其于天下为公之理最碍矣,故必当去姓。各人本院皆有甲乙号数,每度因人口多寡而设院,院室各有以某日生号,即以某度、某院、某室、某日数成一名可也。

一、子生弥月后，医者诊视强健，乃可减省视次数。然每日犹当二次，因小儿体弱，顷刻变态也。

一、产母生后在乳字之期，为饮食当受医者节度，以乳食为小儿托命，不能少误。

一、产母以何时可出院行游，何时可见客，何时可与人居宿，应否一月或数十日，皆由医者考察最宜施行。

一、产母字子以岁月为期，然后断乳；由医生考定最宜月数，务令孺子得以健全而后断乳，大约多则六月，极少亦须三月也。

一、众母断乳之后，即可出院，一切听其照常复业自由。

一、众母在人本院字子期内，原应不得与男子结约住宿。然恐人性或难，限以几十日或若干月，许其与男子同游同宿。未许宿之先，或只代以机器之男行欢乐，皆由医生考定适宜日数。若断乳时早，则可定于断乳出院时；其在期内者，未便在产院居住，偶留则可。

一、产母既产子后能出门时，一切听其自由，但有赴会饮食宜受医节度。其有未及预知者，归时当报医生；若有损于孺子者，应立加补救。

一、产母出院时，人口官长到院，会同医生，集各官长，奏乐诵赞功词，赠以众母宝星，贫者或以金钱；并以旗帜送之出院，至其住所；或远方则送以汽车，以示荣耀，见者许为加敬。

一、各看护人皆用女子，其名曰保，由总医生择其德性慈祥、身体强健、资禀聪敏、有恒心而无倦性者为之。其妥否由产母品定，若其不妥，由产母告明司事易人，若被易逐，则减削名誉，终身不得选上职。一年为期，若至断乳时产母出院，称其慈美，即由公赠以慈保宝星以为荣耀。此宝星下产母一等，下育婴慈保二等，与慈幼女保同。凡女子，必须由人本院、婴幼院、医老院之保傅、看护人出身，乃得升上职；未充此职者，终身不得为君、为师、为长。

第三章 育婴院慈幼院同。慈幼者，自三岁至五岁入焉，如不设慈幼院，则总归于育婴院可也。

一、凡婴儿断乳后，产母出院，即移送入此院。

一、此院看护者皆女子，以男子心粗性动而少有耐性，不若女子之静细慈和而有耐性也，其名曰保。凡女保皆由本人自愿，而由总医生选其德性慈祥、身体强健、资禀敏慧、有恒性而无倦心、有弄性而非方品者，乃许充选。盖孺子既离产母，则女保有代母之任，其责最大，人类所关，不可不重其选也。

一、女保皆悬有女保字于冠服，见者不论贵贱，皆加敬礼，以其代为众母，非其子而抚之如子，人类所托命，其事至仁，其行至难。盖数月之婴儿，体弱无知，事事皆待于女保，抱持拥卧，哺食矢溺，提携嬉弄，无晨无夕；稍一不慎，即致疾病，竟夜哭啼，终日襁褓，劳苦尤甚。而长大或不能相识，不能知报，无所为而为之，其事尤难。孔子之为子报父母曰，"欲报之德，昊天罔极"，盖以子生三年然后免于父母之怀也，故罔极之恩，不在一日之生而在三年之怀。然则保母劬劳，人类赖以育成，其有大公德于公众，岂可言哉！故宜有殊荣异礼以待之。

一、育婴院择地之精，当与人本院同，或与人本院接近，尤易移送。若地狭难容二院，则可少次于人本院者。然不得在山谷狭隘倾压、粗石荦确、水土旱湿之地，又不得近市场、制造厂及污秽之处。

一、育婴院结构，当择与婴儿最相宜之式，大约楼居少而草地多，务令爽垲而通风，日临池水以得清气，多植花木，多蓄鱼鸟，画图雏形之事物，皆用仁爱慈祥之事以养婴儿之仁心。凡争杀、偷盗、奸诈种种恶物，皆当屏除，无使入婴儿心目中。其为歌乐及教婴儿歌乐者亦然。

一、本院凡弄儿之物，无不具备，务令养儿体，乐儿魂，开儿知识为主。

一、管院事者皆以医生充之，由众公举，在选仁质最厚、养生学最明者。

一、本院婴儿，早暮有医生诊视二次，其衣服若何而宜儿体，饮食如何而适儿度，嬉戏安息如何而合儿神，务令得宜以壮儿体，一切皆由医者节度而女保受命奉行。若儿儿岁月无疾则得赏，儿儿有疾则得罚。其女保不慎者罚女保。

一、小儿有病，每日医生诊视三次，分别其轻重。其重者有常医视无次数，且归大医诊视，以康泰复愈，然后如常。

一、婴儿数月以上者，一人专抚之；其两年以上者，或以一人而看护二三人，随时酌议。

一、子能言时教以言，凡百物皆备，制雏形或为图画，俾其知识日增。

一、婴儿能歌，则教仁慈爱物之旨以为歌，使之浸渍心耳中。

一、婴儿入院后，人口官全集各院行定名礼，为婴儿立名。惟婴儿既经公养，人为全地之公物，非父母所得私有之，不过藉父母以生之耳。公家有宝星以赏其胎产之劳，足偿之矣，既不必从太古之母姓；不须父养，亦不必同后世之父姓也。且凡有姓则有所私

亲,各私其亲,势必如广东各姓之互争而相战,此在太古人类自立
则赖之,大同之时最忌别异,必当去之矣。

一、知识稍开时,将世界有形各物,自国家至农工商务,皆为雏
形,教之制作,则习惯若性。及其长也,贫而谋生,贵而监督,皆熟
悉工艺,多能鄙事,行之自然矣。

一、婴儿知识日开,感染不可不慎。故设院之地不可近戏院声
伎之地,葬坟火化之旁,作厂、市场、车场哗嚣之所,以慎外感之染
而保清明纯固之神。

一、婴幼身体稚弱,不能当祁寒盛热,且魂体未定,感非时之
气,既足以变人体貌,又足以夺人神魂,观印度、马来、非洲之人可
见。故今冷带五十度、热带二十度以外,皆不设院。

一、女保以二年满任,任满时,若公察看其仁慈尽职,婴儿健
长,公赠以仁人慈保宝星,此宝星为第一等者。盖婴儿无母,即以
女保代为母而育之,非其所生而爱抚如子,其功德大过于生母也。
凡有此第一等仁人宝星出身者,足为仁爱之实据,凡有各上职即当
推升。其慈幼院之女保,一年为期,则降生母宝星一等,以儿长易
抚也。其有愿再任者,任满再赠仁人慈保宝星。凡仁人宝星愈多
者,尊荣愈至,他职推选愈速。

第四章　小学院

凡人自六岁即离育婴院而入于此,至十岁而止。或人智愈开,
人脑愈浚,则自五岁至九岁,亦可随时议定。

一、此院司理及教者皆为女子,号曰女傅。所以用女子而不用

男子者，以女子静细慈和，爱抚婴儿，而有耐性，有恒心，有弄心，而男子粗强好动，抚婴之性不如女子，又耐性弄性皆不如女子也。故中国古者教子十年乃出就外傅，出宿于外，则十岁以前必用女傅而不用男傅也，今用其义。

一、女傅当选德性仁慈、威仪端正、学问通达、诲诱不倦者为之。以儿童性情未定，小学乃其知识甫开之时，举动謦笑，言语行为，入耳寓目皆以女傅为转移。熏陶濡染，其气最深，人情先入为主，则终身有不能化者。况人道蒙养之始，以行德为先，令其童幼熏德善良，习于正则正，习于邪则邪，入兰室则香，居鲍肆则臭。故人生终身之德性，皆于童幼数年预为印模，童幼习于善良则终身善良，童幼习于邪恶则终身邪恶。有童幼善良而长大变易者矣，未有童幼习于恶而长大能改者矣。故欲造世界于善良，则选女傅最要矣。

一、女傅非止教诲也，实兼慈母之任。以人方幼童，尤重养身，少年身体强健则长亦强健，少年脑气舒展则长大益舒展。又童幼之性尤好跳动，易有失误，盖未至自立自由之时，故嫩稚也，当养之。卧起行游，提携保持，衣服饮食，照料节度，其事极琐，其行极繁，非有至慈好弄之耐心，不能令童儿之身安而体强也。以至出入嬉游，跳舞戏弄，固不可多束缚以苦其魂，亦不可全纵肆以陷于恶。大概是时专以养体为主，而开智次之；令功课稍少而游嬉较多，以动荡其血气，发扬其身体，而又须时刻监督，勿贡非儿。故女傅之任至重，其管理人数亦不能过多也。

一、学地当择山水佳处、爽垲广原之地，以资卫生，以发明悟；不得在林暗谷幽、岩洞崎岖、水泽沮洳之处。盖林谷幽暗，不通风气，则养生不宜；岩谷崎岖，则于童子之跳动恐有损坠之患，水泽沮洳，则湿气过感，精神不爽也。儿童当知识甫开之时，尤易感染学习，故孟子之圣，而近学宫则陈俎豆，近墓地则效葬埋，近市则为买卖，故所邻染不可不慎也。故学舍之地，宜远阛阓。第一当远戏馆、声伎、酒宴之地，第二当远坟墓葬所，第三当远作厂、车场、市场喧哗之地，庶使非礼不祥之事不接于耳目，哗嚣杂乱之物不扰于神思，保其静正之原，乃可广其知识之学。至于学室之式，务便养身，多其容率以得气，慎其光射以宜目，酌其户牖以通风，多植花木以娱游。既人无私家，皆出于公，财力既厚，布置合宜，无有今村舍之狭陋尘嚣，无有今城市之秽污恶习，无有家庭之牵累分半，其于蒙以养正之功，进益之大，相去岂啻天壤哉！

一、体操场、游步场无不广大适宜，秋千、跳木、沿竿无不具备，花木、水草无不茂美，足以适生人之体。

一、图画雏形之器，古今事物莫不具备，既使开其知识，而须多为仁爱之事以感动其心，且以编入学课中，使之学习。若夫金工、木工、范器、筑场，既合童性之嬉，即资长大之业，童而熟习，长大忘形，尤于工艺易精也。

一、儿童好歌，当编古今仁智之事，今为歌诗，俾其习与性成。

一、大同世文字语言皆归于一，学之自事简而功倍，自修身、习算、地理、历史外，所有人世普通之学皆当学习，其学类、学级随时议定。

一、学贵以养身健乐为主，盖人生寿命基于童稚也。其时物备课明，一时可抵今人数时矣，故学时可减。其有安息、记念、嘉时、吉日，可肆其游览跳舞，沿树水嬉，无所不可。惟不许为非礼不正之事，见非礼不祥之人。

一、小学之数，以人数多寡随时增设。然盛热之地，人多发汗，使人筋骨缓弱,神思散越,盛寒之地,使人堕指裂肤,瑟缩战栗,血气不流,功课减少,皆于童幼不宜。故冷带六十度以上,热带一十余度以内,皆不宜设学。若瑞典、那威之和暖与别论。

第五章　中学院

一、凡人自十一岁即离小学而入此学,至十五岁而出学。此时纯为学龄,一生之学根本于是。

一、此学可习高等普通学,各视其人资禀之敏钝好尚以为学级学类,随时增议。

一、入此院时,知识日开,当大同教化美备之时,人类当此,可以比古人十五岁以后,渐有自由自立之志。但身体稚弱,故养体开智以外,又以育德为重,可以学礼习乐矣。礼以固其肌肤之会,筋骸之节,人世相交之道,公家法律之宜;乐以涵养其性情,调和其气血,节文其身体,发越其神思。

一、入此学时,脑气未充,身体尚弱,不能专事于智思,故德性当令养之益熟,知识当令导之益开,有节有度以养其正可也。

一、此学年龄已长,衣服饮食皆可自理,可纯用礼律以绳之,不须再用保傅。故不论男女皆得为师,惟才德是视。导之以正义,广之以通学,绳之以礼法,虽于慈惠之中而多用严正之气。

一、人生学问之通否,德性之成否,皆视此学龄。中学不通,则无由上达于上学及为专门之学,而终身受其害矣;德性不习定,至长大后气质坚强,习行惯熟,终身不能化矣。及夫时过乃悔而欲学,则勤苦而难成,年长乃变而化性,则倔强而难屈。故中学之师,尤当妙选贤达之士,行谊方正,德性仁明,文学广博,思悟通妙,而又诲人不倦,慈幼有恒者,方当此任。全世界之人类才能德性皆系之,岂不重哉!

一、管学总理之人皆由公推,须学行并高,经验甚深,慈爱普被者,方许充之。其分理、助教略同。

一、中学院舍当择广原爽垲近海近沙之地,令基宇极广,可容万数,自食室、藏书楼、体操场、游步园、操舟渚莫不毕备。其专门之学,则自农、工、商、矿凡百实验之事,莫不备具,以备学者游观,玩摩、肄学,故体裁当极伟大,乃足备用;其院舍皆当令与人体相宜。

一、中学之童,年少血气未定,易于感染,凡剧场声伎之所,葬墓、市场、作厂、车场不净哗嚣之地,院舍皆不得近,此以绝邪缘而正思感。

一、中学之童,年少体弱,在寒带则患以祁寒而减功课,在热带则患以盛热而损身体。除冬夏各有所宜外,余月皆在温带设学。

一、中学之藏书楼,凡中学应用之书器、图画、古物、雏形应皆具备,令学者可一见而博物会通。

一、中学杂列各学,并延群师以资讲习。其最高级者,与今各国大学、专门学殆过之;以其时教治化明,物备时节,又无家累,故人之智慧比今倍蓰也。

一、中学每所可藏万人或数万人。食堂及起居出入,皆有部位,分班序列,俨如军队,大师如将帅,分教如偏裨,小教习如队长。坐作进退、讲习息游皆有时限,衣服如一,望之有荼火之观。人愈多则观摩愈大,众愈积则激励愈深,道德易一,风化易同。其有过失者,终身不容于众,以为愧耻,故亦寡矣。

第六章　大学院

　　凡人自十六岁离中学而入此，至二十岁而出学，生人之学于是终焉。凡大学皆专门之学，实验之学。盖自十五岁前，于普通之学皆已通晓，至此时则脑髓已通，不待束缚，不事防检，精粗高下，惟志所之，聪敏钝塞，惟人自受。从古贫人，至是时皆不得为学之候，惟大同之世，天下为公，欲成就同类，俾其大成，故令人人有此五年之学。此时之学，于育德强体之后，专以开智为主，人人各从其志，各认专门之学以就专科之师。其学政治、法律则为君、为长，学教育、哲理则为傅、为师，学贸易、种植则为农、为商，学一技、一能则为工、为匠，虽贵贱攸殊，高下迥异，而各禀天赋，各极人官，各听自由，各从所好，分业成能，通力合作，其于利物前民以供公众之用则一也。

　　一、大同之时，无一业不设专门，无一人不有专学，世愈文明，分业愈众，研求愈细，究辨愈精。故大学分科之多，备极万有，又于一科之中擘为诸门，一门之中分为诸目，皆各有专门之师以为教焉而听人自择。其门目之多，与时递增，不须今日为之预定，至千万年后，其门目之多，牛毛茧丝不能比数。五年之中，强敏者既听兼通数学，中才者亦得妙解一门；虽极愚下之资，笃守一业，亦足以下之自养其身，上之足赡公用，此乃大同仁覆众生之意也。盖自有生以来，十五年中，同为世界之人，无一人之或富或贫，或贵或贱，同育公家，同学公学，无家可恃，无私可恋，无累可牵，无德可感，无游非学，无群非学，齐驱并进，无却无前，万千并头，嗅喁向上。虽欲不学乎,有引于前,有鞭于后,无由有失学者矣,人固无不德性齐一,学识通明矣。及其入大学也,资格五年。重念二十出学之后,上无公家之养,下无父母之畜,欲不发愤而成学业,将立为饿莩矣,否则入恤贫院而为苦工,名誉全削,终身不齿于人类矣,此又中人以下所不甘者也。况导以善诱之良师,夹以万千之侪辈,耻心既激,循序可升,虽极顽钝之资,无有不成之材矣。今天下子弟之无赖,人才之不成,至于老无一能,终身穷饿,寡廉鲜耻,或为盗贼而就刑戮,此固其人之愚不肖,亦由治教未备之所至也。或其少失父母,无人教化;或因穷不得学,不识之无;或学仅岁月,不能通艺;或父兄椎鲁,乡曲愚鄙,不知所教。假有家富能学,父兄为都士,知所教,教学能至弱冠;然其间濡染家庭市井都邑之恶习,费去家事、疾病、送死、吉凶、祭祀之间日多,有贫贱、死丧、困苦、哀伤之感情,而无公家园舍、园圃之精洁广大,无歌乐、图画、书器、雏形之美备欢乐,无万千齐驱并进之策励,无学级、学类、良师、益友之教导观摩,其间相去,何啻天渊。故必行大同之道,而后人人为有用之美才,人人为有德之成人也。

一、大学分科五年之中,虽有事于虚文,而必从事于实验,若学农必从事于田野,学工必从事于作场,学商必入于市肆,学矿必入于矿山,学律则讲于审判之所,学医则讲于医病之室。故虽讲极虚之文字,亦寄之实验场、试于经用而后可信,百科皆然。故学成皆有用之才,无不效之业,惟其所分门目愈细,故试之实验愈周,不似统括大概之学得以虚文高论也。

一、大学院舍,不能统一并置一地。譬如农学设于田野,商学设于市肆,工学设于作厂,矿学设于山颠,渔学设于水滨,政学设于官府,医学设于病院,植物学设于植物院,动物学设于动物院,文学设于藏书楼,乃至冰海学设于近冰海之地,热带学设于热带之地。盖大学专为世界有用之学而设预备之方,考求之用,故其学舍不在内而在外,不统一而分居,乃所以亲切而有用,征实而可信也。

一、大学之师,不论男女,择其专学精深奥妙实验有得者为之。大学之教,既以智为主,此人生学终之事,不于此时尽其知识,不可得也。大学亦重体操,以行血气而强筋骸;大学更重德性,每日皆有歌诗说教,以辅翼其德,涵养其性,而所重则尤在智慧也。

一、各大学皆有游园,备设花木、亭池、舟楫,以听学者之游观、安息、舞蹈。

一、大学衣服皆同式,饮食皆同时,人数万千,部署整肃,当若军法。自食室至讲堂、操场,进退出入皆有部伍;有大师为司理人,统之如将帅,分教如偏裨,小分教如队长。大同之世,每一院如一小国,学者即其人民,教习司理即其公、卿、士夫也。

一、二十岁学成,给卒业证书而出学,听其就业。其至是资钝未卒业者,不给卒业证书,亦令出学,公家不能养之,听其就业。

一、大学各师及有司人,于学生成材者,开其学行,荐于各业公所,而各业公所择而聘用之。

一、大学卒业后,其尤高才者,或有精奇之思,博综之学,或著新书有成,或创新学独出者,由大师几人公同保荐,除就业一年外,公家特给学士荣衔,别给俸禄三年以成其绝学。

一、二十出学后,若无人延用,则俯就贱业;若贱业亦不可得,则就恤贫院,以苦工代食,为人不齿。

第七章　恤贫院

一、凡人无业，无所衣食者，许入此院，公家衣食之。

一、凡入恤贫院者，须作苦工；官监督其作工，出入定有时限，各就所能者为之，不能者教之。

一、凡入恤贫院者，亦有安息游观之时，亦许出游，但有时限。

一、凡入恤贫院者，鬻其作工之金以养之，其不足官为给足，其饶溢官别赏给之。其勤而精美者奖之，惰而粗者罚之。

一、恤贫院内有教导之傅，有劝善之师，有疗疾之保，日集而讲善二次，医者视身体一次。

一、恤贫院衣服粗恶，仅足饱暖，室宇低隘，但不污秽而已。

一、恤贫院小有园囿以供作苦工后之游观，亦有体操场以供工人之体操，其他秋千、蹴鞠、玩器、书画亦皆薄具。

一、凡入恤贫院，皆别具衣服以耻之；若其再三入院，则以衣服之色别之，令人不齿。

一、凡二十岁新出学而入院者，不别衣服；惟经一年不出院者，亦具别服；若再入者，与众人同。

一、凡再入恤贫院者，削除名誉，后此不得充当为师为长之职。

一、凡三入恤贫院者，人不与齿，宴会不与。

一、入恤贫院而精勤寡过者，三月以外，考验其性情属实，管理人得具保结而荐之。

一、再入恤贫院者，若同院上下皆称其稍勤寡过，院长联合几人公保，得复其名誉职。

盖大同之世，既有公产，人不患无所养，则有恃无恐，然则人之大恶至于懒惰，乃入恤贫院，故必须重罚以惩之，以劝勤也。"民生在勤，勤则不匮"，此大同之公理。

一、四入恤贫院者，罚作极苦之工。

一、五入恤贫院者，移至圜土七日以辱之；其一次入则增入圜土七日之数。盖累过不悛，宜加禁辱，以令其有所惮而思改也。

一、恤贫院司理之人，由其地公举仁慈而善教诲者充之。

一、恤贫院有报，述本院之事及入院之人事，并称述天下古今善行博物，以教育院人，即以院中文人充撰述也。

第八章　医疾院

一、凡人有疾者入此院，医者视其疾之轻重而善待之。

一、每日医生到各人家诊视人一次，治之于未病之先，全地皆然。是时人体强壮，则疾病亦甚少，然不能无。有疾者，许其停工入院居住医治，所有药费医费皆公家所出。

医院皆选良医，尤精艺术者主之，群医皆集。盖每日诊常人之医生，可属寻常之医者，其来院者则或有奇难之症，故必精选名医乃能胜任。

一、医院构造，务于养生之理备极得宜，其园亭水竹、花木鱼鸟足以供清娱者，皆极美备。有高转之秋千可吸空气，裯褥帷幔皆精软，床榻几案皆有音乐，听病者伸手屈足，触动机关，乐音即起，足以为娱。其各处戏院皆有电话相通，可以高卧而得清音，在在可以怡悦病者之身心。

一、医院设有书画乐室,大置书画乐器,供病者娱乐。其乐器并按时有人操之,且听病者所好,欲奏何曲,即为奏之。

一、病人各有所好,各如其意,备其物,听其为欢。

一、日有讲师讲古之善行名理及卫生之宜,听病者悦解于心。

一、医院备置药品,凡百草、万木、金类、非金类,皆备置全物,而考究其性色、品味及生长之地宜、燥湿之变节、分化之宜忌,以为治病之具。

一、医者凡卒业后,群医皆集,其考究医学,精益求精,有得新理者,由公赠以哲士荣衔;再得新理一次,再加仁人宝星。其医虽未得新理而治病累奏十全者,亦赠仁人宝星;按其功效之多寡以为宝星之等级,以剖解益精、治病益效为主。

一、医者有误杀人者,科以重罚,削除医士之职,永不得充,并酌拟监禁年数。其有医人累久无效者,即永削医职,减削名誉。

一、医者须日就人家诊视,或早或暮;一人数日仅可视数百人,故是时医生甚多,皆须医学卒业、曾充看护人者,始许充之。然大医生尚须察其人心术技艺,心术以仁慈有耐性,医艺精通者为主,否则革除。

一、医院看护人,不论男女皆可充之,以心术仁慈、神思静细者选补,一年为期。其贤否以病者所出之保举证卡为主;病者恶之者,则革除永削名誉职业,终身不得选上职。一年卒事,皆称其仁,公给仁人宝星。凡医者必有本院看护仁人出身,乃许充补,迁秩至大医生、总医长。

一、自人本院、育婴院、慈幼院、养老院,监护皆以医者;其余世界中道路宫室、饮食衣服之事,皆归医者监察,人身之事统归于医。故道路官设一医者监之,宫室之式必经医者许可,市肆衣服饮食皆设医官监察。医者随时将饮食、衣服择其卫生最宜者,标举式样,登报公告;其人家违式者,医官可罚之。医者视人,可以入其卧室、溷厕、庖厨巡视,以清秽恶。盖大同之世无军兵,以开人智、成人德、保人身、延人寿、乐人生为政,而所以开人智、成人德者,其归宿亦终于保人身、乐人生而已,故保人身、乐人生之政尤重。故大同之世,医士最多,医才最出,医任最重,医选最精,医权最大。盖乱世尚力,则武人为君,兵权最尚;中世尚文,则学士为君,哲权最重;平世尚仁,则医为君,医权最重也。全世界人自有生有死皆托命焉,岂有重过于是哉!故可号大同之世为医世界。然医者遍布全世界中,数百人有一人,则全世界医者无量。盖依今生人二十五年过半,以今数一千六百兆人计之,以四百人用一医,犹有四兆医生。以千年之后行大同之法,世愈文明,生理之阻力愈少,生人愈多,盖千年后人数不可纪,但是时即以医论,亦当如今日一千六百兆之数矣。聚人愈多,奇才更出,联党更大。既为医世界,则医者之中或有枭桀,藉医行教以为教主;抑借医行权以为君主,盖有之矣。既有教主君主,则必有争战,必有统一,如是则复归于乱世矣。大同破坏,即由于此,故不可不预防之,宜立医者结党之禁,宜立医者传教之禁。盖大同之世,既无国之争,无家之私,无军兵之拥,无一人无一学能拥大权者,惟有医者可防耳。故防女子之堕胎以绝人种,防医者之结党以复专制,则可久保大同。二者之防,乃大同世之特政也。

一、人之有盲、哑、跛躄及诸废疾,皆入院治之,其美备与各疾同,而各有特别之器具以供特疾者之娱乐,与无疾之人欢快无异。

一、生而盲哑者,有特别之院,以女子为保傅,看护而教育之。皆设小学、中学、大学,教之识字读书,专学一艺,俾得营生;于其二十岁后,听其自由执业。其有不能者,终身养于此院,官以所能督其作工,收其所入,以半予之,俾其快然生事之乐而无憾焉。然大同之世,生理甚精,当无复有盲哑诸废疾者矣。

一、疯疾者置之特岛中而官养之,不许男女同居以绝其种,无俾遗育以乱人种。岛中教其耕种作工,官鬻其所入而半给之。然大同之世,亦无感疯之人,亦无传疯之种,亦无疯疾者矣。

一、五官有废疾,若塌鼻、缺唇种种人体及肺痨不完者,不许结男女交合之约,以淘汰其传种。其有人欲者,听其报官,结男子互交之约可也,然是时有机器人以代之。

一、传染之病,皆归医者统摄而慎防之,考求而杜绝之;遇其地有传染者,咸令入特别医院而治之,禁其地之往来交通者;或传染过剧,则由公家暂墟其地而民迁他所,务使得全民命而绝传染。其徙民之费,安插之所,皆出公费,令其迁如归,忘其亡徙也。

一、医院择海滨河畔、山巅水涯、广原高阜之地设之,以养生得宜为主;不得在深林下谷、沙漠暍热之地。其有在冰海、寒热带所设之医院,遇有重病,仍当移置温带地中。尤不得近污泥秽染之所及市场、作厂、墓地、哗嚣、不祥之所。

第九章　养老院

一、凡年六十以上者,许入此院养之。公人为公家劳苦数十年,及其老也,宜有以报之。

一、此院以安人之年老,务穷极人生之乐,听人自由欢快,一切无禁。是时人经久化,自无干犯法纪之理;即有偶犯者,除杀人、伤人、堕胎仍科罪外，余罪但减削名誉，不列宴会，少加耻辱而已。

一、此院有护侍人以事老者，不论男女，其职任一年为期，以仁慈及精细者充补。其贤否以老人所许可之证书为据，老人所恶者革除。凡革除者，削除名誉职业，终身不得选上职。一年卒事，皆称其仁，公赠仁人宝星。凡男子必须在老、病两院充过护侍人，始许升上秩，未充此职者不得为君、为师、为长，与女之曾在人本院、婴幼院充保傅者同。盖老者之安否，全赖护侍人之服事，故护侍人之不能服事，则老者不安。大同之世，老者无子女，即以护侍人代之：故护侍人之于老人，如孝子之于父母，先意承志，怡声悦色，问所欲而敬进之，以得老人之欢为主。

一、六十者数人一护侍人，七十者每人一护侍人，八十者每人二护侍人，九十者每人三护侍人，百岁者每人四护侍人，过百岁者每人亦以每加十岁递加一护侍人。惟世愈文明，则人愈寿考，人愈强健，不待多人之扶持，则随时公议，或七十则两人用一护侍人，八十乃用一人，以次递改可也。

一、院中院宇楼阁、林园池沼，广大壮严，备极华适；其裀褥帘幕、床榻几案、玩器乐具，无不穷极美备；其有新书器物，随时增置。盖人一生之勤动，至是休息，人道于是将终，不可不穷极其乐事也。

一、于大同之中仍有差等，盖于养老院中，仍寓奖功之意以资劝戒，俾其壮者有所慕励而不怠惰也。第一等曰元老，凡曾充全世界之大长官、大教主、总医长及有殊功、大德、高名为人所公推为元老者为之。第二等曰大老，凡曾为各职长官、各业总长、各学大教习及有功德、大名、硕学者为人所公推为大老者为之。第三等曰群老；其第四等凡有仁人、智人宝星者皆为庶老，不待公推。第五等曰老人，其未尝得有宝星者，则但曰老人而已。其曾犯刑罚、削名誉及不齿者,则曰老年,是为第六等。以此考功校德,别其享受,一以壮年所行为判,如斯则判颁在生前,其亦足观感乎! 一等与二等为上等,名号虽殊而受用略同;三等与四等为中等,五等与六等为下等,皆名号殊而受用略同。大同之世,专发同义,故于诸院皆无差别;至养老院独差等者,盖以尊贤崇德,尚智量功,以示众人壮年之奋勉,俾知所向往,知所愧戒,其亦不得已者乎!

一、上等元老、大老之享受,自宫室、饮食、起居、衣服、玩乐之具,穷极世界之珍美精异,其有游邀,皆用公费;其有所欲,皆告于长吏而供给之,其定制随时公议;其车马衣服皆示别异。盖有大功于公众,则公众以殊异厚礼报之,乃义之至也。故大同世无别异,无章服,有之者其为议报之养老时乎! 其每人宫室崇伟,特为大院,一切具备,膳亦特设,护侍人数惟所欲,随时定议,仍以年限为等。

一、中等之群老、庶老,宫室、饮食、衣服、玩乐之具皆次一等,不供游费,不问所欲。其群老,六十则用一人,以次递加。每人一室,室有内外,内为卧室,外为客室;附设卧室一所,书室一所,以容客或读书,浴室一所,杂物房一所,以便一切。

一、下等之老人、老年,宫室、饮食、衣服、玩乐皆削减粗下矣。虽为人身,少受公家教养,壮年无补于众,无劳无功,虚负公养,是实有罚,徒哀怜其老而恤之耳,无所报也,故宜一切减下。七十乃两人用一护侍人,八十乃用一人,以次递增。每人一室,室有内外,内为卧室,外为客室,温浴备具。

一、院中皆有戏场、乐场、舞场,听老者游观。其过老愈而难起者,皆有电话线入室中,听其卧听。

一、养老院以在温带之地为上,其冰寒盛暑,皆非老者所宜,故冷带热带可不设。

一、养老院择地，当于海滨山麓、河畔水边、平原高阜、园林茂盛、山水宜人者建之，令风景绝佳，俾老者悦乐。不可于墓地、市场、作厂哗嚣之所，又不可在山谷崎岖、不通风气、无可游观之所。

一、院中园林宜极大，池沼花木、亭台鱼鸟当极美备，俾老者扶杖足以自乐，修身养神，足以超旷。

一、院中书画乐玩皆具，俾好学者得以补秉烛之心，游艺者足以有怡情之乐，其著述者亦得有所采取。

一、老者入院，以序授室，听之管理院事人。惟其有交好，许其请于所司，迁于邻近，以便交接情话，互相慰抚。其有随时欲迁就山水林亭佳处，苟先无人，皆听其迁。其有远游，许随在入其地养老院，以听游乐。

一、老者非人不暖，院中许其男女同居。而其所交之男女或未及养老之年，则许其附居其室，不收其租，以示优老，惟不许占室。若衣服、饮食皆不得出公费，惟上等者许其附食，以示优异；中等虽许附食，当收回公众租费。其有男子同居者亦同。惟下等者不许久居，以防私租之弊。

一、养老院有讲堂，每日讲道，谈古今天下之名理，大率以养魂积德为主，听老者悟受。院中所悬图画亦然。

一、老者每日有医生二人诊视，其有重病，皆移入医院。

一、老者出有车马以逸之，惟下等者七十始许得乘。上等者乘文轩，或犹用马，则双马以示别异。惟下等者宜示限禁，每七日许乘车马一次，中等者隔日一次，上等者常备。若废马车用电车，以精粗为等。

一、老者出游，下等者，本度百里内外，汽车之费皆公出之，在下等车;中等者,千里之内,公出中等位汽车费;其上等者,全地惟所之,皆公出游费,在上等位。

一、老者以养魂为主,许其招僧同居讲道;院中特设寺庵,延高僧高尼住持,以备老者讲习。

一、老者饮食衣服皆有医者监护之,以便养生,以卫血气。

一、老者若死院中,即由护侍人守侍,在医院亦然。考终院人为理之,皆裹以帛,盛以棺,移于考终院,其仪物视等为差。皆通知其交好知识者相送;元老、大老则其地群官司尽到,警察兵盛陈以送之。群老、庶老亦有一官及数警察兵以送之。

第十章　考终院

一、凡人死,不论老少贵贱、有疾无疾、在私家在公家,报考终院,或裹以帛,或盛以棺,立移于此院。

一、凡尸移入院者,皆陈于堂,其父母、子女、兄弟、姊妹、长从至契、师保至恩者,可为丧主;男女至交、师弟至好皆许住院尽哀。院中人为陈丧仪,备丧具,院堂内外上下皆薰香。高位大名、殊功大德者,陈三日乃殓,中等者二日殓,下等者越日殓,以待交友至好之临视尽哀。其高位大名、殊功大德,若全地统领,若大教主,若大医士,若大党魁,若大哲学者,停月乃化,中等者半月乃化,下等者七日而化,以待交友知识之临视尽哀。中等者,曾为司职长吏、师长、各学各业长官及领有仁人智人宝星,多有功德名誉者也;下等者,未尝充各职及无仁智宝星、无功德名誉者也。高位大名、殊功大德,若全地大长官者,其丧仪全地下旗,罢市,闭门,或半日,或一时，各地大长遣人赴吊，近者或亲赴吊。丧次陈设视其平生，幕帷盖尽易黑色，门堂皆派人护视，每日以午后开吊，至暮而止。吊者皆至尸前鞠躬行礼，撒花致敬，以金鼓为节。及化日，吊者咸集而送之，盛陈警察兵以严之，大陈幡幢旗盖、象驼马牛以张之。至化人厂所，陈枢堂中，吊客鞠躬撒花既毕，送入化人机器，则随风立尽，丧主及吊客于是散归。中等者，或本地下旗，罢市，闭门半日或一日、一时，远近走吊，或遣人赴吊，余仪皆同；但警兵送客、帘幕、帷盖、旗鼓、象驼、牛马减等。下等者无他仪，但帷堂张帷，亲交赴而哀之，焚香、燃烛、撒花为敬。有司至期，与其交好送之化人院，陈尸堂中，鞠躬撒花，致其哀敬，即人化人机而化之，丧主吊客乃散。

凡丧主交好者至院，殓毕不得居住，化后不必哭泣。盖死者已矣，不能复生，虽生人思慕无穷，而哭泣哀思，最为损魂而害体。故就一人之私情，宜尽哀以昭其厚，就公家之卫生，宜夺哀以保其身，义各有宜也。否则一人之死而累诸生者，或瘠羸，或灭性，于死者无益而医事无穷。盖大同之世，人者天生公众之身，无复有私属之人，故不许遂其哀也。

凡服制各有其情，不为定期，若全地大长官则为一日之服。然虽父母、子女、男女私交，亲爱无尽，或保傅、师弟、主臣之恩，长者不许期年，短者只须一月；朋友无文，皆听其情。盖大同之制，私人之事皆听自由，故服制亦不定限也，惟越丧次则皆解丧服。夫父母、子女恩义之深，何以不为定制？盖大同之世，人皆教养于公家，父母无非常之恩义，或有不相识者，故各听其情，若能相识知，则期已可矣；不同往者父母，生养教诲长大成人，当报以三年也。母恩亦止生产、抚育至断乳而止，此后即不常见，爱愿报之，亦期年可矣。若夫慈保抚育之恩实与母等，而劳尚过之，在学师傅教育之勤,亦有与父母等者,故大同之世,知有父母者少而知有师保者多,盖以师保易父母矣。大同之世,虽无君臣,而一业之中必有主有夥,故以主从名之;盖有主从终身提携相依,恩义极深者,故以与师保并称焉。

凡丧服,或帕其首,或带其腰,或绣其肩,或围其臂,凡四等,视丧之轻重为差,皆以黑色寸布别异之。在服期,皆不可衣绣,弥月或二复、一复不听乐。服何以黑色?盖黑有幽忧之色,足以表哀思也。黑白本为三统,今从用黑礼。何以行鞠躬也?盖伏地抢头于人魂有损,而大同之世率皆平等,虽有父母师保之尊亲而皆养自公家,恩义实减,非有往古之厚。且其时父母或展转远迁,亦多不相识,故改从鞠躬之制。若有父母相知识而恩义尤深者,其伏地抢头,久丧三年,亦何尝不可。但人为公家所养,故公家制义,皆屈私恩以伸公义,如古礼公子父在为妾母缌,岂非屈私恩以伸公义乎!

凡大学之童殇,即日殓,三日化,同学之师友临焉;中学之童殇,即日殓,越日化,同学之师友临焉;小学之童以下殇,即日殓化,保傅即司理人看护人临焉;恤贫院之人死,即暮殓,三日化;狱囚死,即日殓,越日化。

凡有殊功异德者死后,若时得有异术如埃及以药水保全尸者,则可保其尸而葬之;墓上刻石如其像,若阿剌伯之制,以昭敬异。

按中国及欧美皆有土葬树坟而吊慕之,苦合符节,盖爱其生则不忍弃其死也。印度日本多以火葬,其诸蛮有鸟犬之葬者。以孔子之义观之,丧欲速朽,则非欲其永存。盖人之死也,骨肉归土,不葬于水则葬于蚁,与火几无异,但有迟速之分耳。腐胔败骨,臭秽变形,尚不如生前之爪发矢溺也,今于爪发矢溺未有宝而存之者；若有病，则割肉，刮骨，去腐，流脓，无所爱焉；以人之生气在其魂知，不在其血体也。夫在其魂知也，故季札曰"魂气无不之"，孔子曰"知气在上"，不在体魄骨肉中明矣。故腐胔朽骨，存之可也，焚之亦可也，总之与魂知无与，不过矢溺脓腐之比耳。古者格物未精，而人子不忍之心不忍迁弃，故欺其心目而掩埋之。若推死者速朽之心，则火葬为最矣；然火葬烈烈，观者惨伤，亲者爱者实有不忍焉。千数百年行大同之时，机器日精，电化更奇，必有电化新机器，鼓动风转，顷刻足以化形骸骨肉于无有者，上复归于虚无，下散入于山谷。人之生也自无之有者，亦自有之无，是全归于天也；无使掘地者有拾骸践骨之惨，无使居人者有葬地不洁之近，岂不善哉！于欲速朽之义至为迅速，大同之世莫若行此乎！若有大功德者，有异药保其尸，以风示天下，道兼存之，岂不美哉！大同之道，以求人生之喜乐为主，故于人情之崇喜乐而去悲哀。夫古今数万年，竭圣哲之心思，糜才武之身命，不过为众人求安乐耳，有可以得众人之安乐者，既无害于仁义，何为而不为哉！故去人人之至亲相结，既扫其哀悲之原，复减其服制哭泣之文，亦损其哀悲之节。于是时也，人道几有喜乐而无悲哀，岂非佛所谓极乐之世界耶！佛欲强逃烦恼世界、别觅极乐世界而不可得，今为演出极乐世界于全世界中，后此世界无复烦恼世界矣。

凡有殊功异德于大地及有功德于一地之中及一职、一学、一院之内，其功德事迹，由众公议，归议院核定，告之考终院，为立金石之像。刻其行事于石表，以著功德而昭不忘，则本院任之。

凡人仁智并备者曰贤；大仁大智并备者曰圣。凡有功德于人者，皆曰仁人，若建一学堂、立一医院、起一养老、慈幼、育婴、人本院、或捐舍多金、多地、多器皆是；大之则若开一大河，凿一火山，或造有益生民之业利物前民者皆是也；小之若为师保、看护人亦是也。凡能创一新理、新器为前古所无、后世大利者，号曰智人；生前有此，皆锡以宝星，有大小多少之差。及其铸像立表，则仁人之石表以方，智人之石表以圆，其仁智并备者则石表方圆并备；以其仁智宝星之多寡为方圆层级之多寡。若其多无可算者，则为六角、八角，刻镂其方圆以表之。其下层之石级，亦视其仁智以为方圆之形，视其仁智多寡以为石级多寡，皆考终院制之。像成揭幕，则视其名位功德之大小，以为号召远近人数之多寡，大者动全地之众，小者集一界之民，备乐设器，供奉香花，公举有位望者主祭而揭幕，万人鞠躬瞻礼，撒花致敬，以垂不朽，于是生人之事终焉。

一、凡人死皆累其行事及其产业器物，悉由考终院记之于册。其人产业器物，除依其遗嘱所赠，皆以半归公，会同遗产官理之。其行事则详载于册以备查，其有功德者上于史馆以传后。

庚部　去产界公生业

人生之所赖，农出之，工作之，商运之，资生之学日精，则实业之依倍切。至于近世，奖劝日加，讲求日精，凡农工商皆有学校。农耕皆用机器化料；若工事之精，制造之奇，汽球登天，铁轨缩地，无线之电渡海，比之中古有若新世界矣；商运之大，轮舶纷驰，物品交通，遍于五洲，皆创数千年未有之异镜。文明日进，诚过畴昔，然新业虽瑰玮，不过世界之外观，于民生独人之困苦，公德之缺乏，未能略有补救也。

第一章　农不行大同则不能均产而有饥民

今以农夫言之，中国许人买卖田产，故人各得小区之地，难于用机器以为耕，无论农学未开，不知改良。而田主率非自耕，多为佃户，出租既贵，水旱非时，终岁劳动，胼手胝足，举家兼勤，不足事畜，食薯煮粥，犹不充饥，甚者鬻子以偿租税，菜色褛衣，其困苦有不忍言者。即使农学遍设，物种大明，化料具备，机器大用，与欧美齐；而田区既小，终难均一，大田者或多荒芜，而小区者徒劳心力，或且无田以为耕，饥寒乞丐，流离沟壑。此不惟中国为然，自美洲新辟得有大田外，各国殆皆不能免焉；而亚洲各旧国，地少人多，殆尤甚者也。孔子昔已忧之，故创井田之法而后人人不忧饥寒；而此方格之事，非新辟之国实不能行。若孔子所谓"盖均无贫"，则义之至也；后儒日发均田之说，又为限民名田之法，王莽不得其道而妄行之，则适以致乱。英人傅氏之论生计，欲以十里养千人为大井田，其意仁甚，然亦不可行也。盖许人民买卖私产，既各有私产，则贫富不齐，终无由均。若如荷兰之治爪哇，有地头主，领地于国而下税于民，则为重税如诸侯天子矣，盖非太平之道。然则虽有仁人，欲使全地养民，无冻馁之患，无不均之忧，实不可得也。故以今之治法，虽使机器日出精奇，人民更加才智，政法更有精密，而不行大同之法，终无致生民之食安乐，农人之得均养也。或亦能倡共产之法，而有家有国，自私方甚；有家则一身而妻子待养，有国则陈兵而租税日增，以此制度而欲行共产之说，犹往南而北其辙也；无论法国革命时不能行之，即美国至今亦万不能行也。

第二章　工不行大同则工党业主相争，将成国乱

若夫工业之争，近年尤剧。盖以机器既创，尽夺小工，畴昔手足之烈一独人可为之者，今则皆为大厂之机器所攘，而小工无所谋食矣。而能作大厂之机器者，必具大资本家而后能为之。故今者一大制造厂、一大铁道轮船厂、一大商厂乃至一大农家，皆大资本家主之，一厂一场，小工千万仰之而食；而资本家复得操纵轻重小工之口食而控制之或抑勒之，于是富者愈富，贫者愈贫矣。

机器之在今百年，不过萌芽耳，而贫富之离绝如此；过是数十年，乃机器发达长上之秋，树干分枝布叶之时也。自尔之后，资本

家之作厂商场愈大愈远，银行周国土，铁道贯大地，商舶横五洲，电线裹大地，其用工人至为亿为兆而不止，如小国焉。其富主如国君，其百执事如士大夫，其作工如小民，不止贫富之不均远若天渊，更虑昔者争土地、论贵贱之号为国者，改而争作厂、商场以论贫富为国焉，则旧国土之争方息，而新国土之争又出也，此其贻祸于人群，岂可计哉！

夫人事之争，不平则鸣，乃势之自然也；故近年工人联党之争，挟制业主，腾跃于欧美，今不过萌蘖耳。又工党之结联，后此必愈甚，恐或酿铁血之祸，其争不在强弱之国而在贫富之群矣，从此百年，全地注目者必在于此。故近者人群之说益昌，均产之说益盛，乃为后此第一大论题也。然有家之私未去，私产之义犹行，欲平此非常之大争而救之，殆无由也。

第三章　商不行大同则人种生诈性而多余货以珍物

若夫商业之途，竞争尤烈，高才并出，骋用心计，穿金刻石，巧诈并生。由争利之故，故造作伪货以误害人，若药食舟车，其害尤烈者矣；即不作伪，而以劣楛之货妄索高贲，欺人自得，信实全无，廉耻暗丧。及其同业之争，互相倾轧，甲盛则乙妒之，丙弱则丁快之；当其争利，跃先恐后，虽有至亲，不相顾恤，或设阱陷，机诈百生，中于心术，尽其力之所至而已，无余让以待人矣。资性之日坏，天机之日丧，积久成俗，以此而欲至性善之世，岂可得哉！近自天演之说鸣，竞争之义视为至理，故国与国陈兵相视，以吞灭为固然，人与人机诈相陷，以欺凌为得计。百事万业，皆祖竞争，以才智由竞争而后进,器艺由竞争而后精,以为优胜劣败乃天则之自然,而生计商业之中尤以竞争为大义。此一端之说耳,岂徒坏人心术,又复倾人身家,岂知裁成天道、辅相天宜者哉!

夫强弱无常,智愚无极,两商相斗,必有败者。一败涂地,资本尽倾,富者化而为贫,则全家号咷而无赖,生计既失,忧患并生,身无养而疾病丛起,家无养而死亡相从,吾见亦夥矣。即有贫人以商骤富,而以一人什百千万于众,不均已甚。夫富相什则下之,富相百则事之,富相千则奴之。在富者则骄,在贫者则谄,骄极则颐指气使,谄极则舐痔吮痈,盖无所不至矣。故骄与谄,非所以养人性而成人格也,然而循竞争之道,有贫富之界,则必致是矣。

近世论者,恶统一之静而贵竞争之嚣,以为竞争则进,不争则退,此诚宜于乱世之说,而最妨害于大同太平之道者也。夫以巧诈倾轧之坏心术如此,倾败之致忧患、困乏、疾病、死亡如此,骄谄之坏人品格如此,其祸至剧矣,其欲致人人于安乐亦相反矣。然则主竞争之说者,知天而不知人,补救无术,其愚亦甚矣。嗟乎,此真乱世之义哉! 虽然,不去人道有家之私及私产之业,欲弭竞争,何可得也,故不得不以竞争为良术也。

夫以有家之私及私产之业,则必独人自为营业,此实乱世之无可如何者也。今以独人之营业与公同之营业比较之。

第四章　独农与公农之比

以农业言,独人之营业,则有耕多者,有耕少者,其耕率不均,其劳作不均,外之售货好恶无常,人之销率多少难定,则耕者亦无从定其自耕之地及种植之宜,于是有余粟滞销者矣。木材果实,畜牧渔鱼,销售与否,多寡孰宜,无从周知,无从预算,于是少则见乏而失时,多则暴殄天物而劳于无用。合大地之农人数万万,将来则有十百倍于此数者,一人之乏而失时,一人之殄物而枉劳,积之十百万万人,则有十百万万之殄物、失时、枉劳者矣。有十百万万人之殄物、失时、枉劳,则百事失其用,万品失其珍,以大地统计学算之,其所失败,岂恒河沙无量数而已哉!然则不本于大同而循有家私产之害,但中于农者为不可言也。

第五章　独商与公商之比

以商业言之,商人各自经营,各自开店用夥,无能统一,于一地之人口,所需什器,不能得其统算之实。即能统算,而各店竞利,不能不预储广蓄以待人之取求,所储蓄者人未必求,人所求者未必储蓄,不独甲店有余而乙店不足,抑且人人皆在有余不足之中。夫有余于此,则必不足于彼,于是同一物也,不足则昂涌,有余则贱退,虽有狡智亿中致富之人,而因此败家失业者多矣。夫既有赢亏,则人产难均,而一切人格治法即不能平,败家失业,则全家之忧患疾病中之,甚且死亡继之而人不能乐。即在百物有余,壅积久必腐败,商人好利,必不轻弃,饰欺作伪,仍售于人,虽有律限,不能尽察。以腐败之食物药物与人,则可致疾病而卫生有碍,以腐败之机器与人,则其误害之大尤不可言矣。即自食物、药物、机器外一切用器之腐败者,误人误事,作伪生欺,岂可令其存于天壤而为太平之蠹哉!且政府即能查察,余货不售,则必弃之,是为暴殄天物。

以一店之余物已不可言,若合大地之商店余货而统算之,其为恒河沙无量数,殆不知加几零位而不能尽也。当太平之世,大地全通,生人繁殖,需用物品益为浩繁。夫以生人之数无量而大地之产有涯,今以一人之用品计之,如一日需食粉质几何,肉质几何,糖质几何,销料几何,需衣布帛几何,绒料几何,皮料几何,需用木料、竹料几何,金料、石料几何,羽毛料、草料、骨料几何,丹青料几何,药料几何,机器几何,万品千汇为人所需者,出之于地,作之于人,皆有定数,而徒供无量之腐败弃掷,非徒大地不给,亦治大地统计学为国人谋利益者所大失策也,愚谬甚矣!孔子为大同之策曰:"货恶其弃于地也,不必其藏于己。"夫既亲其亲子其子而有私产,则虽欲不藏于己不可得也;既藏于己,则虽欲不弃于地不可得也。夫以全地商店久积有余之货皆当弃地者,而一一移而为有用,以供生人之需,其所以为同胞厚生者增几倍哉!以此为恤贫,复何恤贫之有?故不本于大同而欲治商业者,不可得也。

第六章 独工与公工之比

以工业言之,又工人各自为谋。各地工人多少不同,多则价贱,少则价昂,资本家既苦之。而工人同一操业,而价贱者无以足用;若其求工不得者不能谋生,饥寒交迫则为盗贼,其害益甚矣。即大作厂机场之各自为谋,亦不能统算者也,不能统算矣,则各自制物,则必至甲物多而有余,乙物少而不足,或应更新而仍守旧,或已见弃而仍力作。其有余而见弃者则价必贱,不足而更新者价必昂,既有贵贱,则贫富必不均而人格必不平,无由致天平之治。且其有余见弃者,必作伪欺人,坏其心术,若机器药物之有诈伪,有腐败,贻害无算。夫凡百什器,皆岂有腐败而欺人哉!若不欺人而不售,则必弃之。夫以全地之工人统算,其作器之见弃,其为恒河沙无量数,不知加几零位矣。夫工人之作器,费日力无算,弊精神无算,费备用之百器无算,无量数之工人之需衣食器用者无算;若以之作器,器必有用,必不虚作,其益于全地同胞岂有涯量!而今以无量之工人之作器而弃之,是弃无量数之人,弃无量数之日力,弃无量数之精神及其他一切无量数之衣食宫室器用也,又岂止暴殄天物而已哉!为大地统计学者,为人民谋公益者,虽日谋之计之而无以为策也,惟有失谬无算而已,无术救之矣,不去人之私工故也。

第七章 公农

今欲致大同,必去人之私产而后可;凡农工商之业,必归之公。举天下之田地皆为公有,人无得私有而私买卖之。政府立农部而总天下之农田,各度界小政府皆立农曹而分掌之,数十里皆立农局,数里立农分局,皆置吏以司之。其学校之学农学者皆学于农局之中,学之考验有成,则农局吏授之田而与之耕,其耕田之多寡,与时新之机器相推迁。其百谷草木、牧畜渔鱼皆然,其职业与学堂之堂生相等,不足则兼职,取之兼业之人,其有余则酌职业而增之以求致精。人愈多则农业愈增,辟地愈多,讲求愈精。各小政府以时聚农官议而损益之,岁时以其度界内所出之材产告之公政府之农部,移告之工商部。商部以全国人民所需之食品用品统计若干,与其意外水旱天灾弥补若干,凡百谷草木、牧畜渔产之用物,何地宜于何品,何地不宜于何品,若山陵原隰、川海沙漠、腴瘠燥湿出产几何,皆据各分政府之农曹所报之地质出产,以累年之比较而定其农额,统计而预算之,定应用若干;因各度界之地宜应种植、牧畜、鱼产若干,令各度界如其定额而行之,移之农部。农部核定,下之各度界小政府之农曹,令各小度界如额种植、牧畜、渔产,如中国江南之宜稻,河北之宜麦,江浙之宜桑,四川之宜药,广东之宜花果,北口外之宜牧畜,沿海之宜渔盐,山西之宜盐煤,暹罗、安南、缅甸之宜米,印度之宜五谷,南洋各岛之宜蔗、加非、胡椒是也。大凡热带雨水最多,草木最繁盛,则生棉花、蓝靛、糖、苏木、棕榈、椰、蕉、黑白檀及诸香料。温带繁植稍次之,而食物、用物乃最多,若枫、榆、榉、柳、松、柏、桂、樟、杉、桦、桑、麻、薯、蔗、榛、桃、米、麦之类是也。寒带植物少,西伯利亚宜松及麦,长白、高丽宜参。或波斯气候温湿,产米、蔗、烟、罂粟、桃、李、梨、杏、梅、枣。阿富汗、爱乌罕暖地产棉、米,冷地产麦、蔗、瓜、葡萄。阿拉伯产枣及加非,土耳其产小麦、葡萄、橙、榄、松、柏。盖花卉香料,亚洲为盛矣。法国地宜农,产麦、玉蜀黍、桑、烟、葡萄、榄、林檎;英以棉、麦甲各国;西班牙产蔗、栗、榄、橙、桑、蓝、葡萄、棉、米;葡萄牙之葡萄酒,为绝美之专产。若橙、柠檬、小麦、玉蜀黍、马铃薯,意大利略同,而棉、茶、桑为大。希腊产米、棉、烟;瑞士产裸麦、洋薯,而又富于坚材。日耳曼多种葡萄,又与澳大利、匈牙利产小麦、裸麦、谷、麻、烟;瑞典萝蔔最美。俄罗斯、荷兰、丹麦多产各种麦,而荷有烟、麻,俄富于材木焉。比利时产忽布。大率欧洲北部有松、柏、榛、榆及矮小之杨柳也。非洲热带,有数十年之木棉、大椰树、枣树,内地则加非、胡桃,北岸则榄、桃。埃及产五谷、蓝、棉、蔗。美洲产玉蜀黍、小麦、棉、蔗、米、烟、马铃薯及诸果,秘鲁同之而鸡那最多。墨西哥产苏木、玉蜀黍、烟、麻、加非，而米尤盛。西印度诸岛尤饶兼热带诸产物，扣勃岛产糖冠天下，墨西哥加非尤盛，而烟、橙、凤梨有名矣。科仑比亚以椰为著，可制帽；其蓝、棉、加非、烟、蔗，又若树胶、苏木，则南美洲所独矣。智利、阿根廷产大小麦、葡萄、蔗；夏哇尼岛产面包；澳大利亚洲产竹椽、葡萄、小麦、玉蜀黍、棉、蔗、烟、米及诸果；此其大略也。凡五洲土产，各有所宜，分其地质之宜而种植、牧畜、渔取之。各小政府农曹及各农局公商界内种植、牧畜、渔取、称额之法，统计而决算之，分之各地农场。应用农人若干，应备化料若干，应备农具机器若干，应开垦若干，应分别种百谷、果、菜、树木、畜鸡、鸭、鹅与鱼、牛、马、羊、豕若干，厂场若干，各分其职而专为之极其琐细。分业愈多则愈专而愈精，地无遗利，人无重业。及其种植、牧畜、渔产之收成，小政府商曹统计其度界内应留用之物品若干，预告之商部，而截留其若干。其余种植、牧畜、渔产各品，为亿为兆，归之公政府商部；商部乃合收全球之农产而均输于各地，以所有易所无，以有余补不足。其预备水旱、虫蝗、天灾、地变之不时者曰预备额，略留多数以弥补各度界之凶荒灾患不时者。若无灾而有余，则留以待下年之用；而下年之统计预算，即扣留之以宽地力。其农具、机器、化料皆购之于各地商店，其农人应给工价，随时议之。

每度界为一自治政府，立一农曹，其下数十里为一农局，其下数里为农场。其为稻、麦、黍、百谷、花果、草木、渔产、牧畜，各置分司，皆有主、伯、亚、旅、府、史、胥、徒以司之。主者总办也，伯者分司之提调也，亚者副之助之者也，旅者群执事也，府者收藏者也，史者统计及记事者也。其农场者，农田种植之所也；里数不定者，机器愈精，道路愈辟，人之智力愈强，则农场愈广也。每度农曹皆有地质调查局,将其本度内之山陵、原隰、坟衍、川海、人居为小模形,别其肥瘠及泥沙水石之差,风雨霜露之度,以色别而详识之。其地产之所宜及化料之所合,皆记而备之累年之报告调查,存考而求其进化。及其变更,皆有农学士多人岁时专考,而以报发明布告之,又皆有农学会以讲求之。其农学校有考验所,水产、牧畜、矿产皆然,择其最良之种而支配之,其恶种去之。凡农夫,皆得有农学考验证书而后用之;其未得证书而年逾二十者,亦得用为农夫,但不得为长及农学士矣;但其后有阅历日深,得有新义,亦许给证明书而迁为长伯学士焉。其农曹立长,其下有副长,有参赞,有学士佐之,其下有史、府二官,胥、徒分任之,府、史皆有长、贰、掾属、胥、徒焉,其官数各视其地。其分曹之属,若百谷、花果、牧畜、渔产、矿产,各视其地之有无多寡以设司,无则缺之;全度界皆一物也,则农曹长自领之而不设司。每一物品皆有调查讲习所,有学士多人聚而讲之,以报岁时发明布告之。其矿产、水产、山林,则有工师、技师司之,即学士也。凡分曹,其长、贰、参、佐必由学士、工、技师出身,乃许任职,亦有府、史二官及胥、徒焉。其各农局,则分监督各农场者也,设于各农场适中之地,有长、副长、参赞以领之。其属有府、史二官以分领收藏、记事二职,有胥、徒焉以奔走其事。其百谷、花果、草木、渔产、牧畜、矿产皆有分曹,有主、伯、亚、旅以任之,并有学士、工师,设地质调查讲习所考求之,有报,以岁时发明布告之,与各度农曹同。其农场,若百谷、花果、树木、牧畜、渔产、矿产,划其地宜,数里以为之区。其各度人口之多寡,即以农场配分之,各有主、伯、亚、旅、府、史、胥、徒、学士、工、技师以任其事。主者总管全场之事;伯者分任农具、机器、用料、养料、化料、用人之事及各小区之监工也,并有亚以助之;旅者奔走管工者也;府则凡百谷、花果、树木、畜牧、水产、矿产之所入，司其收纳及支出以待农曹长之命，或截留之所耕之地，或交之近耕地之商店，或纳之农局、农曹之仓，皆听农曹府、史之统计而指拨之；史则凡本场种植、牧畜、渔矿之事，日记而月省、岁计之，而上之于农局，以听指拨之命令；胥则奔走之人；徒则耕作渔牧之人也。其耕耘收获、牧养渔取，皆有部勒程度，其每日作工皆有时限。世愈平乐，机器愈精，则作工之时刻愈少，然作工之时，坐作进退几如军令矣。自农夫、渔、牧、矿工，各视其材之高下，阅历之浅深，以为工价之厚薄，略分十级。其尤者则拔迁农曹各司，但其长贰则必以学士、工师出身为之，可递迁为公政府各洲分政府农部官。其农夫、渔人、牧夫、矿工、林工至下级者，其俸令足为其衣食之资，自此等而上之可也。其支俸以先安息日给之，俾其游乐。其农场皆有室居，不住而别住客舍者听之；其场所皆有公园囿、公图书馆、戏院、音乐院以备游息，有公饭厅、公商店以备食宿，但规模稍粗而小耳。其演戏鼓乐则诸农自为之。凡能任农事者，学校卒业之后，不论男女皆许为农；其男女有交好者，许在公室同居焉。其公室，人占二室，一为卧室，一为客室，并有浴房；十人则为大公厅，皆高广疏达，花草楚楚，楼阁绵丽，过于今富室矣。其食，听人之所好而扣其费。又有公共讲堂，有讲师，每安息日则讲古今道德品行贤豪之事及农业之事，以养其德性学识。其公室则公置之，不取值。其衣食之事，则由工金支之，出自费焉，听其自由，而工钱常留十分之一存于公中，为储金焉，以备其不愿作工而欲结友远游购书之需。其稍远，则有公旅舍以备游行食宿，则收费矣；其去市近者，皆听其游。其告假不作工者听之，按日扣其工价；其太惰不作工及告假太多者逐之；凡累经逐者，削其名誉焉。其主、伯、府、史，职业虽优而居室仍同,以示平等,但工金不同耳。其府司仓库者不必纳押金,以是时人心无盗诈而商卖皆出于公也,但选阅历深、老成谨重者任之。

夫如是,农人、牧夫、渔人、矿工,中古至贱者也,然其出身既人人由学校而来,卒业学校又寄之农局之中,则知识明而身体强,谙练熟而习惯安。其农局之长,与诸生有父兄师弟之亲,即有安置提携之爱,苟其不惰,未有不见用焉。若其才明智巧者,则耕、农、牧、渔之徒役即可迁拔农官,若曾由学士、工、技师出者,则可进为公政府分政府之农部长及各议员,其荣至矣。人无私家,昔有仰事俯畜之累而今无之;民无私产,天有水旱螟虫之患而今不患之。坐得工金,听其挥霍,居得公室,述匹同居,好学者有图书之益,中才者有听讲之教,食有公厨,游有公圃,除每日作工数时外,悉皆自由。近市府之场所游乐无方,即稍远者,铁轨屋车之密有如蛛网,轮舟汽球之行有若抛梭,自行电车于时尤盛,工事余晷皆可畅游,凡市府声色之繁华,山水登眺之清娱,礼乐书画之文明,皆可挹而受之,此中古帝王士大夫之所不得者。其作工之数时,不过等于逸士之灌花,英雄之种菜,隐者之渔钓,豪杰之弋猎而已。又凡百举动皆有机器,无沾手涂足之勤,袯襫耰锄之状,不惟无苦而反得至乐,非大同何以得之!

若天下农田之收入,则各度农曹截留其本度应用之物品而告之农部,农部移之公政府之商部与各州分政府之商部,统计全地各度物品之消息盈虚而分配之;先其近者,以省转运,近地有余,乃运配于远方。举全地所出之百谷、花果、草木、牧畜、鱼产、矿产,皆适足以应全地人数之所需,少留赢余以备各地水旱、天灾、地变之虞。是以地无遗利,农无误作,物无腐败,品无重复余赢,留其无量之地力物精以待将来,留其无量之人力日力以乐其身心,增其德性,长其学识,以成他益,举全地之百产而操纵之,举全地之农、牧、渔、矿之夫而乐利之,非大同而安得此！其与私产之农,其安苦、忧乐、愚明,不有类于天人之与凡夫哉！其与私产之农物,有无量之重复、赢余、腐败,得失岂可数算哉！其移无益以为大有益,岂可并论哉！

第八章　公工

　　大同世之工业,使天下之工必尽归于公,凡百工大小之制造厂、铁道、轮船皆归焉,不许有独人之私业矣。公政府立工部,各部小政府立工曹,察其地形之宜而立工厂,或近水而易转运,或近市而易制作,皆酌其工之宜而行之。商部核全地人民所需之什器若干,凡精者、楛者、日用者、游乐赏玩者、新异者、寻常者,察各物多寡之差,以累年之报告比较而定其额。乃察各度界之工,其精擅专门风俗尤长者,譬若江西景德镇之瓷,苏、杭之丝织,广州之螺钿刻牙,博山之炉,成都之锦;其在欧洲,则意人尤长于工,佛罗练士之画与雕刻,威尼士之玻璃雕刻,罗马兼之;法巴黎之于衣冠、杖履、首饰、理华之瓷,里昂之丝,宜引万国土宜之工业加入英人则羊毛织品,德人则萨逊埋佞之瓷,克鲁伯之制铁,荷兰之织呢制瓷,那威之制舶,比人之制铁及织纱,皆统于工部者也。商部乃以举国所需之物品、什器之大数分之于各度精工擅长之地,而定各地各品物、什器制造之额,移之工部。工部核定,下之各度界工曹,工曹督各工厂场如额而制之。各工曹工厂皆有主、伯、亚、旅、府、史、胥、徒,皆以学校之及年者为之。其有成业证书者,授为学士、工师、技师、匠师、工长、技长、匠长之号，得为主、伯、府、史，累迁可至公政府、分政府之工部长，皆专门为之，终身不移官，不贰事。其工价因其工之美恶勤惰为数十级而与之；其有精能而干才者，则工人可迁工长，以累迁本曹之主、伯、府、史焉。其工曹有各工讲习会，各工学士、技师入而讲习；其有所发明，皆于报布告之。其各厂亦然。当大同之时，工厂既尽归公，则一厂之巨大为今世所难思议，用人可至千百万，亘地可至千百里，厂内俨如古国土，厂主俨如古邦君。其分管各职之伯，其补助之亚、管数之府、记事之史如大夫，其群管工之旅如士，其巡察之胥如下士，作役之徒如民，其议工之院如朝廷，其蓄图书器物之府，皆有学士、技师百数以朝夕论思，日月献纳，如天禄、石渠，其公园花木、水石如上林，皆有音乐院、戏园，听工人自为之。工人皆有公室，人二室：一卧室，一客室；更有浴涧小室，十余人则有公厅，作工者不论男女皆许同居，其别寓旅舍者亦听。有公饭厅，食听人所好而扣其工费；有讲道院，日日有学士讲道德之名理，古今之故事及工业之良术以教诲之。其工费皆先于安息日支给，衣食玩好自费焉，听其挥霍，而留其十分之一作储金，以备其将来远游辞工之用。其至下之工，必足给其衣食之需，以时议之。其公室楼阁宏丽，花木幽靓，过于今之大富室矣。

夫野蛮之世尚质，太平之世尚文。尚质故重农，足食斯已矣；尚文故重工，精奇瑰丽，惊犹鬼神，日新不穷，则人情所好也。故太平之世无所尚，所最尚者工而已；太平之世无所尊高，所尊高者工之创新器而已；太平之世无所苦，所为工者乐而已矣。故为乐之工，以美术、画图、雕刻、音乐为本，而缩地、飞天、便人、益体、灵飞捷巧之异器乃日新，政府之所奖励，人民之所趋向，皆在于新器矣。凡能创新器者，给以宝星之荣名，如今之科第焉；赏以千万之重金，如今之商利焉。当是时，举全地人民之所以求高名、至大富者，舍新器莫致焉。其创有新器者，如今之登高第，中富签；其创新器而不成者，如士之落第，商之倒肆焉。故野蛮之世，工最贱，最少，待工亦薄；太平之世，工最贵，人之为工者亦最多，待工亦最厚。自出学校后，举国凡士、农、商、邮政、电线、铁路，无非工而已，惟医可与工对待耳。至于是时，劳动苦役，假之机器，用及驯兽，而人惟司其机关焉，故一人之用可代古昔百人之劳，其工皆学人，有文学知识者也。太平之世，人既日多，机器日新，足以代人之劳、并人之日力者日进而愈上。以今机器萌芽，而一器之代手足者以万千倍计，过千数百年后，人既安，学既足，思想日进，其倍过于今者不可以亿兆思议。故今之作工者，中国每日十二时或十六时，欧美半之为六时或八时，太平之世，一人作工之日力，仅三四时或一二时而已足，自此外皆游乐读书之时矣。其作工时限亦随时议定，勤者奖之，精者赏之，加其工价；其惰不作工者逐之，经三逐则削其名誉，不得升迁，不得列于上流焉。然当是时，为工之时甚少，亦无有不作工而惰游者矣。

夫为工人之独身计之，既无内顾、仰事、俯畜之忧，又无婚姻、祭祀、庐墓之计，人皆出自学校，不患无生计之才能，少时之工，不待惰逐而不忧无工之苦。为工又皆掌执机器而不待沾手涂足，少时工讫，即皆为游乐读书之日。工厂既可男女同居，又有园林书器足资游乐以养魄，读书以养魂。故太平世之工人，皆极乐天中之仙人也。

为全地公计之，工人之作器适与生人之用器相等，无重复之余货，无腐败之殄天物，其畴昔作重复余剩之器，徒耗有用之光阴，今则听勤者易其时日以好学深思，愚下者易其时日以乐游健身。好学深思,则新器日出以裨公众,乐游健身,则传种日壮而人类进益,人无忧苦,则魂魄交养,德性和乐,其于人道之美,岂不羡哉! 其与私产之工瘝人苦,波害大众,较其损益,巧历不能计也。

第九章　公商

大同世之商业,不得有私产之商,举全地之商业皆归公政府商部统之。夫物品者,农出之地,工作之人,万货所由成也。商部核全地人口之数,贫富之差,岁月用品几何,既令所宜之地农场、工厂如额为之,乃分配于天下。令各度小政府立商曹,其数十里间水陆要区立商局、各种商店,其数里间立商店。其曹、局、店皆有主、伯、亚、旅、府、史、胥、徒。主者总办也,伯者分司之长也,亚者佐也,主、伯皆有之,旅者群管事也,府者司财币之收纳也,史者记账者也,胥者巡察者也,徒者各店之执事送货也。商局者,监督各商店者也,商曹者,司商政者也。曹、局有商务考究会,各商学士入而考求,而以报发明布告之。凡农工所成之万货,由商部核各度人口之数,日用之宜,而由铁路、汽船支配之,转运之。商曹核本度乡市之人口而分配之各商店中,当是时,一市仅一商店,大市大店,小市小店。其商店之大,如今一都会百数十里,大者乃数百里,皆与汽车汽船相通,有机器运之。货仓即分类陈列,全地之货万品并陈,每品之中万色并列,如今赛珍会然,惟人所择;皆有定价,不待商略。太平时,物不二价,只能谓之运部,不能谓之商部;曰商部者,俾人易解耳。商店遍陈小模形,浩大如一市,随地皆有电话,机器皆有号数。欲购其货,以手抚机,书姓名居址,或传电话;其掌柜书记闻电机即听而书之，电告于管货仓者，即照送其家。其寻常日用之食品用品，每年月中每人开单告知商店，需用何品，日月若干，则按日按时送至其门；皆有收货机器，货至门则向而收之，此器或在屋上。或有余不足，改用他品，则皆有电话，可传至商店而立取之。然商店之大，用人多者至百数十万夥，如一国然，总办如邦君，司事如大夫，每业之中各有主、伯、亚、旅、府、史、胥、徒焉。然合农、工、商三者而较之，商之用人至少矣；但有运货、会计、振机三者，静而不哗，闲而寡事，货无伪品，价无欺人。政府但除农工及运送之所出之本，以时酌定其价之高下，高者无过什一，下者可至百一，但以取足养十二局之人民为度而调剂之，计其时物价之贱可过今什佰倍蓰矣。

盖货品之所以贵贱不时而人民受累者，由各地生养、造作、运送之不时，而私商滞货居奇之所致也。且私工之所作，私商之所售，凡一工厂、商肆，小者十数人，大者千百人，而皆有主、伯、府、史坐食之多人，又运送之费，一机之运抵人百数。主、伯、运夫之费皆分利而非生利者也。中国一店之中，分利者几居其半，欧美各国亦有三四，如合一市而计之，则一市而备一肆，与备万肆同耳，则所省九千九百九十九矣；合大地计之，坐于商店之中而分利者，盖十万万而不止九万万也。若总归之公，则运货归一，由电汽车船皆以机器直运至店，无无数运夫分利之事一也。一店而百工并作，万货毕陈，用人寡少，昔之一市万店，店用十人为十万人者，今则归于一店，用千人可总任之矣，否则万数千人无不任之矣，是可省百数十倍也。尽去百数十倍分利之人，而物价可贱百数十倍。物价既贱，购者自易，全地之货皆集，日日皆如赛珍会，知识自开，而无有地僻难于购物者之患矣，又无地僻运难、价至腾涌百数十倍之患矣。国家但以公商养民,权其轻重而充公用,于是全地无量之人只有向公中而支工金,公中更未尝向一人而收赋税,扫万国亘古重征厚敛之害。而太平世之生人,不知抽剥追敲之苦,只有领得工金为歌舞游观之乐,其为乐利岂有比哉!

凡此商店,以时而市,过时即闭,店伙散归。商店在市有饭馆、客舍,亦公为之;有戏园乐馆以娱之;有讲道院讲道德之名理,古今之故事及商业之术;以日浸灌教导之。其公室即以客舍为之,其欲取优室者半其费,其宏丽与工人同。其食即在公饭馆,听其所择而自出费。男女皆可为商,皆可同居,其别有屋者听。当太平时,人无私商,皆工人也,其出身皆自商学卒业,其商学即在商店之中,日劳数时而即有读书游乐之暇。其才者,迁转可至商曹、商部长,无仰事俯畜之忧,无亏本散家之苦,近市而不嚣,博物而不劳,其在都会之商者,见闻尤博,雍容甚都哉!

第十章　总论欲行农工商之大同则在明男女人权始

若虑农工商皆归之官,得无有司作弊,侵吞盗窃,为害更甚者,此其所虑为乱世言之也。太平世人无私家,无私室,无私产,无私店,无家而禄厚,性美而教深,必无侵盗之心,自无侵盗之事。即使有欲侵盗而别无私店,虽侵之盗之而从何售鬻之!万一泄露,则终身不齿。且其时,凡人之金皆寄金行,其得金之多寡,视其工价及创新之赏,人人得而知之,若司商务而骤得多金,侵盗之迹即露。夫大无耻之事,苟非家累贫病,迫不得已,孰肯为之而令终身见弃乎!太平之人,无家累,无贫病,荣途悬在前而清议迫于后,风化既美，种教更良，孔子所谓"虽赏之不窃"也，而何虑焉！

凡诸农田、商货、工厂之业，全地至大，从何而归之公？即欲举公债以承之，亦万不能行也。然欲急至大同，最难则在去国；若去民私业，此事甚易，即自去人之家始也，即欲急去国界者，亦自去家始。

欲去家乎，但使大明天赋人权之义，男女皆平等独立，婚姻之事不复名为夫妇，只许订岁月交好之和约而已；行之六十年，则全世界之人类皆无家矣，无有夫妇父子之私矣，其有遗产无人可传，其金银什器皆听赠人。若其农田、工厂、商货皆归之公，即可至大同之世矣。全世界之人既无家，则去国而至大同易易矣。于是时也，最难去种界之别，当少需岁月而已。

夫男女平等，各有独立之权。天之生人也，使形体魂知各完成也，各各自立也，此天之生是使独也。夫使天之生人使男女以两人偶合也，则不能独立也，天之生男女使如人兽之异形也，则不能独立也，今男女之魂知形体各自完成，各能自立，不相待也，不相下也，不相异也，极相爱也。徒以形中微有阴阳凹凸之小异，而男子挟其强力以凌弱质，收为私属，不齿平人，习久成常，视为义理，遂大背天予人权之义而永为小康忧苦之世。虽彼男子得拥一日之私尊，然以视大同太平之极乐，不犹乞丐之视帝王，凡夫之比神仙哉！人有弃帝王而为乞丐，弃神仙而为凡夫者乎？故全世界人欲去家界之累乎，在明男女平等各有独立之权始矣，此天予人之权也；全世界人欲去私产之害乎，在明男女平等各自独立始矣，此天予人之权也；全世界人欲去国之争乎，在明男女平等各自独立始矣，此天予人之权也；全世界人欲去种界之争乎，在明男女平等各自独立始矣，此天予人之权也；全世界人欲致大同之世、太平之境乎，在明男女平等各自独立始矣，此天予人之权也；全世界人欲致极乐之世、长生之道乎，在明男女平等各自独立始矣，此天予人之权也；全世界人欲炼魂养神、不生不灭、不增不减乎，在明男女平等各自独立始矣，此天予人之权也；欲神气遨游、行出诸天、不穷不尽、无量无极乎，在明男女平等各自独立始矣，此天予人之权也。吾采得大同太平、极乐长生、不生不灭、行游诸天、无量无极之术，欲以度我全世界之同胞而永救其疾苦焉，其惟天予人权、平等独立哉，其惟天予人权、平等独立哉！吾之道早行早乐，迟行迟乐，不行则有苦而无乐。哀哉，全世界人生之苦也，其宁甘之而不求乐欤！

辛部　去乱界治太平

第一章　分地为百度

举全地经纬分为百度，赤道之北五十度，赤道之南五十度，东西百度，共一万度。近南北极之度少狭矣；其余各度，近中国之四百里弱，略当英之百里乎！以四洲海陆截长补短计之，亚细亚东西可七千英里，南北可五千三百英里，并岛屿计之，面积可一万七千万方里，当一千七百万方英里，每万方里为一度，共得一千七百度界。欧罗巴东西长可三千四百英里，南北广二千四百英里，共三千七百万方里，当三百七十万方英里，共得三百七十度界。北美洲南北长四千五百英里，东西广三千英里，并岛屿计之，面积共八千六百万方里，当八百六十万英里，共得八百六十度界。南美洲面积凡六百五十万方英里，略当六千五百万方里，共得六百五十度界。非洲并岛屿面积一千一百五十四万八千英里，凡一万一千五百四十八万方里。共得一千一百五十五度界。澳洲并各岛四百二十三万二千方英里，凡四千二百三十二万方里。共得四百二十三度界。通共全球之陆凡五千二百三十八度。大地各国言天度地度者，率以三百六十为数，极零畸而不整，皆缘古者草昧，妄以地转三百六十五之昼夜而周天，因断为三百六十以测天焉。今既知为地转，且亦

245

非三百六十之定数,则与测候无关,又以计里太碎,宜概与删改,但以度为全地计里之数,从其整数划分为百度,纵横经纬为万度,多寡得宜,易于数矣。

第二章　全地通同

　　凡大同之世,全地大同,无国土之分,无种族之异,无兵争之事,则不必划山为塞,因水为守,铲除天险,并作坦途。所有自古之崇山盘栈、绝漠横沙、头痛身热之区,风灾鬼难之地,深箐密林之域,毒蛇猛兽之所盘据,毛人生番之所栖宿,莫不夷险平难,除莽涤秽,犁巢扫穴,奔魑走魅,成为都会,邑居相望。铁轨贯穿于绝壑,车马交横于戈壁,文明之器,无有僻壤绝域,莫不广被矣。昔日近水之区,皇都之所,人民辐辏,百货盛集;其僻壤绝域、崇山深谷,则山鬼踯躅,人迹不至,此特开辟之先驱,事势不得不然耳。盖其时机器未兴,开道之具未备,无法以兴之,故有山谷水源之殊形,都邑村落之异状。大同之世,铁道横织于地面,汽球飞舞于天空,故山水齐等,险易同科,无乡邑之殊,无僻闹之异,所谓大同,所谓太平也。惟北近冰海,南缠热带,寒暑太过,足以铄人,非人之弱质所堪也夫,于人生之长养,人身之健宜,及人体魄皆有大损,有所大损,则遍布种于人类,其害甚剧。故生人养人之地,若人本院、育婴院、慈幼院,若小学、中学、大学,若养老院,皆择温带之地为之,寒热两带之地皆不宜,此以护养人种之义有进无退;如农工商之所在则不择地,无所不届也。

第三章　地方分治以度为界

　　大同之治体，无国种，无险要，故分治之域，不以地势为界而但以度为界，每度之疆树石刻字以表之。人生其中，即为其度之人，由人本、育婴、慈幼三院养成，则入小、中、大学，学成则充看护人，一年则入农工商各场，有疾则入医院，老则入养老院，死则入考终院。人民以界为表，则于一界之中，政府设司立职焉。

　　夫何为于每度立一政府也？凡行政之区，有上达下达之异，皆视其国土之大小以为分析之广狭，大概其域大者其治疏，其域小者其治密，而其层级多者其治塞，其层级小者其治通，自治之制，则又无大小通塞之分，惟视有国与否以定，其自治之权不得不缩。此不特君主国为然，即民主之国亦不得不然也，势也。大同之世，全地皆为自治，官即民也，本无大小之分，若以一乡落数十里之地为一政府，未尝不可也，以今分国分洲之势，以洲或国置一大自治政府，亦未尝不可也，然皆非大同之宜也。盖以一乡落为一政府，则大才仍少，物力不足，其于振兴为难；在公政府统之则百千万数，苦其太繁而难综理，在议院选人则百千万数，苦其太多而难举，标名识号，纷错浩浩，亦为无术，故不可行也。若以一洲或今一国为之，则其下必多置分治之分政府，然与公政府隔绝疏邈矣，等级之势又将渐生而不平又出矣；大同之世，全地皆为自治，全地一切大政皆人民公议，电话四达，处处交通，人人直达，何事多立此分洲分国之分政府乎！惟一度之地，以之上通全地公政府，下合人民，大小得宜，多寡适当，故可立为自治之小政府也。每度约为英里之一百，其时铁道极多而极捷,数刻而度内可通,电话汽船如蛛网交织,其短缩视度界之地如今中国一大城耳,有事公议,电话一通,数刻咸集,此公议便一也。有中国十万方里,当今一道数府之地,几多于全国,容人无数,太平之世可至数千万人或不止此,则人才无数,以兴百业,无所不可。其农、工、渔、牧、矿业出产极繁,政事极繁,其讲求鼓励,以之兴作,可成一大团体;即以境内容十院,生人养人之地甚多,若在今日,分域自治,尚嫌太大,幸大同时交通之利器极捷,故可耳。再增此乎,则地太远,人太多,传宣之脑筋渐不敏捷,则合众难,出产事业太繁,则综理难,故以此为极矣。至于上达乎全地分度之政府约三数千,议员亦三数千人,虽似稍多,而用人皆由各度公举,与公政府无关,即公政府之行政员亦由各度公举,则亦无关,至于稽察政事风俗,则每度有一二人查核报告,消息已可通。夫电话、铁路、汽船数事者,开创不及百数十年,今之疾速过前世界远矣。今美之铁路每小时行七十英里,一日可一千六百八十英里,如此过百年当大同之世,人智大增,其进化之速率,岂今日所能思议,不止十数倍抑百千倍也。今西伯利铁道已成,环球周行不过月余,大同之时,环球一周,多者不过数日,急者或不待此,则交通敏捷,地球虽大,不过如中国之一大县而已。以一公政府领三千度,如今一大县领二三千村落而已,其于为治尚易通于今之一县,则无待中间一洲一国之大分政府矣。且人情一有所分,即有亲疏,如今中国同姓有分房,同国有分省,则亲其同房、同省,而疏其异房、异省。今已尽去人之家、族、乡、国,以绝人自私之根,即如各度界之小政府,已属不可得已,岂可再为广树分洲之分政府以生亲疏哉!故合全地之大,经纬纵横,划为百度,每度立一政府,合数千小政府,而公立全地大政府,不可少,不可多,不可加,不可减矣。

第四章　全地大同公政府政体

全地公政府以下列各部院管理之：

一、民部掌各度人本院、育婴院、慈幼院、养老院、恤贫院、考终院之事，并游徼消防之政及整顿之事，为诸部之长。

二、农部掌全地各度百谷草木产物之事。

三、牧部掌全地之畜牧，酌其用数而支配之。

四、渔部掌全地之渔产，酌其用品而支配之。

五、矿部掌全地之矿政。

六、工部掌全地百工之作货，分列其地宜，总其多寡而支配之。

七、商部掌全地货物之运输，支配于各度、各场厂，其会计至难。

八、金部总掌全地金行出纳度支之金政，定其用之多寡，于大同世界部之权最大。

九、辟部掌开辟荒地、深山、穷谷而为坦途、都邑。

十、水部掌全地治河导水之政，海亦属焉。

十一、铁路部掌全地之铁路而日图扩充之，各度内小路亦属焉。

十二、邮部掌全地邮递之事。

十三、电线部掌全地电文电话之事。

十四、船部掌全地船事，内河小船亦属焉。

十五、飞空部掌全地汽球、飞机、飞船之事。

十六、卫生部掌全地卫生、医疾、检疫之事，天文之关于测候、风灾、火山等事亦隶焉。

十七、文学部掌全地文学之事,测候亦隶焉。

十八、奖智部掌全地奖励创新特许之事。

十九、讲道部掌全地讲道劝善之事,凡有宗教炼魂者统之,兼奖励仁施之事。

二十、极乐部掌人道极乐进化之事,凡音乐、美术、游戏、博物、动植物等皆属之。

二十一、会议院,凡有官联之事及公共大政,二十部公议之,从其多数,随时随事举议长,不为定位。

二十二、上议院,全地各度各举一人,议全地法律职规大政,并掌大裁判、政教、文艺、评论之事。

二十三、下议院,但有书记,无议员,传电话于各度,合全地各度之人公议之,一切法律、规则、财政,以此为极。

二十四、公报院,全地各度公举数人,掌公共交互查报全地之事,报告全地,还报本部。

凡各曹皆有主、伯、亚、旅、府、史、胥、徒。主者长也,伯者分司之长也,亚者主伯之佐也,旅者群执事之官也,府者主纳,史者主记事,胥者主奔走,徒者复也。既统全地之事,自须用多人,其职员分司随时公议。

凡一部之主,总全地之事,皆由各度本曹之主数千人公举之,从其多数。其余铁路、邮政、汽船、电船、汽球分局之员,由曹主分派,然亦必由众公举而曹主乃择之。至曹主、亚由全地各局主公举,必由上智、至仁出身,无其人乃得用大智、大仁者为曹主。其伯虽由曹主选派,然必由大仁、大智出身,无其人乃许择及多智、上仁之人出身者。

政党之事，惟竞争乃能进化，不竞争则不进，然竞争则坏人心术矣。今立宪之政体，其行政之诸长皆出于全国政党竞争，大昏博夜，喧走道途，号召徒党，密谋相攻，或至动兵行刺；若议举之先，兆人万众旁皇奔走，大罗酒食以媚庶人，所取既未必公，即公亦出大争，坏人心术，侵入根种，此大不可。大同之世，无有国争，无秘谋，大举须假权于行政之长及立统领之人。万几、百政、法律、章程，皆由大地大众公议，余事则各度小政府专行，事事皆由公举。公政府名虽总统，其实无权，不过坐受各度之成而司会计、品节、奖励之事而已，故无须有一人为之总统之理。各部长不能由一人选派，皆由备度各曹自举。选举之日，以电话立问立复，皆从其多者而用之，无有竞争喧哗之事，更无有互攻刺杀之事，则无伤于心术，其视今政党之争，将以为野蛮之举动而笑之者矣。且各曹长被举之人，亦必须让三让再以副举贤若夔龙之美事，及再三为大众所推乃得受之，以弘让德而镇嚣争焉。凡各度公举一切曹司，皆当类是，其有不让者，则为丑德，清议所不容焉。是时人性固美，德教固盛，而事权实在公众，公政府诸长虽有责任而实极小，不过以高誉盛德坐领职司，为名誉之事而已，则高陈三让亦自易事。

凡大小政府议院之员，虽许慷慨陈词，抑扬透辟，而辞辑辞怿，皆有脊伦，言笑晏晏，皆有程度，而择善从之。若如今政党议员，互攻激刺，大笑喧哗，失仪无节，乃野蛮之至，可为大耻，则必纠仪弹之，清议不齿。然太平世人德至美，教学尤深，议员为贤哲高流，固无此野蛮之举动也。太平之世只此公政府、各度政府、地方自治局三级。地方自治局，乡也；各度政府，邑也；人类不能无者也。只此院、场、厂、馆诸司之主、伯、亚、旅、府、史、胥、徒，故大同之世无有民也。举世界之人公营全世界之事，如以一家之父子兄弟，无有官也。其职虽有上下,但于职事中行之,若在职事之外,则全世界人皆平等,无爵位之殊,无舆服之异,无仪从之别。惟仁智之人特许殊荣者,以致进化而防退化耳,益同胞而福大众,其功德固宜殊异也。

第五章　各度政府政体

各度政府之组织如下:

一、民曹掌地方自治之事,凡人本院、育婴院、慈幼院、养老、恤贫、考终诸院之事并游徼消防之政,为诸曹之长。

二、农曹掌百谷、草木、渔牧之事。其地不能种百谷但为牧场者,则立牧曹。若有林麓,则改为虞曹。其地产备兼者则立诸曹。如有百产之物如盐、茶之类多者则立盐茶曹。

三、矿曹掌开矿之事。

四、工曹掌百工之事,土木建筑属焉。

五、商曹掌商货之运输。

六、金曹掌金币、会计、金行之事。

七、辟曹掌开辟荒山、沙漠,无大山无荒地者不设;凡地理、地质学掌焉。

八、水曹掌治水之政,无水者缺。

九、通曹掌道路船车之政,大者皆归铁路,此其小者。

十、医曹,凡医疾院掌焉,及卫生、饮食、市场查验之事掌焉。

十一、文曹,凡小学、中学、大学及图书馆、测候馆掌焉。

十二、道曹,凡各处讲道劝善之事,而修魂炼性之人归其掌焉。

十三、智曹，凡创新之事、特许之荣者掌焉。

十四、乐曹掌人间进化极乐之事，凡音乐馆、博物院、动植物园，其施舍仁伦之事、奖励之章掌焉。

十五、会议院，凡十四曹官职之事则会议之，从其多数取决，而民曹为之长。

十六、上议院，公举度内之元老、文学、仁智之人为之，其人数视其度内人数多少，随时议定，略以数百为度。十四曹之长皆为议员，每年一任，以太平之世，人才太多，各使得展其才也。凡大政掌之，而专主职规、法律、行政、裁判、评论之事；各地评事不断者，则此院公评之。

十七、下议院，下议院无选议员，凡人皆预议，但有书记之人，传电话于全境内人众合而公议之。

十八、公报馆，由公政府派来一人，会同在度内公举之人，掌考查、布告度内各情于公政府及各处政府暨本境人民，俾彼此、上下、四旁交通联互。

凡各曹，自民曹以下至农牧渔、矿、工、商、金、水、辟、通、医十曹，皆掌人民厚生之事，自文、智二曹则掌人民开智之事，道曹则掌正德之事，乐曹则掌极乐之事。当太平之世，无争兵故无海陆军，无刑讼故无刑法，无国际交涉故无外务。凡诸司皆为民之官而已。孔子之为《书》也，唐虞之世九官，自平水土、教稼穑、明人伦、工虞、水火、礼乐皆为民之官，庶几小近，惜非其时，不详备耳。

凡各曹皆有主、伯、亚、旅、府、史、胥、徒。主一等，府、史与伯、亚二等，旅三等，胥四等，徒五等。凡各曹皆由地方自治局公举，终身不贰事，不移官。凡各司之职，皆由本曹公举。如一曹之主，则各地方自治之各局主、伯、府、史及本曹之伯、亚、府、史、旅皆同举焉,或听胥、徒并选举之,从其多数。其伯、亚、府、史则以下递举而听主用之。其旅、胥以下由徒公举,而听伯、亚、府、史之用。

第六章　公通

大同之世,铁路、电线、汽船、邮政皆归于一,皆属于公,是时飞船大盛通行,亦公为之,五者皆为大地交通运送之要政,公政府各设专部以经营之。是时五者繁密,如网如梭,缠于大地,既为公产而不归私有;人口尤众,游历通信尤繁,则五者所收之费不可胜数矣。五者网于大地,处处设司,每度有总局,数里、数十里有分局,皆有主、伯、亚、旅、府、史、胥、徒。史以记账,府以收纳;而府之权尤大,府之中又有主、伯、亚、旅焉。其用人皆自学校出,其专门学即在五者局中。其有工学士出者,得补主、伯,皆有报以发明布告之。其有司皆为技师、工长,其才者累迁至部长,终身不贰事,不移官。其五者终日无息,则人轮数时,与百工等。其在铁道、汽船者,风尘波浪或太劳苦,岁许休息其半,当休息之月仍支工金焉。

第七章　公辟

大同之世,公政府日以开山、通路、变沙漠、浮海为第一大事。盖人口愈多,用品愈繁,至于是时,深山穷谷、绝岛深菁无不大通,视同都邑,故通路、治水、筑桥之大工,役人最多。汽船、铁道之修筑需费最巨,故夷山凿岭,通川河而桥峰峦,所在皆开。无论老林深矿，无一不辟，雪山冰海，探抚日深，利源皆出，农场、林囿、花囿、果园、电碓、石厂、矿场遍于高山绝岛间。其温带热带之高山，空气至多，暑气较少，尤于养生为宜，则各学校、各养老院、养病院皆筑于山顶山麓，而富人、学士、罢政之逸老亦皆争筑室于山顶，以纳空气而便养生。人既多聚，则商店、公园、图书、乐馆亦皆设于山顶，开为都会焉。譬如中国之泰、华、衡、嵩、罗浮、匡庐、天台、雁荡，印度之须弥，北美落机，南美之安底斯，欧之巴干比尔、裒士而、阿尔频岳，今已馆室遍峰峦矣。宜引大地各国名山加入。

凡此名山，皆为都会之胜地，其它群山莫不开凿，并开岩架壑，铁道盘空，电线飞驰，空船来往。名山尽辟以为公园，引飞瀑以四奔，激涧泉以上射，异花殊草，聚大地之珍奇；怪兽珍禽，皆栅栏以公养。诸峰直峭，则通以飞桥，飞桥架空，则悬以飞屋。飞屋高悬天半，絙以铁纽；玻房玲珑，植以繁花，廊槛纵横，著以翠鸟，几榻之机皆含音乐，嘘吸之气并属云霞，其欲上下周游，则跨汽球空船，或机停而立至矣，斯亦逸士真人之极乐也。盖据乱窟居，人多住山，升平堂构，人多住原，太平极乐，人复居山，周而复始。但窟居者多在山谷之幽，风气不通，故于卫生不宜，太平极乐则居山顶，风气四通，故于养生最益也。若其磴道盘旋，阑干环绕，织山若网，匼匝回环，亭榭点缀于峰头，几榻交横于道左，电灯掩映于涧壑，楼阁玲珑于五云，真有仙山五步一楼、十步一阁之观焉。

若其轮船之大，不可思议，长以千万丈，广亦百数寻，有若小岛焉。船中堆山筑池，种树架桥，缀以亭榭，其上住室客堂环绕其间，逸老、名士好吸海风，多赁居于是以周游四海焉。其近海之地或无洲岛，则絙以巨铁，广袤数里或百数十里，其上堆山，筑池，种花，植树，听人居之，筑为客室，商店咸备，浮海远游，听其所之。以铁为巨堤,环周其外,巨浪难撼,大鱼不惊,出没日月,嘘吸天地,此又浮桴之乐也。

又若大河海峡之横亘,则渡以千万丈之长桥,石地、积沙之互阻,则开其百千里之川流,有如苏彝士、巴拿马之开河及纽约之筑桥。盖处处皆是沙漠之地,久壅无用,行人苦之,则引之铁管,导以流泉,以汽车运泥,以石堤阻风。及石堤弥天,汽车匝地,风难旋转,沙渐低平,于其泊洑渐引川河,遍植草树,将多雨泽,渐可使沙漠化为壤土,戈壁成为中原,此虽莫大之工程,而以公政府之巨力为之,亦不难也。

凡兹铁道、汽船、电线、邮政、飞船之岁入,尽以从事于工程焉,则大地虽大,崇山大河虽多,深林邃谷虽奥,不数百年皆化为都邑焉。故公政府立辟部以督之,有主、伯、亚、旅、府、史、胥、徒以任其事。其府主金出入,其史日月记事,又各有主、伯、亚、旅焉。每一工程皆立一局,又各有主、伯、亚、旅、府、史、胥、徒以督之。其人并出身于学校,其专门学校皆在局中,一切法政皆与工部之工曹、工局、工厂同。其局之大者,役徒百数十万人,若秦之筑长城,波斯之铸跨海七十里铜人,埃及之筑五里石陵,然皆用机器为之,力省而不劳,举之较易矣。凡全地有无工无养之人,皆可充此工以养之。夫以国计之,间税多于直税且十倍,英之直税二千万而邮政及印花二者乃二万余。大同世之铁路、汽船、空船、电线、邮政五者,一岁之入不可量数,况自制纸币而公行之,虽多发无数商货,游资亦收回,则一岁所开辟之山海、道路、桥梁、水利、巨工亦不可量数,而役徒虽多,物料机器虽多,而役徒之所购物品、机器工料之物品仍流入于公设之商店,则用其一而尚存其半焉,可以成大工,可以役大众,可以辟穷荒,政府统算而消息之可也。

第八章　地方自治

当是时，人之所居，都会之大聚，以山顶海边及岛屿为至多，而河流川源之间次之。然人口虽多，皆归之农、工、运、辟四部，否则老幼、疾病、学校十院之养于公者，然则屋室、园囿、店、厂、场、局皆出于公，几无私宅者矣。既出于公，则必崇宏浩大，一院而万千人，多或亿兆人，故太平之世，无散人之村乡，而但有公家之廨署。其时道路平广，电车四达，瞬息百里，自行车更巧，人人皆具，亦顷刻十数里，故农场耕牧之地可散而食宿之院可聚，虽十数里一农场亦可也。有农场之地，则商店从之，邮局、电局从之，飞船、铁路之站从之，为一聚落焉，故太平世之农场即今之村落焉。其地方政治，即农场主主之，而商店长、邮、电、飞船局长、铁路站长佐之，不必设乡官焉。其有事则开议，人人皆有发言之权，从其多数而行之。其应上告而整顿者，则大众列名而农长代表焉。每月必聚议其场政而上之于农局。其为工厂地者，则为今之市镇，则工厂主主之，其地之商店、邮电局、铁路、飞船并设，则各局长佐之。其有事开议，人人皆有发言权，自其长亲入议堂外，其余皆自各处电话发来而史以书记之，月必聚议其厂政，从其多数行之。其应上告而整顿者，与农场同，告则直上于各度小政府之工曹焉。其农局居农场之中或山水原陆之要，则或有人本院、育婴院、慈幼院、小学院、中学院、大学院、养老院、医疾院、恤贫院、考终院十院在其间，则必有金行、公园、博物院、植物院、动物院、音乐院、美术院、讲道院、大商店、邮电局、飞船铁道局。其有川原者，则有船局或有工厂、作厂。如是，则设一地方自治局焉，有主、伯、亚、旅、府、史、胥、徒以任其地政，其曹有道路，警察、卫生、讲道、评事、测候等司，若有水道则有都水一司，若有山谷则有辟山一司，其桥、堰、陂、塘皆归于道路司，其稽察饮食之宜、室屋之式、疫疠之事则归之卫生司，其余场、厂讲道之人则归讲道司，其有诤论则归之评事司。是时刑措，盖无狱矣，其有罚者削其名誉，再有甚者付之恤贫院作苦工而已。其人皆由议院举之，议院岁以数月开之，公议本局之立法诸事。院局之长咸入一堂，听人人提议，而以电话询于各场厂局，院司之众，人人皆有发言之权而从其多数。其公举主、伯、府、史皆取其地有智人、仁人之徽章多者举之，无仁智之徽章不得被举焉；又有公报馆以总公政布告之事，其职图如下：

地方自治局之属

议院		
农局	农场（凡盐场各产物场皆同）	人本院
矿局		育婴院
牧局	牧场	慈幼院
渔局	渔场	小学院
工厂		中学院
商局	商店	大学院
金行	金店	医疾院
都水局		养老院
辟山局		恤贫院
道路局		考终院
游徽局	徽员	
卫生局		博物馆

讲道局	讲道	图书馆
评事局		音乐馆
		美术馆
		公游园
		植物园
		动物园
		讲道馆
		测候台
		公报馆

第九章　公金行

凡全地之金行皆归于公，无有私产。立金行部于公政府，即度支部。分立于各度小政府，为总金行，下至于各地方自治局有分金行，各工厂、作厂、农场皆有小金行。凡全地商店、铁道、汽船、电线、邮政、飞船之所入皆归于总金行，分配于各度及各地各场之金行，以应农、工、商作铁道、汽船、电线、邮政、飞船之需及人本、育婴、慈幼、小学、中学、大学、养老、医疾、考终十院之用。其人民储金，亦收之而予之息。其各地、各度分金行，岁月将其所收商店、邮政、铁道、汽船、电线、飞船之数报之公政府，而其所出农、工、商三部及养人十院之费，酌其多少，请于公政府总金行而拨用之，其地方自治之收费用费亦归焉，而听自治局公议而公用之。

当是时，金币用二品：上币金，下币银；其铜留为器物，不作币，而皆有纸币代之。其纸币之小者，如今各国之印花，每纸百钱焉。

计其时矿出益多,或只用金一品而银亦可不用为币,但为器物可也。金钱略为三品:小者作十用,次者作百用,大者作千用。是时实名金行,不名银行。纸币皆制自公金行,亦无作伪者,由公印发,出之无穷,令民饶裕而多行乐也。凡金行有司,各有主、伯、亚、旅、府、史、胥、徒,皆自学校计学出身,其学士累迁可至金行部总长,其主、伯、亚、旅皆选商业富人充之,各业大富人充之亦可。其时富人必由造出新器而后得富,则皆聪智人也,又必多有仁人徽章而后举之。盖大同之世,权至大者莫如金行,故不能不郑重之。

太平之世,农、工、商一切出于公政府,绝无竞争,性根皆平。夫物以竞争而进上,不争则将苟且而退化,如中国一统之世。夫退化则为世界莫大之害,人将复愚,人既愚矣,则制作皆败而大祸随之,大同不久而复归于乱,此不可不预防也。若导人以争,又虑种于性根而争祸将出,二者交病。且太平之世,农、工、商、学、铁道、邮政、电线、汽船、飞船皆出于公,人皆作工,只有工钱,无甚贫富,则新器亦难销流而新机将息。且其农、工、商、铁道、邮政、电线、汽船、飞船亦必不改进而腐败随之,诸事腐败,人将复愚,事将复塞,而大同亦不可久,则复归于乱矣。夫天道不平者也,不平则乱,人道感于乱祸,故裁成辅相而力求其平。然至于平时,则平之祸又出矣,补偏救敝,不可不虑患而深防之,此尤太平之深忧也。思防弊之法而调停于二病之间,则救之有二道。

第十章　竞美

一、为公众进化计,大同之世,室屋、园圃、农场、工厂、商业、铁路、电线、汽船皆出于公，既无竞争，何肯改良，何肯进上？必将坐听其弊，其害又甚大，此不可无以鼓舞之也。其道令各度小政府主持一切，若养人十院如何加益，公屋之如何而加精美伟丽，公园之如何而加新趣乐心，音乐院、美术馆、动植园、博物馆如何而加美妙博异，农工如何而改良奖励，桥梁、道路、铁道、汽船在各度境内如何加其安乐华妙，公政府许其于本境商场售货及其本境铁道、汽船、飞船、邮政收费听其酌加，以为兴起、改良、增进之计。各度境内小汽船、电车皆归于本度政府专利自办，以为兴起、改良、增进各事业之费。但其时自行车多，马车亦无几耳，故不得不以商业、铁路、邮政各费听其议加。凡此汽船、马车之收费，商业、铁路、邮政、电线之加费，皆由各度本境人公议，遍传电话于各农场、工厂、商店及十院执事之人，凡境内有独立权者皆预焉，从其多数而行之。盖商货之售，铁道、电线、邮政、汽船、马车之收费，其贵贱多少皆境内人受之，益则公益，损则公损，苟境内各人皆甘愿物价微涌，收费微昂，而得十院及公园、公屋、公音乐、美术、动、植物园、博物院、舟车、道路、桥梁之奇精新妙，则涌贵者乃其人民之自愿，非由公政府之暴政，安得不听之。夫所私损者少，所公益者多，凡人民亦孰不踊跃以听，以期邻度之称美仰望乎！公政府之民部，于各度中有尤为日新进上者，则赠徽章于其度，公奖其公民，于岁中列表，等其高下而荣异之，或合各度行赛会，赛其高下。各度人民私益、公荣一举两善，谁不愿稍涌毫厘之价以得巨资，其于率作兴工，增美释回，固甚易易。各度各自为之，各自竞上，则室屋、园囿、农场、工厂百物，安有患其坐敝不进，退化不改者哉！若夫铁路、汽船、飞船不能分度界，乃全为公政府之物，其有新式妙术增进者，公议院与全地人民传电话而公议之，稍加物价及运输收费，亦不过以众人之力为众公益,所以私损少而公益大,亦孰不愿,岂患其不能改良哉!

第十一章 奖智

一、为独人进化计,当太平之时,人人皆作工而无高下,工钱虽少有差而相去不能极远,则人智不出,器用、法度、思想、意义不能日出新异,则涩滞、败恶,甚且退化,其害莫大焉;欲防其弊,即对其害而矫之。当太平时,特重开人智之法,悬重赏以鼓励之,分为四科:一曰新书科,有能作新书为昔所无者,不论农、工、商、铁路、电线、邮政、汽船、飞船学、法政、教艺、乐理、医、气、力、形、质、声、光、数、电皆可。其新书分三等:第一曰新理,以理能推所以然也;第二曰新术,以术有法可寻也;第三曰新益,有益于人道者;盖理与术穷极造化,该括天人,而奥深或远于人道,新益者即切于人道者也。创新理者为圣哲,创新术者为慧巧,创新益者为明智。一曰新器科,大之若今之铁道、电线,小之则百器皆是,以有益助进化为主,差其所益公私大小而为等。一曰新见科,凡天文之星气,地层之矿质,通鸟兽之语而训用之,考医药之物而化用之,及一切人世未出之物、未有之事皆是,以其大小深浅定其等焉。一曰新识科,因旧有之物质、物品、物理而荟萃贯串、择精去粗而成之,政、教、艺、乐皆然。公政府设奖智院,专任鼓舞、劝导、鉴定之事,每州设分院,各度小政府皆设一局,小者由各度小政府鉴察而特许之,大者呈各州分院或公政府总会鉴察而特许之。其制新器,著新书,发新见,若力不足,则公助之或公出资优养其人为之。其奖智院设各科学士、博士,由博士大众公鉴之,鉴定而颁发其特许之赏,差其高下以为赏之等。其赏有名有实，名者荣衔也，实者金钱也；其理之精奥伟大者其名高，其事之切实益人者其实厚。凡名誉之赏，能创新者公赠徽章，谓之智人，每一次创新则得一次智人徽章，积十次则为多智人，其创新之卓绝者则为大智人，积十次卓绝之创新则为上智人，其尤卓绝者则为哲人，其卓绝而不可思议者则为圣人。圣人、哲人不为定例，遇有其人，公议同服，则众上其徽号；凡得是名誉者，众共尊礼加敬之。其创新之轻重大小，皆有比例之定格以为等，积次积等而比较之以为其位之高下。凡学士必由多智人选出，博士必由大智人选出，圣人、哲人必由上智人选举。故其时之智人犹今之秀才也，多智人犹今之举人也，学士犹今之进士也，大智人犹今之翰林也，博士犹今之鼎甲也，其上智之号犹今之状元也，圣人则旷年累世而后一遇其人而得为之，大约圣、哲之号多于死后公推焉。其赏金则与名位不同。凡名位略从同，苟非卓绝，皆为智人而已。而赏金则分析级数甚多，可至千百等，以益于人用之多少为差；然虽至下等者，赏金亦必极多，俾其人富而更易创也。略以千金为至下位，自此等而上之千级，凡至百万焉。大智又有岁赏焉，亦自千金至百万之千级以为岁俸，终其身而后上。智人徽章用圆形，绣其所创之物；其大智虚理不能绣者绣以月，为蛾眉、弦、望之形；至十次则为上智，绣以满月，哲人则绣以日；若圣人则绣大日绕以群星，如天焉。凡领徽章多者，则尽悬之于身及背，犹不足悬，则及于手足；其大智以上之徽章则悬之于冠。其死也，有功德于人而人思之者，则铸其像，以其创新之次数为其级数，级皆用圆。其为大智之章，则用他式，亦视其次数为层数；其别领得仁人徽章者，亦按其次数为级数，级则用方。按其领章之年为其级数方圆之次第，其领得大仁人之章者，亦用他式，亦按其领章之年以为次第焉。凡各度奖智局,聚全度之学士、博士而为公鉴员,然每业、每学皆设专员以司之,而余人以时与议焉。可以赏智人徽章。其全州奖智分院,则必博士乃得为公鉴员,全州博士尽与焉,亦各设专业、专学之司而余人以时与议焉;其大智之赏必于是,学士之号必于是,各度小政府无是权也。其公政府之奖智局,聚全地博士之盛名者为公鉴员,各业、各学皆设专司,而余人以时与议焉。其圣哲之位号必于是公议,其上智之章号亦于是领之,博士之号亦于是推之,各州皆无是权也。凡始创新者随时呈进,颁赏赠号亦随时;若学士、博士位号则每年论定一次,无额,惟其才;哲人、圣人则俟有公举者,无年限。当是时,举全地之人,聪明隽秀之士,心思才力之用,日夜研究之事,行游探访之意,皆创新之是图,无他志焉,无他思焉。苟得名号,则佩戴圆章,荣尊于世,领获巨金,行乐于时,富贵迫人,迥非畴昔,有若今者之考试求科第者焉,其得则如今登第,有若升天,其失则如今下第,有若堕渊。盖太平世无所竞争,其争也必于创新乎,其竞也必在奖智乎!智愈竞而愈出,新愈争而愈上,则全地人道日见进化而不患退化矣;赏金既巨,又有岁俸,无力者又有公助或公代办而优养之,则新器之出不患不多,又不患无有力者之争购,于是销流矣;既有赏金、岁俸之富,则公室之外不患无私宅矣;其它车马、衣服、什器之玮瑰奇丽与室屋之伟丽,自并起竞争而不患其渐趋简陋矣。太平世人无国争、兵争之苦,无抑事俯畜之忧,无祭祀、祠墓之事,无疾病之虞,无身后之计,每日作工数时之暇皆是余闲,魂清体健,比之今人,思精虑密,神闲气足,何止千万亿倍;而又有荣名巨金以驱策之,当是时之人,惟有日思创新而已。夫以其人境遇神明之优饱,又当图书器质之精备,而又有巨金荣名驱策,则全地聪明睿智之士,日尽其心思才力以思创新,其新理、新器、新术日出而无可涯量，精奇而不可思议，其视今者之制作，何止极恒河沙倍也，盖犹天人之视五浊世也，岂复今乱世之人所能思议哉，其进化之速，一日千里，岂犹患其退化哉！

第十二章　奖仁

当太平之世，既无帝王君长，又无官爵科第，人皆平等，亦不以爵位为荣，所奖励者惟智与仁而已；智以开物成务、利用前民，仁以博施济众、爱人利物，自智仁以外无以为荣。当是时，人无父母、妻子，无族姻之养恤，无祭祀、祠墓之费，无疾病之虞，无身后之计，一人而得百重金或千百万重金，或岁有百十万赏俸，将何用之！是时人不为奴，不得有妻，同时不能多男女之交，屋宇不待大，宝玩古器多藏于公，除远游外，几无以为用多金之地。然则得金无用，而又有仁人之荣号徽章以鼓舞之，故其时人惟有好施舍而已，不止其性之善也，亦其俗制使然也。夫一人善射，百夫决拾，众人好施，则风俗随之。公政府于是设奖仁院以励慈惠之事。各州则有奖仁分院，各度小政府有奖仁局，司施舍慈惠之事而奖其位号。凡有仁惠之事，皆公赠仁人之号，差其仁惠之大小以为之等。凡其等高下，论次数为序，以多为贵；积领十次则为上仁人，积领五十次者为大仁人，积领百次者为至仁人，其或公德殊绝者则为大仁人，积领大仁十次则为至大仁人，其尤殊绝者则为大人天人，此两号待之公议，不常赠。

凡人本院、育婴院、慈幼院、养老院、医疾院之看护人，考终院执事人，领有完业无过执照者，皆得赠仁人之号；其赏金视其执照之功大小以为差,以千百金为度。其产母皆赠仁人之号,高一等;其医院医生积岁无过者,皆赠仁人之号;其等数、赏金皆视其功以为差,每岁或三岁一定之;其有过者扣除仁人之号。其赏金可自百千至百万,或加岁赏焉。盖野蛮之世以杀人为事,最重为兵,太平之世以生人为事,最重为医,故其赏之厚亦同之。其医人尤多而有效者,可骤赠大仁人,其赏金尤重焉。其十院执事人及诸学教习,皆三岁考之,其完课无过者皆得赠仁人之号,其等类高下,赏金多少,皆视其功以为差;其有过者扣除仁人之号。其赏金可自十百至千万。其为官者,积岁有功,奖励亦同;小功德则为仁人,大功德则为上仁人,功德殊绝则为大仁人、至仁人;其有过者扣除之。其施舍者,亦视其功德之大小高下以为差,皆有格焉,或积累焉,以定仁人、上仁、大仁、至仁之号。当大同之世,人人皆不饥寒,人人皆少疾病,人人皆入学校,虽欲施甚难。其所施舍者,多赠学校之图书,多赠人本院、育婴院、慈幼院、恤贫院、养老院、医疾院之费用,多建园林,多置乐院,多修桥梁,多通道路而已,而以辟山凿荒为功德之尤大者。譬若里息勃斯之开苏彝士河,则一举而可为大仁人至仁人矣,此宜赠金千万者也,且可公议为大人矣。

凡仁智兼领而有一上仁或多智者,则统称为善人。上仁多智兼领者,则统称为贤人。上仁多智并领而或兼大仁或兼大智,则为上贤人,大智大仁并领则统称为大贤人。大智大仁并领而兼上智者,则可推为哲人。大智大仁并领而兼至仁者,则可推为大人。上智至仁并领而智多者,则可推为圣人。仁多者则可称为天人。天人、圣人并推,可合称为神人。

凡议事之位则以职为序,其宴会公集之位次悉以仁智之等为序。盖太平之世,尚德不尚爵也,所以使人勉于道德而化其美俗也,所以使人化于慈祥而尽于公德也,所以使人增其灵明而收其公益也。

然虽有神圣,尊之亦有限制,以免教主合一,人民复受其范围,则睿思不出而复愚矣。即前古之教主圣哲,亦以大同之公理品其得失高下,而合祠以崇敬之,亦有限制焉,凡其有功于人类,波及于人世大群者乃得列。若其仅有功于一国者,则虽若管仲、诸葛亮之才摈而不得与也;若乐毅、王猛、耶律楚材、俾士麦者,则在民贼之列,当刻名而攻之,抑不足算矣。若汉武帝、光武、唐太宗皆有文明之影响波及亚洲,与拿破仑之大倡民权为有功后世者也。自诸教主外,若老子、张道陵、周、程、朱、张、王、余、真、王阳明、袁了凡,皆有影响于世界者也;日本之亲鸾,耶教之玛丁路得,亦创新教者也;印度若羯摩、富兰那、玛努与佛及九十六道与诸杂教之祖,欧美则近世创新诸哲若科仑布、倍根、佛兰诗士,凡有功于民者皆可尊之。

当太平之世,人性即善,才明过人,惟相与鼓舞踊跃于仁智之事;新法日出,公施日多,仁心日厚,知识日莹,全世界人共至于仁寿极乐善慧无边之境而已,非乱世之人所能测已。

第十三章　学校

太平世以开人智为主,最重学校。自慈幼院之教至小学、中学、大学,人人皆自幼而学,人人皆学至二十岁,人人皆无家累,人人皆无恶习,图书器物既备,语言文字同一,日力既省,养生又备,道德一而教化同,其学人之进化过今不止千万倍矣。其时学校所教,时时公议改良,固非今日所能预议。若其公理乎,则德教、智教、体教之外,以实用教为最重,故大学科专行之。至于古史,则略备博学者之温故而已,为用甚少,如今人之视瑶、蛮、生番,聊资进化之考验或为笑柄而已。若名理之奥,灵魂之虚,则听学者自为之,或开学会而讲求之,非公学之所急,即不待公学之教之也。公政府有学部以统之,各度小政府亦立学曹以司学务,皆有主、伯、亚、旅、府、史、胥、徒以司其事。当太平之世,地地相等,无有都会、乡邑之殊,但以择善地为养生之宜耳。故除非洲、印度、南洋热带及近冰海处不设十院不立学校外,其温带近海之地则多设之,无据乱世学校全聚京都而乡邑则皆横僿不文之俗,此不平不同也,太平世地地相同,地地平等,不待裹粮远学焉。其学官皆自各学校教习出,转推至学部长,若学部长欲议改良学制,则合各度学校而公议之,公议皆以电话从其多数而行之。其学官如父兄,其学生皆如子弟,盖以大地为一家,而鞠育后进以负荷家业也,其畴不勉焉!

第十四章　刑措

孔子曰:"必也使无讼乎!"太平之世,治至刑措,乃为至治。伤哉乱世也! 人民之生,恶质愚性,触刑犯网,刻削肌骨,断绝躯体,殃被亲族;若其损害廉耻,败坏风俗,浸薰天性,尤其大者矣。夫原人之犯罪致刑,皆有其由。夫人之生而有身有家,则不能无贫困也,天也;以贫困之故则不能忍,不能忍则有窃盗骗劫、赃私欺隐、诈伪偷漏、恐吓科敛、占夺强索、匿逃赌博之事,甚者则有杀人者矣。不治其救贫之原而严刑以待之,衣食不足,岂能顾廉耻而畏法律哉！人之生而有生殖之器，则不能无交合色欲之事者，天也；以天之故则必不能绝，必不能绝则必有淫奸之事，自情好强合、占夺偷抢以至渎伦乱宗、杀人倾家者有矣。虽有万亿婆罗门、佛、耶稣欲救之而欲绝其欲，而必不能使全世界人类绝交合之欲也；假令能从其教而绝之，则全世界之人类，不数十年而尽绝矣，则莽莽大地复为草木禽兽之世界矣。然使永永为草木禽兽之世界，犹之可也，然未几则兽类进化，展转为人，才智复出，又相争矣，是徒举全地百亿万年经营辛苦而得有文明之世界而草莽之，其为大祸莫有过焉，比之共纵色欲交合之害，过之不啻恒河沙倍矣。是故诸教主之教，幸人不尽从之耳，若尽从之，则人类绝而大祸至矣。不善其救欲之源，徒严律待之，彼色欲不给，岂能顾廉耻而畏法律哉！若夫有君长则有争而倾国为兵；有父子兄弟宗族则有亲，而望养责善争分之讼狱起矣；有夫妇则争色争欲而奸淫禁制、责望怨怼，甚至刑杀之事出焉；有爵位则有钻营媚谄、作伪恃力、骄矜剖夺之事起矣；有私产则田宅、工业、商货之争讼多焉；有尸葬则有墓地之狱焉；有税役关津则逃匿欺吞之罪生矣；有军兵则军法尤严重，杀人如草芥焉；有名分则上之欺凌压制，下之干犯反攻起矣。此外违乎人之情，离乎人之性，反乎人之欲，远为期而责不至，重为任而责不胜，凡若此者，皆设网罗，张陷阱，而致人入于刑，兴人于讼者也，人道所必不能免也。不知治此，而日张法律如牛毛，日议轻刑如慈母，日讲道德如诸圣主，终不能救之也，无具甚矣，诸帝王之号称仁者，诸教主之号称圣者，不过如巫者医者之治沉病然，铙钹并作，灯烛杂陈，或被除其不祥，或针灸其孔穴，间有小瘳而终不能起其沉疴而至于长生也。滔滔数千万年，往者圣哲已矣，虽有良医如婆罗门，如耶、佛及希腊诸哲，暨于近哲，方亦多矣，而深山僻野，药材不具，医器难作,生当据乱,不逢其世,有术无具,如之奈何! 今之世,药犹未备也,吾思救之之方,将来之瘳此无量大病者,必当行之也。孔子曰:"道不远人,人之为道而远人,不可以为道。"庄子论墨子曰:"离天下之心,生人不堪,离于天下,其去王也远矣。"墨子之教不能行者,以生人不堪故也。今诸圣主之道,其亦有离于天下而生人不堪者耶! 惟大同之道,无仰事俯畜之累,无病苦身后之忧,无田宅什器之需,无婚姻、祭祀、丧葬之费;孑然独立之一身,少有二十年学校之教,长有专门生计之学,老疾皆有所养,作工仅三数时,其无业而入于恤贫院者尚不患无所养也。若稍有所犯,终身不齿,无所迫而为之,何忍自绝于向上! 即谓人性无厌,贪心易起,则又经累世大同之化,传种改良,则尤复有窃盗骗劫、赃私欺隐、诈伪偷漏、恐吓科敛、占夺强索、匿逃赌博乃至杀人谋财之事,则凡此诸讼悉无,诸刑悉措矣。太平大同之世,男女各有独立之权,有交好而非婚姻,有期约而非夫妇,期约所订,长可继续而终身,短可来复而易人。凡有色欲交合之事,两欢则相合,两憎则相离,既无亲属,人人相等。夫宽游堤以待水泛,则无决漫之虞,顺乎人情以言礼律,则无淫犯之事矣。夫人禀天权,各有独立,女子既不可为男子之强力所私,其偶相交合,但以各畅天性。若夫牝牡之形,臂犹锁钥之机,纳指于口,流涎于地,何关法律而待设严防哉! 筑坚城者适召炮攻,立崇堤者适来水决,必不能防,不如平之,故不若无城无堤之荡荡也。况男有侍妾则为义,女有向背则为奸,故严刑峻法特为男子之私设之耳,岂大同人权并立时所可有哉! 故大同之世,交合之事,人人各适其欲而给其求,荡荡然无名无分,无界无限,惟两情之所属。人人可得,故无复有强合、占夺、抢争之事,人人可合,故无复有和奸逼淫之名,无亲无属,故无复有乱宗、渎伦、烝报之恶,又安有帏薄之讼,淫奸之刑哉！惟自由之义,乃行之于二十出学之后。若在童男童女之时,身体未成,方当学问,受公政府之教养,未有独立之权,亦无自由之义,不独强奸之有害,亦交合之损身,自当在禁防之列,此在教师之训导,又在友朋之激厉。苟不谨而犯此,虽不速于刑狱,亦当见摈清议,削减名誉,此为冒犯学规,不隶刑司焉。至强奸童幼,有损身破体再,本当予以严刑。惟此等恶风皆出于中世淫律过严之时,人有欲而无所泄,故致犯此。若太平之时,人得所欲,何事强奸童幼,为绝无滋味之事,可不待防。若果有之,付之公议以定其罚可也。盖法律之立,所以预防为非,太平之世苟尚有恶欲若此者,必非自好之士,亦必不畏法律,故无须硁硁以制刑书也。他事仿此。盖古世法律未立,议事以制,中世有法律以防奸恶,太平无律,复类上古,以人不为恶,不须预防也。女色既易,固可无犯,然美男破老,固又有好男色者,虽索格拉底已有之矣,虽非阴阳之正,或于人身有损,然好色亦未有不损者。人情既许自由,苟非由强合者则无由禁之。夫公理本无善恶是非,皆听圣者之所立。佛法戒淫,则孔子之有妻亦犯戒律,当堕地狱矣;孔子言不孝无后为大,则佛耶二教主亦犯戒律矣;莲华生、亲鸾及玛丁路得公然在佛耶界内创新教而行淫,然天下亦无有非之者,且多从之者;西藏红教居大半,皆居莲华;日本亲鸾教,从者人过千万;路得新教,则过万万矣。故知善恶难定,是非随时,惟是非善恶皆由人生,公理亦由人定。我仪图之,凡有害于人者则为非,无害于人者则为是。昔之禁男色者,恐好于彼则恶于此,虑害嗣续而寡人类,故禁之。太平之世,男女平等,人人独立,人人自由,衣服无异,任职皆同,无复男女之异,若以淫论,则女与男交,男与男交,一也。其时人太安乐,不患人类之不繁,无待过虑。其有欢合者,不论男女之交及两男之交,皆到官立约,以免他争。惟人与兽交,则大乱灵明之种以至退化,则不得不严禁矣。太古之世,兽交最多,人之本始亦自灵兽之交展转而成。印度古昔有驴仙人,尚未大脱兽交之俗;犹太女子成人,至今先与羊交,故摩西立法之先,有交兽者杀,与周公之群饮勿佚,尽拘以杀,同虑以恶种乱灵明之种也,则其时兽交之俗盛矣。中国文明已久,早无此风,故律无明文,然今各国所传,其交猴、犬、豕、牛、马而生子类兽者不绝,"羡杀乌龙卧锦茵",李义山之所为诮也。香港某氏妇畜犬而与卧起,火发不能脱。前年加拿大女子生狗,登于报纸。纪晓岚《阅微草堂笔记》称一何某者,畜牝豕十数,闭门与交,其生豕多有人头者,又称有妇与马交而死,有男子与牝牛交而死。大约畜猴犬交者盖多矣,此于保全人种之大义最为悖反,若有此者,应科非常之严律,视为大逆不道。然究其所因,皆由中世禁淫之律法过于崇严,而人欲之大发有不可禁,故至陷此乱种之不道。若在大同世,但在情欢,绝无禁戒,则人得所欲,以文明之人类,起居饮食备极香美,岂能复与兽交哉!义当无之,可不立禁;若有犯此者,公议耻绝,不齿于人可也。

大同无邦国故无有军法之重律,无君主则无有犯上作乱之悖事,无夫妇则无有色欲之争,奸淫之防、禁制、责望、怨怼、离异、刑杀之祸,无宗亲兄弟则无有望养、责善、争分之狱,无爵位则无有恃威怙力、强霸利夺、钻营佞谄之事,无私产则无有田宅、工商、产业之讼,无尸葬则无有墓地之讼,无税役关津则无有逃匿欺吞之罪,无名分则无欺凌压制、干犯反攻之事。除此以外,然则尚有何讼,尚有何刑哉!我思大同之时,或有过失而必无罪恶也。其过失为何?于一业一职之中,或有失职误事者焉,或有失仪过语者焉。以二十年学校之教,化行俗美之休,人性既善,精力又强,其殆并失误而无之；必谓有之，此亦不待刑讼者也。故大同之世，百司皆有而无兵刑两官。其各业各职之失误者，失仪过语之非礼者，皆归其本司依例教戒，或少加罚锾极矣。即两有诤论，亦君子所有，太平之世或不能无，则公请评事人定其曲直，不须设理官也。故太平之世无讼，大同之世刑措，盖人人皆有士君子之行，不待理矣。故太平之世不立刑，但有各职业之规则，有失职犯规而无干刑犯律也。自职规之外，立法四章而已。

第十五章　四禁

第一禁懒惰　太平之世，园林音乐，男女同游，饮哺歌舞，人太逸乐，即不作工业，亦有恤贫院以收之。若人人如此，则百事隳坏，机器生锈，文明尽失，将至退化。故惰之为害，可以举大同之世复还于乱世，其害莫大，故当严禁。有惰工者，计日罚锾，若过经月则削名誉，再久则不得充上职，其人入恤贫院，则作苦工。苟非富逾巨万、银行有凭者，久不作工，皆当议罚。盖大同之事业治化，皆以众人公共任之，一人不任职，则一职有损。即有好修炼精魂，深山独处，草衣木食，与世长辞者，此为出世有道之士，本不能科以世法。但大同之世，人之生也，养之公家二十年，岂可空受养而逃之！虽在佛法，曾受父母之养而飘然出家，实为失报施之理，况今公政府乎！夫投桃报李，欠债偿钱，此为公理之至，无可逃于天地之间也。公家既教养人民二十年，人民亦当报公家二十年，故四十岁以前，不许出家修炼，过兹以后，乃听自由。

第二禁独尊　太平之世，人人平等，无有臣妾奴隶，无有君主统领,无有教主教皇,孔子所谓"见群龙无首",天下治之世也。若首领独尊者,即渐不平等,渐成专制,渐生争杀,而复归于乱世。故无论有何神圣,据何职业,若为党魁,拥众大多共尊过甚者,皆宜防抑。故是时有欲为帝王君长者,则反叛平等之理,皆为大逆不道第一恶罪,公议弃之圜土。以一有帝王君长即不平等,即生争杀而反于乱世,凡成一人之尊,必失公众太平之乐也。即有神灵绝出之人,以教主收众,亦当禁绝。盖教主虽仁智覆众,非出害人,而尊崇过甚,恐有摩西、摩诃末之伦假教主而为君主,则专制复成,平等必乱,又将复归于乱世也。然太平之世,人智浚发,欲为君主教主者甚难,必无是事;然不可不预防之。计其时人权甚分,极难拥众,惟医生之权最大而人身多托命焉。或有灵异绝出之人如拿破仑者,以其雄才大略,托医挟术以讲道收众,则由地球医长为地球大统领,由地球大教主而为地球大皇帝,是秦始皇复出,而将挟权恃力,焚书坑儒以愚黔首,则太平之极复为据乱,其祸害不可胜言,此不可不立严律以预防之也。故凡有独尊之芽,宜众共锄之,不许长成。

第三禁竞争 人之性也,莫不自私,夫惟有私,故事竞争,此自无始已来受种已然。原人之始,所以战胜于禽兽而独保人类,据有全地,实赖其有自私竞争致胜之功也。其始有身,只知有身而自私其身,于是争他身之所有以相杀;其后有家,则只私其家,于是争他家之所有以相杀;有姓族部落则只私其姓族部落,于是争他姓族部落之所有以相杀;有国则只私其国,于是争他国之所有以相杀;有种则只私其种,于是争他种之所有以相杀;以强凌弱,以勇欺怯,以诈欺愚,以众暴寡。其妄谬而有一知半解如达尔文者,则创天演之说,以为天之使然,导人以竞争为大义,于是竞争为古今世界公共之至恶物者,遂揭日月而行,贤者皆奉之而不耻,于是全地莽莽,皆为铁血,此其大罪过于洪水甚矣!夫天演者,无知之物也,人义者,有性识之物也;人道所以合群,所以能太平者,以其本有爱质而扩充之,因以裁成天道,辅相天宜,而止于至善,极于大同,乃能大众得其乐利。若循天演之例,则普大地人类,强者凌弱,互相吞啮,日事兵戎,如斗鹌鹑然,其卒也仅余强者之一人,则卒为大鸟兽所食而已。且是义也,在昔者异类相离、诸国并立之世,犹于不可之中而无术遏之,不得已者也,若在大同之世,则为过去至恶之物,如童子带痘毒,岂可复发之于壮老之时哉!大同之世,无异类,无异国,皆同体同胞也,竞争者,于异类异国为不得已,于同体同胞为有大害,岂可复播此恶种以散布于世界哉!夫据乱之世,人尚私争,升平之世,人人各有度量分界,人不加我,我不加人。故大同之世,视人如己,无有畛域,"货恶其弃于地也,不必藏于己,力恶其不出于身也,不必为己"。当是之时,最恶竞争,亦无有竞争者矣。其竞争者,惟在竞仁竞智,此则不让于师者。虽然,作色者,流血大争之兆也,勃怒者,巨炮攻争之气也,嚣哗者,对垒争锋之影也。太平之人,有喜而无怒,有乐而无哀,其竞争虽或有之,则不能不严禁焉。凡有争气、争声、争词、争事、争心者,则清议以为大耻,报馆引为大戒,名誉减削,公举难预焉。若其弄兵乎,则太平世人决无之;若有创兵器之议者,则反太平之义,亦以大逆不道论,公议弃之不齿焉。

第四禁堕胎　见人本院篇。

壬部　去类界爱众生

　　人类既平等之后，大仁益益矣。虽然，万物之生皆本于元气，人于元气中，但动物之一种耳，当太古生人之始，只知自私爱其类而自保存之，苟非其类则杀绝之。故以爱类为大义，号于天下，能爱类者谓之仁，不爱类者谓之不仁，若杀异类者，则以除害防患，亦号之为仁。夫所谓类者，不过以状貌体格为别耳，与我人同状貌体格则亲之爱之，与我人不同状貌体格则恶之杀之。是故子者吾人精气所生也，虱者吾人汗气所生也，然生子则爱之养之惟恐其不至矣，生虱则杀之绝之惟恐其不至矣；均是所生也而爱恶迥殊，岂不以类之故哉！是以胎孕而生者，苟有生蛇犬异类之物，则必扑而杀之，即生子之耳目手足少异者，亦多不养焉，然则人之所爱者，非爱其子也，爱其类已也。故螟蛉之教诲，苟似我者则爱之矣，甚矣爱类之大也！孔子以祖宗为类之本，故尊父母。子女者爱类之本也，兄弟宗族者爱类之推也，夫妇者爱类之交也，若使与兽交者，则不爱之矣。自此而推之，朋友者，以类之同声气而爱之也，君臣者，以类之同事势而爱之也，乡党者，以类之同居处而爱之也，为邑人、国人、世界人、以类之同居远近而为爱之厚薄也。以形体之一类为限，因而经营之，文饰之，制度之，故杀人者死，救人者赏，济人者誉，若杀他物者无罪，救济他物者无功。尽古今诸圣聪明才力之所营者，不过以爱其人类，保其人类，私其人类而止。若摩西、摩诃末者,以立国为事,自私其乡国,率人以食人,其为隘陋残忍,不待摈斥。即中国诸圣乎,耶稣乎,祚乐阿士对乎,索格拉底乎,言论心思之所注,亦不过私其同形之人类,于天生万亿兆物之中,仅私一物,爱一物,保一物;以私一物,爱一物,保一物,则不惮杀戮万物,矫揉万物,刻斫万物,以日奉其同形之一物。其于天也,于爱德也,所得不过万亿兆之一也,其于公理也,于爱德也,所失已万亿兆之多,已乎,已乎,公之难乎,爱德之羞乎!夫将自仅爱其同类同形之物而言之,则虎狼毒蛇,但日食人而不闻自食其类,亦时或得人而与其类分而共食之,盖自私其类者,必将残刻万物以供己之一物,乃万物之公义也。然则圣人之与虎,相去亦无几矣,不过人类以智自私,则相与立文树义,在其类中自誉而交称,久而人忘之耳;久之又久,于是虎负不仁之名而人负仁义之名。其实人者日食鸟兽之肉,衣鸟兽之皮,剥削草木,雕刻土金,不仁之尤,莫有大者,虎曾不得人不仁之万一而颠倒其名义,盖皆由于人之狡智哉!夫立国者,必以背己者为贼而以诛除异己者为功,人之于他物亦然。故人者,私而不仁之至者也。所谓盗贼者,能杀人而建其私家之功,故官刑之,所谓豪杰者,能杀人以建其私国之功,而圣人斥之,圣人者,能杀物而建其私类之功,在天视之,其可斥一也。虽然,杀鸟兽者,亦人之有不得已也。夫以太古大鸟大兽之期,兽蹄鸟迹交于中国,故风后、力牧殪大风而杀猰㺄,益烈山泽而焚鸟兽,周公驱虎豹犀象蛇龙而放之,以为大功;盖不杀鸟兽,则人类绝不得存久矣,岂特无望于大同,而欲求此数千年之据乱世,亦安可得哉!以亲亲之杀言之,两害相形则取其轻,宁有杀兽之不仁而不可有绝人类之大不仁,则杀之宜也,虽有杀根存于种性而不能顾也。至于大同世乎,则全地皆为人居,鸟穴兽窟,搜焚净尽,恶兽毒蛇,其无遗种矣。今缅、暹、印度、安南之象日少，而非洲、西亚之狮必日少一日矣。他日虽有猛兽，亦皆圈之囿中以供博异之考求而已。自余蕃孳，皆豢养之驯物，若牛、马、羊、豕、犬、猫等，非有与人争杀者也，以供人用者也。且牛、马、犬、猫之知识灵明，其去人盖不远矣，其知痛苦亦甚矣，而纵一时之口腹，日屠杀之，熟视其觳觫宛转哀鸣而不顾。以为与人争，杀而自保其种类乎，则非也，以为权其轻重，不得已而杀之以救人乎，则亦非也，不过供口腹而已。以为味美而足乐乎，亦非也，日常食之，不识其美，以为乐也。以为有大益于人而足补精健体乎，是似然矣，亦不尽也。日本人只食萝白而亦精健，印度人亦多不食肉而亦强健，则亦何必日杀鸟兽，令其痛苦呼号以博我之一饱哉！以一饱之故而熟视鸟兽之痛苦呼号，上背天理，下种杀根，其不仁莫大矣。

故婆罗门佛者，人道之至仁也，无以逾之矣。印度人见蚁不履，见虫不杀，其余化亦仁矣哉！虽然，未至其时而发高论，必不能行也。方当乱世，国与国争，家与家争，人与人争，人且食人肉，何有于鸟兽肉乎！虽为大仁，施之少躐等矣，乱次以济矣。虽然，婆罗门佛者，真天下之好也，虽茹苦不舍也，仁人也夫！吾好仁者也，主戒杀者也，尝戒杀一月矣，以今世必未能行也。故孔子有远庖厨之义，以今世之故，虽不能至于至仁也，但勿使杀根种焉，亦不得已者乎！孔子之道有三：先曰亲亲，次曰仁民，终曰爱物，其仁虽不若佛而道在可行，必有次第。乱世亲亲，升平世仁民，太平世爱物，此自然之次序，无由躐等也，终于爱物，则与佛同矣，然其道不可易矣。大同之世，至仁之世也，可以戒杀矣。其时新术并出，必能制妙品，足以代鸟兽之肉而补益相同者，且美味尤过者，当是时，人之视鸟兽之肉也犹粪土也，不戒杀而自能戒矣。合全世界人而戒杀矣，其视牛、马、犬、猫如今之视奴仆，亲之，爱之，怜之，恤之，用之，而食之，衣之，斯为大同之至仁乎！

当代肉妙品未出之先，必不能绝肉食也，于是量全地人之所食，而牧部量地畜牧而供之。其杀之也，以电机杀之，不使其有呼号痛苦之苦。夫所尤恶于杀而恻隐所生者，在其苦耳，今既不苦，则鸟兽终有死之日。虽不得终其天年乎，然于彼无苦而在人亦不致植其杀根也，斯亦于不仁之中有仁在焉，亦远庖厨之推类至尽也。

当大同之世，全地之兽皆治及之，其恶毒而噬人者绝其种焉。各地皆有生物院，或留其一二种以考物种，皆由人饲养之，各因兽所生所乐之地，为之堆山穴石以处之，而以铁栏围之焉，其数取足供全地生物院之数而止。生物院皆置于山中，否则假山焉。盖全地之大，自生物院而外，无复有猛兽者矣，只有驯兽耳，盖至是全地皆为人治之地矣。夫兽与人同宗，而才智稍下，遂至全绝，此则天演优胜劣败之极至矣夫。

其驯兽，若牛马则为驾重乘跃之用，犬猫则为娱弄随从之用，猴则尤灵，至大同时必通其语，则供仆从使令之用，鹦鹉供传言歌舞之用，盖人等皆平，则惟奴使驯兽灵鸟而已。当是时，猴、鹦为上，牛、马、犬、猫次之，此则人多畜之，满于全地，其种最盛。若象及刚角鹿之奇大，而驯鹿之文明皆人所爱畜者，其种亦繁挚，不须约束，听其游于园囿山原间以供玩乐。盖人治极强，受其驯扰者则生存而挚其种，不受驯扰者则扫除而绝其种，亦人治之不得不然者耶！凡兹豢兽，皆用而不杀，死则化之。孔子以敝盖埋犬，敝帷埋马，待以人道，共仁爱之至欤！

鸟盈天空，既戒杀生，则听其飞翔歌舞以流畅天机之行，点缀

空中之画,皆供人之乐也。若其大鹰、雄鹘力能杀人者,则捕绝其
种焉,此为保人类所不得已也。若其孔雀、彩雉、白鹤、鸳鸯、秦吉、
画眉及南美绿羽长尾之小凤,声色足娱,供人豢养,由来久矣。鹦
鹉能言,其最上者以代奴婢,应繁其种。大同之世,园林益多,游乐
之人更众,则此物尤盛焉。鸟与人为远宗,而依天不依地,与人不
争,故其类多全焉。鳞介类之生,下于鸟兽,上于昆虫,而皆有智,
则亦痛苦,是皆众生也,与人为远宗耳,既已戒杀,一律纵之。夫龟
鳖遨游沼泽嬉嬉,蛤蛙之类,当同比例;惟鼋、鼍、蛟、鳄之大者,特
能杀人则除之。凡治鸟兽之大例,其害人者则除,其不能害人者则
存之,此通义也。

故戒杀者,先戒杀牛马犬,以其灵而有用也;次戒杀鸡豕鹅鸭,
以其无用也;终戒及鱼,以其知少也。是故食肉杀生,大同之据乱
世也,电机杀兽,大同之升平世也,禁杀绝欲,大同之太平世也,进
化之渐也。

然则如佛之一切戒杀乎? 亦不然也。虫则游于地上,无地无
之,若必尽戒杀,则虫能侵人,其疾病多矣,是与印度无异也,人之
自保其类亦不若是其迂也。今定一律,凡有犯人者许杀之,是亦不
得已也。若夫一切虫虱之类,是时亦必有新药能令虫虱自不侵犯
人室者,则亦不须杀之矣。虽然,人既为人,既有身有形矣,滞于形
矣,有所限之矣,虽欲为仁,乌能尽吾仁,虽欲为爱,乌能尽吾爱!
万物之形有大有小,其大有尽而其小则无能尽也。蟭螟巢于蚊睫,
三飞而蚊不知,今夫蟭螟物之至大者也。今置滴水于杯而以显微
镜视之,则见万虫蠕蠕,有圆者,有长者,有轮而角者,有翅而足者,
千怪万汇,跋跋缩缩,不能尽也。大同之世,显微镜之精,拓于今日
不知几亿兆京垓秭倍,今之视蚁如象矣,异日之视微生物之大,将

如负青天之大鹏矣。满空尽皆微生物也，以人之宏巨，一欠呻嘘吸而杀微生物无数，一举足挥手而杀蚁虫无数，盖吾自谓好仁，而自有生以来，杀微生物不知经几千倍恒河沙无量数也。谓彼为么麼无知乎，而显微镜视之，则过于龙象矣，是亦众生之臣者也，是亦生物也。佛者号戒杀，而日杀生无数矣。昔者佛命阿难以钵取水，阿难言水有微生物，不当取而饮之，佛谓不见即可饮。夫佛言"众生"，但当论生物不生物，不当论见不见，假令不见者而为人也，则亦可杀之乎？盖并水不饮，实不可行，故佛为遁词。抑知佛虽不饮水而不能不吸气也，气有呼吸，即佛有杀生矣，吾不能遁于气外而不吸之，即安能仁于生物而不杀之乎！仁乎，仁乎，终不能尽，故孔子止远庖厨，生乎，生乎，终必有杀，故佛限于不见。已乎，已乎，生生无尽，道亦无尽，惟其无尽，故以尽尽之。故道本可行而已，其不可行者，虽欲行之，不能不止矣。吾仁有所限矣，吾爱有所止矣，已夫，已夫，虽大同之仁，戒杀之爱，置之诸天之中，其为仁不过大海之涓滴也夫！虽然，诸天之内，诸天之外，为仁者亦无以加兹。

癸部　去苦界至极乐

第一章　治教以去苦求乐

当生民之初,以饥为苦,则求草木之实、鸟兽之肉以果腹焉,不得肉实则忧,得而食之饱之饫之则乐;以风雨雾露之犯肌体为苦,则披草树,织麻葛以蔽体焉,不得则忧,得而服之则乐;以虫蛇猛兽为苦,则橹巢土窟以避之,不得则忧,得而居之则乐;以不得人欲为苦,则求妃匹,拥男女,不得则忧,得之则乐。后有智者踵事增华,食则为之烹饪、炮炙、调和则益乐,服则为之衣丝加采、五色六章、衣裳冠屦则益乐,居则为之堂室楼阁、园囿亭沼、雕墙画栋杂以花鸟则益乐,欲则为之美男妙女、粉白黛绿、熏香刮鬓、霓裳羽衣、清歌妙舞则益乐。益乐者,与人之神魂体魄尤适尤宜,发扬开解、欢欣快畅者也。其不得是乐者则以为苦,神结体伤,郁郁不扬者矣。其乐之益进无量,其苦之益觉亦无量,二者交觉而日益思为求乐免苦之计,是为进化。

圣人者,制器尚象,开物成务,利用前民,裁成天地之道,辅相天地之宜以左右民,竭其耳目心思焉,制为礼乐政教焉,尽诸圣之千方万术,皆以为人谋免苦求乐之具而已矣,无他道矣。能令生人乐益加乐、苦益少苦者,是进化者也,其道善;其于生人乐无所加而苦尤甚者，是退化者也，其道不善。尽诸圣之才智方术，可以二者断之。虽然，圣法之为苦乐也，循环以相生，则视其分数以为进退焉；圣法之为苦乐也，因时而异境，则权其轻重以为去留焉。九界既去则人之诸苦尽除矣，只有乐而已。

第二章　居处、舟车、饮食、衣服及其他之乐

居处之乐　大同之世，人人皆居于公所，不须建室，其工室外则有大旅舍焉。当时旅舍之大有百千万之室，备作数等以待客之有贫富者。其下室亦复珠玑金碧，光采陆离，花草虫鱼，点缀幽雅；若其上室，则腾天架空，吞云吸气，五色晶璃，云窗雾槛，贝阙珠宫，玉楼瑶殿，诡形殊式，不可形容；而行室、飞室、海舶、飞船四者为上矣。

行室者，通路皆造大轨，足行大车。车之广可数十丈，长可百数十丈，高可数丈，如今之大厦精室然，以电气驶之，处处可通。盖遍地皆于长驱铁路外造此行屋之大轨，以听行屋之迁游也。盖室屋之滞碍在凝而不动，既无以吸天空之清气，又无以就山水之佳景，偶能择得，亦难遍纳清佳，此数千年之所苦也。惟屋可游行则惟意所适，或驱就海滨而挹海气，则岛屿沧茫；或驶向湖边江湄而饫波光，则天云潆濴；或就山中而听瀑，则岩谷幽奇；或就林野而栖迟，则草木清瑟。一屋之小，享乐无穷，泛宅浮家，于焉娱志。兼太古游牧，中世室居，太平世则复为游国，如循环焉。若夫为大舟以娱游，泛海舶以跌荡，此则易见矣。

飞屋、飞船者，汽球之制既精，则日推日大，可为小室、小船十

数丈者，再推广则为百数十丈，游行空中，备携食品，从容眺咏，俯视下界，都会如垤，人民如蚁，山岭如涌波，江海若凝膏，飘飘乎不羽化而登仙焉。然是但供游行，不能常住者也。凡兹行屋、飞船，一切大旅舍咸备，其余五步一楼，十步一阁，蜂房水涡，几千万落，大小高下，拱交绣错，听人之租之。故太平之世，人无建私宅者，虽大富贵逸老，皆居旅舍而已。

间或智士创新领赏，财富巨盛，亦只自创行屋，放浪于山岭水涯，而无有为坐屋者矣。盖太平之世，人好行游，不乐常住，其与古世百里鸡狗相闻而老死不相往来，最有智愚之反也。夫草木至愚者，故系而不动，羊豕之愚胜于草木，能动而不能致远者也，若夫大鹏黄鹄，一举千里。古世老死不出乡者如草木，中世游行如羊豕，太平世则如大鹏黄鹄矣。

凡公所、客舍、私屋，制造形式皆以合于卫生为宜，必经医生许可。凡公所、旅舍，夏时皆置机器，激水生风，凉气砭骨，冬时皆通热电，不置火炉，暖气袭人，令气候皆得养生之宜焉。其四壁及天盖地板，绮交绣错，花卉人物，日月能变，皆如生者，中皆藏乐，抚机即作，以怡神魂而畅心灵焉。

舟车之乐　大同之世，水有自行之舟，陆有自行之车。今自行之车已盛矣，异日或有坐卧从容，携挟品物，不须费力，大加速率之妙。其速率比于今者或百千倍焉，其可增坐人数者或十百焉，或借电力，或炼新质，飘飘如御风焉。人人挟一自行车，几可无远不届，瞬息百数十里。自非远途，铁路或只以载重焉，其牛马之车，但资近地载物之用，且新电车可以载物，并牛马亦无所用之。

大小舟船皆电运，不假水火，一人司之，破浪千里，其疾捷亦有千百倍于今者。其铺设伟丽，其大舟上并设林亭、鱼鸟、花木、歌舞、图书，备极娱乐，故人亦多舟居以泛宅浮家焉。故大同之始居山顶，其中居水中，其后居空中。

饮食之乐 大同之世，只有公所、旅舍，更无私室，故其饮食列座万千，日日皆如无遮大会；亦有机器递入私室，听人取乐。其食品听人择取而给其费。大同之世无奴仆，一切皆以机器代之，以机器为鸟兽之形而传递饮食之器。私室则各有电话，传之公厨，即可飞递。或于食桌下为机，自厨输运至于桌中，穿窿忽上；安于桌面，则机复合；抚桌之机，即能开合运送去来。食堂四壁皆置突画，人物如生，音乐交作则人物交舞，用以侑食，其歌舞皆吉祥善事，以导迎善气。

大同之世，饮食日精，渐取精华而弃糟粕，当有新制，令食品皆作精汁，如药水焉。取精汁之时，凡血精皆不走漏，以备养生，以其流质销流至易，故食日多而体日健。其水皆用蒸气者，其精汁多和以乐魂之品，似印度麻及酒，而于人体无损，惟加醉乐。故其时食品只用精汁汽水生果而已，故人愈寿。

大同之世，新制日出，则有能代肉品之精华而大益相同者，至是则可不食鸟兽之肉而至仁成矣。兽与人同本而至亲，首戒食之，次渐戒食鸟，次渐戒食鱼焉。虫鱼与人最疏，又最愚，故在可食之列；然以有知而痛苦也，故终戒之，此戒杀之三世也。盖天之生物，人物皆为同气，故众生皆为平等。人以其狡智，以强凌弱，乃以食鸟兽之肉为宜。然徒以太古之始，自营为先，故保同类而戕异类乃不得已，然实背天理也。婆罗门及佛法首创戒杀，实为至仁，但国争未了，人犹相食，何能逾级而爱及鸟兽，实未能行也。若大同之世，次第渐平，制作日新，当有代者，到此时岂有复以强凌弱，食我同气哉！是时则全世界当戒杀，乃为大平等。故戒食兽肉之时，太平之据乱世也,戒食鸟肉之时,太平之升平世也,戒食虫鱼之时,则卵生、胎生、湿生皆熙熙矣,众生平等,太平之太平世也。始于男女平等,终于众生平等,必至是而吾爱愿始毕。

草木亦有血者也,其白浆即是,然则戒食之乎? 则不可也。夫吾人之仁也,皆由其智出也,若吾无知,吾亦不仁;故手足麻木者谓之不仁,实不知也。故仁之所推,以知为断。鸟兽有知之物也,其杀之知痛苦也,故用吾之仁,哀怜而不杀之;草木无知之物也,杀之而不知痛苦也,彼既无知,吾亦无所用其仁,无所哀怜也,故不必戒杀。且若并草木而戒杀,则人将立死,可三日而成为狉榛之世界,野兽磨牙吮血,遍于全地,又须经数千万年变化惨苦而后成文明,岂可徇无知之草木而断吾大同文明之人种哉! 故单木可食。

衣服之乐 大同之世,衣服无别,不异贵贱,不殊男女,但为人也无不从同;惟仁智异章,以励进化耳。衣之从同者,裹身适体,得寒暑之宜,藏热反光,得养生之要,帽之前檐必蔽目,履之仰革以便走,贴身而裁以作工,戴章而荣以行礼,其时虽严寒盛暑,必有一新制足以一衣而却寒纳凉者。自此之外,燕居游乐,裙屐蹁跹,五采杂沓,诡异形制,各出新器,以异为尚,其时雾縠珠衣,自有新物,非人所能拟议矣。

器用之乐 大同之世,什器精奇,机轮飞动,不可思议。床几案榻,莫不藏乐,屈伸跃动,乐声铿然,长短大小惟其意。夕而卧息,皆有轻微精妙之乐以养魂梦。若夫男女交合,则有房中之乐在其床焉,皆仁智吉祥之善事,神仙天人之欢喜者也。男女构精,万物化生,实为全地人道之本始,宜皆有节奏廉肉,清浊高下,以应节合拍,蹈中履和,庶几外以极人欲之乐,而内以正生人之本,则生人之传种庶皆中和明妙焉。其他舟车之奇妙敏灵,用器之便巧省事,日有所进，千百万倍，以省人之日力、目力、心力、记事者，殆不可量也。用器进故人之明智亦日以进焉，交相为用，其益莫大。用器精可以调察人之行事，令人难惰、难偷、难诡，令人惊犹鬼神之在左右，使人不敢为恶，则善行自进。盖观于铁路所通，即文明骤进，用器之关于进化如此。

净香之乐 大同之世，自发至须眉皆尽剃除，五阴之毛皆尽剃落，惟鼻毛以御尘埃秽气，则略剪而留之。盖人之身以洁为主，毛皆无用者也。凡鸟兽则纯毛，野蛮之人体亦多毛，文明之人剪发，太平之人，文明之至也，故一毛尽拔，六根清净。是故多毛者去兽不远者也，少毛者去兽远而不离近于兽者也，惟无毛者超然为最高明之人矣。

今欧美少女披发数尺，尚为野蛮之旧俗也，惟其剪发先于中国矣。印度最先剃须发，埃及、突厥、阿喇伯先去五阴毛者，以其在热带也。或谓剪发而少留寸许，可以护脑，此为欧美免冠之俗言之也。夫行礼而不用本身之肢体而假于外冠，实不便之允也。中国古者刑人有罪亦免冠，盖自取卑辱之意，而因以为退让致敬之礼。然于近冰海寒地实不可行，行之必伤人，此非可通行之礼也。既不须免冠，则不须护脑矣。惟须发日、出日剃殊烦，必待有新药之制，一涂而发不复生，又不损人，乃可全无，否则剃之劳不如剪之逸也，太平之文明必有妙药，一毛不留矣。须眉亦殊污乱，皆当去之。于是男女皆熏香含泽，日浴数次，体气香洁，清净妙美，传种既久，自然香洁。今乱世之人，以香泽为妇女之事，此以玩具视妇女而不以文明之高物自待也。夫兽豕最污者无论也，野蛮又最污者也，垢面臭口，卧地便旋，余秽迫人。知野蛮污垢之近于兽，则知清香华洁而远出于兽矣。所谓恶乱者污浊也，所谓文明者华洁也。故太平之世，人人皆色相端好，洁白如玉，香妙如兰，红润如桃，华美如花，光泽如镜，今世之美人尚不及太平世之丑人也。

沐浴之乐　太平世之浴池，纯用白石，皆略如人形，而广大数倍，滑泽可鉴，可盘曲坐卧，刻镂花草云物以喷水，冷热惟意。水皆有妙药制之，一浴而酣畅欢欣，如饮醇酒，垢腻立尽。浴衣亦然，且带香气，不须别置熏笼也。其日浴次数及其时，则医生随时定之。

其溷厕悉以机激水，淘荡秽气，花露喷射，薰香扑鼻，有图画神仙之迹，以令人超观思玄；有音乐微妙之音，以令人和平清净。盖人就溷时，乃最静逸去嚣哗之一时，粪溺亦人体之一也，与血脉同，知必弃而不可保存也，有以动其出世之思，弃形之想，则神魂自远也。

医视疾病之乐　大同之世，每人日有医生来视一次，若有病则入医院，故所有农牧、渔场、矿工、作厂、商店、旅馆处处皆有医生主焉，以其人数多寡为医生之数，凡饮食之品，皆经医生验视而后出。及夫宫室之式，衣服之度，道路、林野、溷厕、庖浴之宜，工作之事，一切人事皆经医生考核许可，然后得为之。其有疫痘熏传之症，则各地早防之，亦必有妙药扫除之。盖必全地洁净而后疫无从起，有一地不治则疫可生焉，故太平之世无疫。太平之世，人皆乐游，无有忧虑，体极强壮，医视详密，故太平世无疾。其有疾也，则外感者耳，必无内伤肺痨传种之疾矣。其所居择地，胎教精详，恶种则淘汰之，并无盲哑跛蹩废疾人疴者矣。其外感者则可一药而愈。故太平之世，虽有病院而几无人，其病者则将死者也，然皆气尽而死，莫不考终焉。若其气尽，呻吟太苦，众医脉之，上医脉之，知其无救，则以电气尽之，俾其免临死呻吟之奇苦焉。故大同之时，人无有权，惟医权最大。盖乱世以杀人为主，故兵权最大，太平世以生人为主,故医权最大,时义然也。医权最大,医士亦最多,医学亦最精,加有新器助之,又鼓励之,故其时医术神明,不可思议。养生日精,服食日妙,人寿日长,不可思议,盖可由一二百岁而渐至千数百岁焉。

炼形神仙之乐 大同之世,人无所思,安乐既极,惟思长生。而服食既精,忧虑绝无,盖人人皆为自然之出家,自然之学道者也。

于时人皆为长生之论,神仙之学大盛,于是中国抱朴、贞白丹丸之事,炼煞制气、养精出神、尸解胎变之旧学,乃大光于天下。人至垂老,无不讲求,于是隐形、辟谷、飞升、游戏、耳通、目通、宿命通亦必有人焉,若是者可当大同之全运,或亦数千年而不绝益精也。惟人受公政府之教养二十年,报之作工亦须二十年,如乱世人之当报父母也。其有入山屏处者,必须四十岁之后,乃许辞工专学道也。盖神仙者,大同之归宿也。

灵魂之乐 养形之极,则人有好新奇者,专养神魂,以去轮回而游无极,至于不生不灭、不增不减焉。神仙之后,佛学又兴,其极也,则有乘光、骑电、御气而出吾地而入他星者,此又为大同之极致而人智之一新也。然有专精修道,入山屏人,谢绝世事者,只许四十岁后为之。以人为公政府所教养二十年,非己所得私有,须作工二十年报之,乃听自由。亦以虑人皆学仙、佛,则无人执事作工,而文明之事业将退化也。

耶教以尊天爱人为诲善,以悔罪末断为悚恶,太平之世,自能爱人,自能无罪;知天演之自然,则天不尊,知无量众魂之难立待于空虚,则不信末日之断,耶稣之教,至大同则灭矣。回教言国,言君臣、夫妇之纲统,一入大同即灭,虽有魂学,皆称天而行,粗浅不足征信,其灭更先。大同太平则孔子之志也,至于是时,孔子三世之说已尽行,惟《易》之阴阳消息,可传而不显矣,盖病已除矣,无所用药,岸已登矣,筏亦当舍。故大同之世,惟神仙与佛学二者大行。盖大同者世间法之极,而仙学者长生不死,尤世间法之极也,佛学者不生不灭,不离乎世而出乎世间,尤出乎大同之外也。至是则去乎人境而入乎仙、佛之境,于是仙、佛之学方始矣。仙学太粗,其微言奥理无多,令人醉心者有限;若佛学之博大精微,至于言语道断,心行路绝,虽有圣哲无所措手,其所包容尤为深远。况又有五胜三明之妙术,神通运用,更为灵奇。故大同之后,始为仙学,后为佛学。下智为仙学,上智为佛学。仙、佛之后则为天游之学矣,吾别有书。

康有为先生学术年表[*]

1858 年（咸丰八年）

3 月 19 日（夏历戊午年二月初五），生于广东省南海县（今属佛山市）银塘乡。字广厦，号长素，世称南海先生。出身当地士族，父康达初早逝，幼年多受教于祖父。祖父康赞修，道光二十六年举人。

1863 年（同治二年）

从学于简侣琴，受《大学》、《中庸》、《论语》、朱注《孝经》。

1864 年（同治三年）

从学于简侣琴。

1865 年（同治四年）

从从伯父康达棻学为文，并承祖父庭训。

1866 年（同治五年）

从陈鹤侨受经，从梁舜门听讲。祖父授以诗文道义。

1867 年（同治六年）

从学于简侣琴，受《易》《礼》，学为文。

---

[*] 本年表由戴莹潮编撰。

1868 年（同治七年）

父卒，从祖父学。读《纲鉴易知录》《大清会典》《东华录》《明史》《三国志》。频阅邸报，览知朝事，知曾国藩、骆秉章、左宗棠之业，慷慨有远志。

1870 年（同治九年）

随祖父赴广州城，从陈奉生学八股文。

1871 年（同治十年）

回乡，始就童子试，不中。从从叔康达节学为文。纵观说部、集部。

1872 年（同治十一年）

从学于杨学华。再应童子试，不中。纵观说部、集部、杂史。

1873 年（同治十二年）

移学于灵洲山象台乡，从杨学华学至年中。后回乡，改从学于张公辅。好览经说、史学、考据书。

1874 年（同治十三年）

从学于康达节。读《瀛寰志略》《地球图》，及利玛窦、艾儒略、徐光启所译诸书，知万国之故，地球之理。

1875 年（光绪元年）

从学于吕拔湖。

1876 年（光绪二年）

乡试不中，从学于朱次琦。读宋儒书，及经说、小学、史学、掌故词章。以圣贤为必可期，一群书为三十岁前必可尽读，以一身为必能有立，以天下为必可为。

1877 年（光绪三年）

从朱次琦学。祖父卒。读丧礼，考三礼之学，造次皆守礼法古。

1878 年（光绪四年）

从朱次琦学。大肆力于群书，攻《周礼》《仪礼》《尔雅》《说文》《水经注》。读周秦诸子书、《汉书》、韩柳集等。秋冬，知《四库》要书大义。疑考据学意义，于是绝学弃书，静坐养心。冬，辞别朱次琦。

1879 年（光绪五年）

居西樵山白云洞，读释道之书。曾注《老子》，后弃。结识张鼎华，了解京城风气、近时人才、道咸同三朝掌故及各种新书。秋，返乡就乡试。以经营天下为志，常读《周礼》《王制》《太平经国书》《文献通考》《皇朝经世文编》《天下郡国利病书》《读史方舆纪要》。读《西国近事汇编》《环游地球新录》。12 月，游香港，始知西人治国有法度，不得以古旧之夷狄视之。复阅《海国图志》与《瀛寰志略》等书，购地球图及西学书。

1880 年（光绪六年）

居乡，授诸弟读经。读《皇经清解》。治公羊学，著《何氏纠谬》，后弃。

1881 年（光绪七年）

读南北朝与唐宋史书，兼涉丛书、传记、经解。读《正谊堂集》《朱子全集》等宋儒著作。苦身力行，以明儒吴康斋之坚苦为法，以陈白沙之潇洒自命，以顾亭林之经济为学。

1882 年（光绪八年）

读辽金元明史及《东华录》。6 月,赴京参加乡试,不中。道经上海,益知西人治术有本,大购西书以归。

1883 年（光绪九年）

读《东华录》《大清会典则例》《十朝圣训》及国朝掌故书。订购《万国公报》,涉猎自然科学与各国史志游记。

1884 年（光绪十年）

读《宋元明学案》《朱子语类》。广涉佛典,兼及算学,涉猎西学。始萌大同思想。

1885 年（光绪十一年）

从事算学,作《人类公理》《诸天讲》。4 月,大病几死。乡试不中。

1886 年（光绪十二年）

作《康子内外篇》《公理书》《教学通义》。著《韵学卮言》,后弃。始编《日本变政记》,与陈树镛修改《五礼通考》。

1887 年（光绪十三年）

续作《人类公理》与《康子内外篇》。

1888 年（光绪十四年）

春夏间居广州花埭,读佛典。6 月,赴京参加乡试,不中。12 月 10 月,第一次上书请变法,未果。著《广艺舟双楫》,辑《周汉文字记》。不谈政事,复事经说。

1889 年（光绪十五年）

9 月,出京。冬,还粤,整理《广艺舟双楫》。

1890 年（光绪十六年）

春,居广州徽州会馆,后移居云衢书屋。晤见廖平。陈千秋、梁启超来学。著《婆罗门教考》《王制义证》《毛诗伪证》《周礼伪证》《说文伪证》《尔雅伪证》。冬,于广府学官孝弟祠讲学。

1891 年（光绪十七年）

于广州长兴里讲学,著《长兴学记》。8 月,《新学伪经考》出版。冬,与朱一新论学。

1892 年（光绪十八年）

移讲堂于广州卫边街邝氏祠。在学生的协助下,编纂《孔子改制考》《魏晋六朝诸儒杜撰典故考》《史记书目考》《孟子大义考》《墨子经上注》。令长女康同薇编纂《国语原本》《各国风俗制度考》。

1893 年（光绪十九年）

于卫边街讲学,冬迁讲堂于府学官仰高祠,始称之为万木草堂。著《孟子为公羊学考》《论语为公羊学考》。撰《三世演孔图》,未成。应乡试,中举。12 月,治乡里同人局事。

1894 年（光绪二十年）

3 月 18 日,与梁启超入京参加会试。6 月,出京还粤。8 月,遭劾,《新学伪经考》被毁版。10 月,复归讲学。12 月,游广西,作《春秋董氏学》《桂学答问》,续纂《孔子改制考》。

1895 年（光绪二十一年）

2 月,抵粤。3 月 8 日,偕梁启超入京会试。4、5 月,发动公车上书,拒议和。进士及第,授工部主事。5 月 29 日,第三次上书,送达光绪帝。6月30日,第四次上书,不达。8月,创办《中外纪闻》(初名《万国公报》)。筹办北京强学会,撰《京师强学会序》。10月,离京赴沪。筹办上海强学会,创办《强学报》。12月,返粤。

1896年(光绪二十二年)

于万木草堂讲学。著成《孔子改制考》《春秋董氏学》《春秋学》。11月,赴澳门与何穗田创办《知新报》。编成《日本变政考》,作《日本书目志》。

1897年(光绪二十三年)

2月,至桂林。成立圣学会,创办《广仁报》。编成《春秋考义》《春秋考文》。7月,回粤讲学。11月13日,德国强占胶州湾。自上海赴京,第五次上书,并创办粤学会。《孔子改制考》《春秋董氏学》《日本书目志》出版。

1898年(光绪二十四年)

1月29日,第六次上书(即《应诏统筹全局折》)。3月12日,第七次上书,呈《俄彼得变政记》。3月26日,发动公车上书,请求联英拒俄。4月,成立保国会。呈《日本变政考》等。6月,维新变法开始。再呈《日本变政考》,及《孔子改制考》《波兰分灭记》《列国比较表》《法国变政考》等。9月21日,政变发生。10月,逃亡至日本。在日期间编著《我史》。

1899年(光绪二十五年)

创办神户同文学校与东京高等大同学校。4月,抵加拿大。5月,赴伦敦寻求英国支持立宪,无果。返回加拿大。7月,成立保皇会。

1900 年（光绪二十六年）

抵新加坡避难，联络勤王之役。8 月，自立军起义失败。迁居槟榔屿。

1901 年（光绪二十七年）

春，著成《中庸注》。8 月，著成《春秋笔削大义微言考》。11 月，抵印度。撰《大同书》《印度游记》。12 月，著成《孟子微》。

1902 年（光绪二十八年）

撰《大同书》。3 月，著成《礼运注》。4 月，著成《论语注》。8 月，著成《大学注》。

1903 年（光绪二十九年）

春，出印度。游缅甸、印尼。秋，回香港。著成《官制议》。

1904 年（光绪三十年）

3 月，离港。经越南、泰国、抵槟榔屿。经印度洋入地中海。游意大利、德国、丹麦、挪威、比利时、荷兰、英国、法国、瑞士、奥地利、匈牙利、瑞典。著《欧洲十一国游记》。11 月，赴加拿大。

1905 年（光绪三十一年）

游美国，在各地演讲。3 月，作《物质救国论》。11 月，赴墨西哥。

1906 年（光绪三十二年）

游墨西哥、西欧、摩洛哥。10 月 21 日，宣布保皇会更名为国民宪政会。

1907 年（光绪三十三年）

2 月，自摩洛哥返西班牙。3 月，赴美。6 月，再游墨西哥。11、

12 月,游法国、德国、瑞士。撰《海外亚美欧非澳五洲二百埠中华宪政会侨民公上请愿书》。

1908 年(光绪三十四年)

3 月,赴埃及。游西欧、北欧、东欧。10 月,抵槟榔屿。冬,著《金主币救国议》。

1909 年(宣统元年)

春,游埃及、耶路撒冷、瑞士、英国、德国、比利时。6 月,赴加拿大。经印度洋再赴欧洲。8 月,回槟榔屿。10 月,游印度。冬,返槟榔屿。

1910 年(宣统二年)

春,抵新加坡。9 月,回香港。冬,抵新加坡。

1911 年(宣统三年)

5 月,回香港。6 月,赴日。《南海先生诗集》四卷出版。辛亥革命爆发。11 月,撰《救亡论》。12 月,撰《共和政体论》。

1912 年

2 月 12 日,清帝逊位。5 月,撰《国会选举案》《理财救国论》。6 月,撰《中华救国论》。9 月,成立孔教会,撰《孔教会序》。12 月,撰《大借债驳议》《废省论》。

1913 年

2 月,创办《不忍》杂志,任主撰。登载《大同书》等旧稿。发表《中国以何方救危论》《拟中华民国宪法草案》《以孔教为国教配天议》《保存中国名迹古器说》《中国颠危误在全法欧美而尽弃国粹说》《罪后乱言》《中国还魂论》等文。11 月,离开日本,赴港奔母丧。

1914 年

7 月，定居上海。受李提摩太之邀，演讲大同之义。

1915 年

发表多篇专文反对"二十一条"。支持护国运动。

1916 年

3 月，电促袁世凯退位，并发表《中国善后议》。袁世凯去世后，与黎元洪、段祺瑞等人数度通电，交流政见。发表《中国今后筹安定策》。7 月，在杭州发表演说。10 月，在南京与镇江发表演说。

1917 年

6 月，抵京。参与张勋复辟，任弼德院副院长，撰《拟复辟登极诏》。复辟失败后，避居美国大使馆。8 月，《春秋笔削大义微言考》出版。11 月，撰《康氏家庙碑》。12 月，离京返沪，发表《共和评议》。

1918 年

发表数篇电文，呼吁南北停战议和。

1919 年

居沪，结交章士钊。上海长兴书局集结刊印《大同书》甲、乙部。五四运动爆发。5 月 6 日，发表《请诛国贼救学生电》。8 月，电请犬养毅转达日本内阁撤兵交还。

1920 年

12 月，居沪，整理刊发关于尊孔尊经的旧稿。

1923 年

2 月，隐居一天阁校正诗集。夏，游济南与青岛，在两地成立孔教会（后改名万国道德会）。11 月，在陕西发表多次演讲。

1924 年

2 月,返回上海,著《癸亥国内各省游记》。与朝鲜学者朴箕阳论学。

1925 年

赴天津见清逊帝。

1926 年

在沪创办天游学院。著成《诸天讲》。

1927 年

3 月 31 日,逝于青岛。

参考文献:

康有为、康同璧,楼宇烈整理:《康南海自编年谱:外二种》,中华书局 1992 年版。

吴天任:《康有为年谱》,广东人民出版社 2018 年版。

汤志钧编:《康有为政论集》,中华书局 1981 年版。

姜义华、张荣编:《康有为全集》,中国人民大学出版社 2007 年版。

康有为主要著作:

《人类公理》,1885 年

《实理公法全书》,约 1888 年前

《教学通义》,1886 年

《康子内外篇》,1886 年

《广艺舟双楫》,1890 年

《新学伪经考》,1891 年

《长兴学记》,1891 年

《桂学问答》,1894 年

《孔子改制考》,1897 年

《春秋董氏学》,1897 年

《日本变政考》,1898 年

《中庸注》,1901 年

《春秋笔削大义微言考》,1901 年

《孟子微》,1901 年

《大同书》,1901—1902 年

《礼运注》,1902 年

《论语注》,1902 年

《大学注》,1902 年

《诸天讲》,1926 年

大同文明：儒家的未来理想

——《大同书》导读

宫志翀

　　康有为（1858—1927），又名祖诒，字广厦，号长素，又号明夷、更甡、西樵山人、天游化人等。广东南海人，人称"康南海"。

　　康有为是近代中国的风云人物。他深感世界局势的剧变和中国的衰颓，先后七次上书言变法图强之策，特别是甲午战败后参与组织的"公车上书"，开启了近代中国知识群体的救亡运动。1898 年，康有为和梁启超说服光绪皇帝发起维新变法，尽管百日即告失败，但在此前后他和梁启超等人创办的诸多报纸、译书局、学会团体和学堂学校等，成为开风气、育人才的先导，推动了历史的发展。进入 20 世纪，他坚持中国应行君主立宪，进行缓和的改革，鲜明反对共和革命，甚至参与了复辟。同时他提倡孔教为国教，组建孔教会。这些主张在新文化运动时期受到激烈批判。

　　不止于政治的事迹，康有为的思想影响更为深远。他早年鄙弃制艺与琐碎之学，专注于经世致用。在西学刺激下重新思考文明秩序，借助今文经学资源，创立了自身的思想体系。康有为的《新学伪经考》《孔子改制考》以一种新的方式终结了今古文之争，冲破了中国的古史观念。进而，替代传统观念的是一种朝向未来的历史道路，即三世进化学说。其大全式地囊括了从个体、家庭、社会到国家、天下的进化轨辙，作为中国与世界的未来变革的指引，而最终的理想社会便是大同世界。三世说是近代中国第一个历史进化论,大同理想是第一个现代乌托邦的想象,它们深刻鼓动了20世纪中国的思想潮汐乃至历史运动。

康有为生前与身后都受到了广泛的争议。同情而且完整理解他并不容易,关键在于把握他思想的主要关切和主干体系。如果选择一本书去打开这些的话,那一定是《大同书》。

一、《大同书》的写作与刊布

与如今的成书观念不同,康有为以完成今所见《大同书》为目的的思考与写作,是自1884年至1902年前后持续近二十年的过程,如将刊布时的调整包括在内,至少还要向后推至《不忍》杂志连载时期(1913)。

1884年的起点是康有为自己反复标明的,他在《我史》(1899)中自述:"既以法越之役,粤城戒严,还乡居澹如楼。……秋冬独居一楼,万缘澄绝,俛读仰思,至十二月,所悟日深。……以勇礼义智仁五运论世宙,以三统论诸圣,以三世推将来,而务以仁为主,故奉天合地,以合国合种合教一统地球。又推一统之后人类语言文字饮食衣服宫室之变制,男女平等之法,人民通同公之法,务致诸生于极乐世界。及五百年后如何,千年后如何,世界如何,人魂人体迁变如何……"①其实,《大同书》的开篇也展示了这个思想的开端时刻:"已而强国有法者吞据安南,……康子避兵,归于其乡。延香老屋,吾祖是传,隔塘有七桧园,楼曰澹如,俯临三塘。吾朝夕拥书于是,俯读仰

---

① 康有为:《康南海自编年谱》(外二种),中华书局2012年版,第12页。

思,澄神离形。"也许是积思成疾,转年春他就头痛大作,自以为将死:"乃手定大同之制,名曰《人类公理》,以为吾既闻道,既定大同,可以死矣。"①康有为对自己有着同于圣人的期许,标志1884年作为大同思想的开端,就是在标记他自己的立法时刻。

他称《人类公理》以几何方法写作,即从基本公理演绎出一系列命题。有很大可能,这就是我们现在看到的《实理公法全书》。这仍是个简略的草稿,但当中已经呈现了大同思想的一些基本信条。尤其是该书"总论人类门"的第一条公理,他将人定义为"各分天地原质以为人"。这是对人一种很抽象的规定,很可能受他接触到的科学知识(即"实理")的启发。他进而由此推论出自主、平等、互相制约和负有责任、兴爱去恶等伦理原则。在它们的映照下,各文明普遍存在的尊卑等级和支配关系都是不合理的。这已经显露出康有为三世说与大同思想的基本架构。

在1888年上书失败之后,康有为不谈政事,复事经说。回归经典传统,让他获得了更丰富的思想资源,以赓续此前思考的问题。经学传统中,《春秋》学对他的影响至为深切。一方面让他确立了今文经学立场,检讨古文经学对中国历史的错误影响;另一方面为他敞开了丰富的思想空间,"孔子改制"学说、"人为天生"学说与三世说的提出,均源自对《春秋》学传统的激烈推进。透过《长兴学记》《万木草堂口说》等记录,我们可以看出他在万木草堂时期这些思想的发展。大同思想在它们的促进下必然有极大的丰富。所以,梁启超称草堂时期康氏属草有《大同学》(一曰《大同学说》),自己和陈千秋读

---

① 康有为:《康南海自编年谱》(外二种),中华书局2012年版,第13页。

过后在弟子中锐意宣传，应当是实情。① 这时候的《大同学》我们无缘见到，它和今所见的《大同书》究竟是一本还是两本，无法断定。但可以肯定，这标志着大同思想的初步成型。

一个侧面的证据是，1901 年 12 月梁启超在《清议报》刊登《南海康先生传》，其中一节篇幅详尽地介绍了康有为的大同建构，《大同书》的主体内容已基本反映出来。尤其是大同世详尽的公共治理体系，这在今本《大同书》的后半部分。在思路上它的展开必须以前半部分"去界"的完成为前提，而梁启超的记述和今本若合符节。事实上，梁启超此时在日本，康有为在印度大吉岭，二人正是因政见不合关系紧张的时期。梁启超这里不可能参照《大同书》在手，只能是复述十年前的记忆。② 如此还能将大同思想的纲要基本复述，可以推断万木草堂时期，大同思想的主体建构已相当丰满和翔实。

至于集中写成《大同书》的时间，是康有为 1901 至 1902 年旅居印度大吉岭时期。这期间完成的是一部八卷的稿本《大同书》。可以说，稿本的完成标志着大同思想第一次落实为稳定的著作形式。不

---

① "余年十九，南海先生始讲学于广东省城长兴里之万木草堂。……先生时方著《公理通》、《大同学》等书。"见梁启超：《三十自述》，载《饮冰室合集》，中华书局 2016 年版，第 4 册，第 991 页。又"先生乃著《春秋三世义》、《大同学说》等书，以发明孔子之真意。"见梁启超：《康有为传》，载《康南海自编年谱》（外二种），第 249 页。"有为虽著此书，然秘不以示人，亦从不以此义教学者。其弟子最初得读此书者，惟陈千秋、梁启超，读则大乐，锐意欲宣传其一部分。有为弗善也，而亦不能禁其所为，后此万木草堂学徒多言大同矣。"见梁启超：《清代学术概论》，上海古籍出版社 1998 年版，第 82 页。

② "先生现未有成书，而吾自十年前受其口说。……久不复记忆，故遗忘十而八九，此固不足以尽先生之理想。"梁启超：《康有为传》，载《康南海自编年谱》，第 253—264 页。

过,这部他二十余年来念兹在兹的著作,却迟迟不肯示人。① 因为他意识到当中的理想还太过遥远,贸然释放出来对中国的现代转型有害无益。不过,随着 20 世纪初国内外形势的急遽变化,康有为决定有限刊布一小部分的《大同书》,但与此同时他调整了文本的结构。

1913 年,康有为创办了《不忍》杂志,于其上连载了《大同书》的甲、乙部。但实际上,在甲部"入世界观众苦"(内容即稿本卷一)的末尾,他才第一次提出"九界"是诸苦的根源,而"救苦之道,即在破除九界而已"。由此也才有了甲部"入世界观众苦"加上破除九界各成一部,总共十部的《大同书》刊本结构。然而,十部当中只连载甲部和乙部"去国界合大地",是康有为审慎考虑过的。是故,至 1919 年长兴书局首次结集刊印《大同书》也只有甲、乙两部。康有为在题辞中说:"此书有甲乙丙丁午己庚辛壬癸十部,今先印甲乙二部,盖已印《不忍》中取而印之,余则尚有待也。"乙部在稿本中原居于卷五,它的位置调整和刊布面世,盖受当时国际联盟局势的触动。

《大同书》剩余的部分康有为始终秘藏,身前从未发表。直至 1935 年,康有为晚年弟子钱定安依十部之序,将内容重新排布,并添加了小标题,在蒋维乔、舒新城的帮助下在中华书局出版。② 这是《大同书》第一次完整面世。新中国成立后,1956 年至 1959 年内古籍出版社和中华书局四次重印《大同书》。这与当时学术界热议康有为思想的定位尤其大同理想的性质有很大关系。然而,刊本的广泛

① 1919 年长兴书局本题辞中,康氏自述:"著《大同书》,以为待之百年"梁启超也称:"二十年前,略授口说于门弟子。启超属乞付印,先生以为方今国竞之世,未许也。"见康有为:《延香老屋诗集·大同书成题辞》,《全集》第十二集,第 136 页。

② 参见王水涣:《〈大同书〉铅印本、石印本流传次序及其与康有为手稿关系考略》,《中国出版史研究》2021 年第 4 期,第 69—86 页。

流传,世皆以十部本为《大同书》的唯一形态,而不知稿本的存在。稿本亦散落南北,至 20 世纪 80 年代分别于上海博物馆和天津图书馆发现,幸能合璧,稿本八卷才重光于世。① 这再度推动了学术界对《大同书》研究的深入。

二、《大同书》的主要思想

大同建构是康有为三世进化学说的最终结果。因此,三世说的理论机制对理解大同建构至关重要,我们扼要陈述。虽然康有为早年初步接触了西方的现代文明和科学知识,给予他重要的启发,但三世说主要建立在他对经学传统中两个学说的继承与重构之上,那就是"孔子改制"与"人为天生"。

康有为接受了现代的文明史图景,相信人类社会从野蛮向文明发展。但他不认为这是历史的自然积累,而将孔子置于关键的转换位置上。他相信,"孔子改制而作六经"开启了文明生活的价值方向。这如同说,在孔子"改制"精神的引导下,人类才能获得文明的进化。可以说,"孔子改制"学说是欲以孔子与六经为支点,重新给出一种人类文明史的道路。

至于"孔子改制"的价值纲领,康有为则认为是"人为天生"之义。② "人为天生"学说本来是战国至两汉儒家仁学传统的一种存在论的表达。它将人的存在与"天"关联,以确证人的道德地位,要求

---

① 参见朱仲岳:《〈大同书〉手稿南北合璧及著书年代》,《复旦学报》1985 年第 2 期,39—43 页。

② 康有为说:"此真孔门微言,而为孔子一切义所出也。"见康有为:《春秋笔削大义微言考》,《全集》第六集,第 60 页。

"仁"为中心的道德关系,并拓展出一系列政治哲学的价值原则。这在儒家长久的传统中,都不与人的各种差等关系对立。但当康有为将"人为天生"置于"孔子改制"的理论中,它就代表着文明的方向,与之相对,人的各种差等关系就失去的正当性。由此,文明进化的方向朝着"人为天生",进化的方式就是破除各种差等关系,也就是"去界"。所以,刊本提出"去九界"确有标志意义,它提炼了康有为独特的以"去界"而"进化"的思路。

甲部"入世界观众苦"是全书的引言,实质是对人类已有文明形态的全面批判。他提出,一切现存的人类文明秩序和生活方式,都不可能彻底消除"苦"。这部分是由于一切秩序和制度都必然产生弊端,而这以及更多的"苦"都源于人类本身的不完美,主要指各种自然差异及受限于自然世界。他认为,早期社会因此积累下各种不平等、不人道的秩序,即使各文明的教主,也不得不受它的局限,与之妥协。这暗示着,他将给出一个全面革新的理想方案,消除甲部历数的所有苦,成就全面的乐。

"去国界合大地"在当时发表有批判民族国家格局的意义,但康有为的反思其实放眼于人类整个历史。他看到,人类从自然聚落到小邦国,到古代统一国家,再到现代民族国家,是从分散走向聚合的进程。这当中的主要方式是兼并战争,但这是种悖反式的力量,战胜者吞并小国合成大国,又必然陷入新一轮战争。康有为历数了古今中外各种战争灾难。他指出,尽管国家是保护人类生活的重要实体,"然国域既立,国义遂生,人人自私其国而攻夺人之国,不至尽夺人之国而不止也"。因此,只有"去国界"也即消除国家观念,才能克服战争的悖反进程和人道灾难。

康氏所说的"去界"不是立即放弃,而是在历史进程中逐步消除或取代。他相信，当时欧洲几次举行的"弭兵会"是这一进程的开端，接下来是以联盟国的方式融合各国，这又可以有不同的形式。最终进入大同，则是全球设一"公政府"，每个人都是世界公民。为保障世界的"永久和平"，康有为还展开详尽的世界制度构想，包括重新划定世界的时空尺度、统一语言文字、度量衡等等。这一部分最末有"大同合国三世表"，由于它原属于稿本卷五，即稿本结构的中间位置，有承前启后的过渡作用。故这个表格极尽详密，不只涉及去国界的事务，也涉及前后各卷的"去界"进程，可视作大同构想的重要纲领。

丙部"去级界平民族"在稿本中是卷二的第一部分，它和卷一末论"压制""阶级"之苦有紧密关联。这部分主要针对尊卑等级，特别是政治等级。康有为自始就关注政治平等，今文经学传统给了他很大的启示，他也将平等视作"孔子改制"规定的文明价值。对于等级关系，他说这是人类自远古以来"以强凌弱，以众暴寡，以智欺愚，以富轹贫"等恶行所造成，总之是野蛮的历史遗存。

至于平等的依据，就是"人皆天所生也，同为天之子，同此圆首方足之形，同在一种族，至平等也"。这样一来，平等和等级就是他衡量文明程度的标尺。他观察各文明，总结出"愈野蛮则阶级愈多，愈文明则阶级愈少"的规律。他重点关注两方面，一是奴隶、贱族制的废除，另一是政治等级的消解，也就是从君主制向民主制、世袭制向选贤制的进化。由此，他设想大同世人人彻底平等，没有贵贱之分，政治上实行完全民主。

"去级界平民族"针对一个社会（族群）内部的平等，紧接着"去种界同人类"则推进到不同族群——当时主要是种族间的平等。康有为接受了当时人种与文明程度的匹配划分，承认白种人最优，黄种人次之，黑种人等最低。他固然敬佩美国为黑人族群争取平等的努力,但指出只要黑人族群的整体文明程度不进化,平等就不可能实现。他的人种进化方案包括迁地、杂混,甚至有沙汰之法,目标是"行化千年,全地人种,颜色同一,状貌同一,长短同一,灵明同一,是为人种大同"。这是当时知识局限下相当粗糙的想象。

"去形界保独立"针对人类另一深刻的自然差异,即男女之别。康有为指出,依据男女有别的信念,传统社会形成了男尊女卑的婚姻家庭关系。女性的生活空间限于家庭当中,并极大地依附于男性。他不否认男性和女性有差别,但不认为这就能遮蔽同为人的地位。他说:"人者天所生也,有是身体即有是权利,侵权者谓之侵天权,让权者谓之失天职。男与女虽异形,其为天民而共受天权,一也。"既然男女同样为人,就应当享有同样的幸福,具备同等独立自由的程度。

他认为,人类自早期社会始,男性对女性的力量优势和家庭生育保存的需要,形成了尊男抑女的婚姻制度。但是,孔子设立"亲迎礼"彰显了男女平等的道理,那么,文明进化的最终目标,就朝向男女完全平等和独立。为此,康有为设想了大同世的婚姻关系。男女在婚姻中完全对等,结合或分离完全自由。他甚至要求,婚约不能久订,以防产生依附关系。这种婚姻其实已没有共同的生活目标和内容,只是为保障人绝对的独立自由的空洞形式。

在"去形界"部分康有为认识到,生育特别是"明父子之亲"的必要,是使女性限制在家内的重要原因。故"去形界"的真正实现又必须"去家界"。康有为承认,以父子之伦为中心的家庭,是人存在的前提,也是人最自然的伦理关系,还是人类社会繁衍生息的基础。但他也看到,家庭作为社会秩序的基础存在着各种弊病。首先在家庭内部,家庭生活充斥着摩擦、烦恼和怨恨,压抑了个体欲求。进而,家庭之爱的有限是社会不平等的根源。当人只知爱其家,各种财物资源不会流入社会，公共事业注定薄弱，文明发展停滞不前。并且，当人只顾及家，会为了家做任何事，产生各种恶行。由此，以家庭为根基的社会发展将局限在较低阶段，人性也不能完善。

所以，康有为不只是批判家庭本身，更是批判一种文明形态。这就是他重新阐释后的"家天下"——以家庭为基础的文明秩序。它固然推动人类的繁衍生息，但也导致只有家没有国（政治），只有私没有公的困境。若要超越这一阶段，就需消解作为"家天下"根基的父子之伦，迈入人人皆隶属于"天生"之公的新文明形态。他说："孔子曰：人非人能为，人皆天所生也，故人人皆直隶于天而独立。政府者，人人所共设也，公立政府当公养人而公教之、公恤之。"为此，他设计了全面取代家庭职能，担负人生老病死的公共体制。这一公共体制是时间性的，它贯穿了人一生的历程，而"去国界"的世界制度是空间性的，它将每个人的生活组织起来。这一经一纬建立起大同制度的基本架构，是之后大同的经济运行、社会治理等制度构想的基础。

康有为还认识到，经济发展是推动文明进化的重要力量，特别有鉴于现代工商业的发展造就了西方的富强和推动了全球化的进程。他批评，传统的自然经济都是分散的，既效率低下，又分配不均，必致争乱。他认为，自然经济的根源是私有制，也就是"产界"，同时更指出，"产界"的基础是"家界"和"国界"。因为，家庭是私有制起源的地方，国家则只会保护其内部的产权。所以，"去产界"的成功有赖于"去家界""去国界"的成功。

康有为构想了大同世的公有经济体系，这就建立在前述"去家界"和"去国界"的大同制度之上。大同世的农业工业从生产到分配，都由公政府和各级自治政府统筹。他相信，大规模生产和统一管理最有效率，最能利用技术进步，以及最好的分配产出，避免浪费。

至于商业,在大同世将不复存在,因为大同世只有统筹分配,没有通过交换获取利益的必要。康有为想象,大同世人参与生产会非常轻松,没有逐利贪私的必要,能真正用力于精神品格的修养。

"去乱界治太平"和"去苦界至极乐"是大同世的理想描绘,因为所谓"乱界""苦界"实质上不同于前述诸"界"——构成秩序的各种自然差异。"去乱界"部分是大同社会治理体系的细致描摹,它将此前世界制度、公共体制、公有经济三个层面综合起来后再做细化和润色。可以说,至此大同世的制度建构已完成。"去苦界至极乐"已经是大同生活的文学描绘。这个大同世界实现了康氏自 1884 年以来的执着追求:"合国合种合教一统地球。又推一统之后人类语言文字饮食衣服宫室之变制,男女平等之法,人民通同公之法,务致诸生于极乐世界。"①

此外,康有为的"仁心"还拓展到人类社会之外的动物身上。"去类界爱众生"部分原居稿本"去级界""去种界"之后。三者是平等在一个社会内部、在族群之间、在人与动物之间的逐步拓开。但在刊本中置于"去乱界"之后,也就是大同世人类社会完成制度构想后,还要惠及动物世界。役使和食用动物始终是人类发展的必要资源。至大同世,不只是"人皆为天生"应平等,而是人与万物皆为"天生",故不忍再将文明建立在人禽之别上,从而逐步戒杀生、戒肉食等。

三、《大同书》的思想意义与历史影响

三世进化论是康有为思想体系的骨架,作为三世进化的终点,

① 康有为:《康南海自编年谱》,第12页。

《大同书》也是他一生最重要的思想结晶。自 20 世纪初这本书大体完成始——尽管它还被秘藏三十余年，但其中的思想要素已广泛流传——人们不断地欣赏、批评与争论它。百余年来，出于不同立场，或在不同历史环境下，人们对《大同书》的思想意义与历史影响的评价，其结论之迥异，能梳理出一幅复杂的谱系。对此，本文无暇述及。所能做的只是在尽力如实体会康有为的根本关切的前提下，阐述《大同书》的思想意义，评价它的历史影响。

康有为的根本关切由两个主题组成：文明与中国。在传统中国这本是一事，近代二者才有所分别，但仍紧密关联着。文明问题指人类文明生活的形态如何，这又必须就着儒家传统来探索。因为，康氏的思想从一个坚定的立场出发：儒学——他所谓"孔教"——是塑造文明秩序的价值体系，并且它已经塑造了传统中国的小康社会。但同时，他的思想也要回答时代变局的问题：儒家如何理解这个现代世界，并引领中国的现代转型。至于他的答案，则有着复杂的两面。既承认儒家曾经发挥作用的价值体系，即小康之法，又发掘出孔子更理想的大同法度。这就是三世说的内质。它意欲表明，儒家不只在历史上塑造了传统中国，还能解释现代世界，更提供了人类文明的最理想形态。这实现了康有为重建儒家普遍主义的抱负。

康有为自信是儒家传统的守护者，但他的方式却是全面改造儒家的学说体系。这也就造成了一系列影响深远的后果。大同建构的两个思想要素，分别开启了儒学在形式与内涵等层面的现代改造。首先，"孔子改制"说的实质是重塑孔子形象。在接受现代的文明史观念，抛弃天命世界观和圣王历史观之后，将儒家作为孔子开创的一个思想流派和知识团体，并证明它对现代文明有哪些价值。再者，"人为天生"说的实质是确立"仁"作为儒家的价值核心。这与传统的区别在于,第一,"仁"与其他儒家价值——特别是"礼"及"礼"的秩序——剥离开来,有着明确的价值有限性,乃至对立关系。第二,"仁"的内涵被极大地"现代化"了,着重平等对待、同情等道德意义。

此后,现代儒学基本沿着上述定位展开,它的代价是儒学传统中大量丰厚的内涵,从天人性命到人伦政制,都被历史性地理解,进而也是一种遗忘。这一处境也是康有为三世说率先开启的。在理论上,大同的构造就是对小康的否弃和替代。而这投射进现实当中就意味着,传统儒学的那些价值规范对现代文明不更其用。现代儒学的后续发展始终跳脱不出类似的心态。这些勾勒并不是说康有为多么深入人心,而是表明,他处在古今转换的关口,最直截、完整和深入地把握了儒学传统面对现代世界的处境和挑战。

康有为思想的另一个主题是中国。他一生始终关切中国如何修旧起废,实现现代转型。尽管看起来《大同书》着眼于全球的未来,但中国是当中的一部分,走在同一条进化道路上。在此意义上,《大同书》无疑也为中国的未来而作。不过,《大同书》又是一个总的路线规划,或者说是具体改革背后的理论依据,实际措施取决于他对进化时机的判断。因此《大同书》又不直接介入晚清民初的政治中去。

《大同书》最有力量之处是康有为对人类秩序诸组成要素的审视。政治、族群、婚姻、家庭、国家、经济这些领域下深刻的自然差异——诸"界",如何塑造了人类以往的文明秩序,却同时带来了相应的弊端,限制了进一步的发展。并且,他还分析了"诸界"之间相互嵌合的联系。他的分析处处体现着儒家精神的影响,"去九界"以至的大同也就是他代表儒家为人类提出的文明理想。事实上,这也成为现代中国的文明理想。然而,康有为既是大同的创造者,也是大同的第一个反对者。这表现在他秘藏和有限地刊布该书,和后半生不懈反对那些在他看来就是冒进追求大同的历史风潮。有很多线索表明，康有为在完成《大同书》同时，就深惧它的思想力量，特别是直接投入历史的破坏性。不过，这也不是他能阻挡的历史洪流。

沟口雄三为了勾勒近代中国转型历程的独特性，提出了"大同式近代"的概括。他指出，在表层的观念形式上和深层的运动机制上，中国的转型都不同于西欧三百年来的历程。显然，康有为与《大同书》就在这个"大同式近代"的开端位置。这不只表现为大同主义成为一个持久的思想潮流，是社会主义思潮的重要接榫，更表现为20世纪的历史运动在作用机制上，无不呼应着《大同书》当初"去诸界"的判断。时至今日，我们仍使用小康和大同为自身的发展进程定向。更不用说，公有制为主体的经济和公共福利体系逐渐成熟和完善，平等的追求仍在继续，社会公平的事业不曾止歇。重温《大同书》始终是必要的。既是回顾现代中国的文明理想之所从来，也要厘清文明秩序诸要素的复杂关联，以获得稳步前行的实践智慧。